数字新媒体系列教材

电视节目制作

刘洪艳 李 军 主编

清华大学出版社
北京

内容简介

本书以电视节目制作的基础、理论、技术、艺术、实用性为出发点,在数字电视节目制作技术的基础上,系统而全面地介绍了前期节目制作系统、编辑系统、特技与图文创作系统、电视音响系统、电视节目制作环境等内容。全书理论联系实际,体现了以数字化为龙头,以系统为主线,以应用为核心的理念。在内容的安排上,既有对现行电视技术分析,也有对电视摄像的系统讲解,特别是对非线性编辑系统、基于计算机平台的创作系统进行了更为详尽的介绍。全书共分8章,内容分别为电视制作的几个基本概念、镜头及视觉特征、电视画面艺术、电视光线艺术、电视摄像艺术、电视画面编辑、电视声音艺术、电视节目制作教学实训。

本书是作者在多年教学经验和科学研究的基础上编写而成的,既通俗易懂,也有一定的深度和广度。本书适合高等院校文科专业和职业技术教育的学生学习电视节目制作,还可作为广播电视、教育技术学、影视编导等相关专业电视节目制作技术课程的教材,并可供广大电视节目制作爱好者参考或作为培训教材。

本书封面贴有清华大学出版社防伪标签,无标签者不得销售。
版权所有,侵权必究。举报: 010-62782989, beiqinquan@tup.tsinghua.edu.cn。

图书在版编目(CIP)数据

电视节目制作/刘洪艳,李军主编. —北京: 清华大学出版社,2019(2024.2重印)
(数字新媒体系列教材)
ISBN 978-7-302-53291-0

Ⅰ.①电… Ⅱ.①刘…②李… Ⅲ.①电视节目制作 Ⅳ.①G222.3

中国版本图书馆CIP数据核字(2019)第138698号

责任编辑: 王　芳
封面设计: 常雪影
责任校对: 徐俊伟
责任印制: 沈　露

出版发行: 清华大学出版社
网　　址: https://www.tup.com.cn, https://www.wqxuetang.com
地　　址: 北京清华大学学研大厦A座　　　　　　邮　编: 100084
社 总 机: 010-83470000　　　　　　　　　　　　邮　购: 010-62786544
投稿与读者服务: 010-62776969, c-service@tup.tsinghua.edu.cn
质量反馈: 010-62772015, zhiliang@tup.tsinghua.edu.cn
课件下载: https://www.tup.com.cn, 010-83470236

印 装 者: 大厂回族自治县彩虹印刷有限公司
经　　销: 全国新华书店
开　　本: 185mm×260mm　　　　印　张: 12.5　　　　字　数: 316千字
版　　次: 2019年9月第1版　　　　　　　　　　　印　次: 2024年2月第5次印刷
定　　价: 45.00元

产品编号: 083457-01

前言

电视节目制作是随着数字媒体的普及和发展应运而生的一门专业实践课程。它能反映社会现实生活，是记录社会和自然现象的一种形象化的手段。它能表达人们的思想感情，是人们联系社会、交流思想和传播信息的一种视觉语言。它能传播文化艺术和科学知识，广泛地应用于科学、文化、教育和艺术的各个方面。它作为一种艺术创作手段，能帮助人们全面地、形象地、真实地了解和理解社会，并给予美好的享受。

本书以电视节目制作的基础、理论、技术、艺术、实用性为出发点，在数字电视节目制作技术的基础上，系统而全面地介绍了前期节目制作系统、编辑系统、特技与图文创作系统、电视音响系统、电视节目制作环境等内容。

本书是作者在总结多年教学经验的基础上编写的一部集科学性、系统性、知识性、新颖性为一体，内容丰富，既通俗易懂，也有一定深度和广度的教材。本书适合高等院校文科专业和职业技术教育的学生学习电视节目制作，还可作为广播电视学、教育技术学、影视编导以及广播电视编导等相关专业电视节目制作技术课程的教材，也可供广大电视节目制作爱好者参考或作为培训教材。

本书立足于电视节目制作的知识和技能，分 8 章进行了详细阐述。教材由兰州文理学院教师编写：刘洪艳担任主编；李军担任副主编；第 1 章、第 2 章、第 3 章由李军负责撰写；第 4 章、第 5 章、第 6 章由刘洪艳负责撰写；第 7 章由陈睿姣负责撰写；第 8 章由杨玮负责撰写。全书的统稿工作由刘洪艳负责完成。

尽管笔者为编写此书做了不懈的努力，花了大量的时间和精力，但是由于水平有限，书中疏漏在所难免，恳请专家和读者批评指正。

刘洪艳

2019 年 3 月

目录

第1章 电视节目制作的几个基本概念 ······ 1

1.1 电视和电影的异同 ······ 1
1.1.1 相同点 ······ 1
1.1.2 不同点 ······ 3
1.2 电视节目制作系统 ······ 5
1.2.1 电视节目制作类型 ······ 5
1.2.2 电视制作的变化历程 ······ 11
1.2.3 电视节目制作系统 ······ 15
1.2.4 电视节目制作流程 ······ 17
习题 ······ 18

第2章 镜头及视觉特征 ······ 19

2.1 镜头的光学特征 ······ 19
2.1.1 焦距 ······ 19
2.1.2 视场角 ······ 22
2.1.3 相对孔径与光圈系数 ······ 22
2.1.4 景深 ······ 23
2.1.5 景深控制 ······ 23
2.2 镜头的工作特性 ······ 24
2.2.1 视野 ······ 24
2.2.2 角度和距离的变化 ······ 25
2.2.3 运动：推拉和移动 ······ 25
习题 ······ 26

第3章 电视画面艺术 ······ 27

3.1 固定画面 ······ 27
3.1.1 增强电视画面的立体感 ······ 27
3.1.2 电视画面造型的三要素 ······ 30
3.1.3 电视画面构图 ······ 35
3.1.4 固定画面的拍摄 ······ 36
3.2 运动摄像 ······ 38
3.2.1 推摄 ······ 38
3.2.2 拉摄 ······ 39

3.2.3 摇摄 ………………………………………………………… 40
3.2.4 移摄 ………………………………………………………… 40
3.2.5 跟摄 ………………………………………………………… 40
3.2.6 升降拍摄 …………………………………………………… 41
3.2.7 综合运动摄像 ……………………………………………… 41
3.3 场面调度 ………………………………………………………… 42
3.3.1 电视场面调度 ……………………………………………… 42
3.3.2 轴线问题 …………………………………………………… 46
3.3.3 机位三角形原理 …………………………………………… 53
3.3.4 画面拍摄注意事项 ………………………………………… 57
习题 ……………………………………………………………………… 60

第 4 章 电视光线艺术 ………………………………………………… 61

4.1 特殊的语言艺术 ………………………………………………… 61
4.1.1 光源 ………………………………………………………… 61
4.1.2 色温 ………………………………………………………… 62
4.1.3 色彩 ………………………………………………………… 63
4.2 自然光的种类和应用 …………………………………………… 64
4.2.1 自然光的种类 ……………………………………………… 65
4.2.2 自然光的四个类型 ………………………………………… 66
4.2.3 阴天的光线照明 …………………………………………… 67
4.2.4 雨雪天的光线照明 ………………………………………… 67
4.2.5 雾天的光线照明 …………………………………………… 68
4.3 人造光的灯具和应用 …………………………………………… 69
4.3.1 人造光的照明灯具 ………………………………………… 69
4.3.2 人造光的布光方法 ………………………………………… 69
4.3.3 布光的程序 ………………………………………………… 70
4.4 光种和光位 ……………………………………………………… 71
4.4.1 光种 ………………………………………………………… 72
4.4.2 光位 ………………………………………………………… 73
4.5 照明的作用 ……………………………………………………… 75
4.5.1 光线的造型作用 …………………………………………… 75
4.5.2 光线的心理作用 …………………………………………… 75
4.5.3 照亮物体形状,改变物理空间 …………………………… 76
4.5.4 光的测量和计量 …………………………………………… 76
4.5.5 光量的计算 ………………………………………………… 77
习题 ……………………………………………………………………… 78

第 5 章 电视摄像艺术 ………………………………………………… 79

5.1 电视画面 ………………………………………………………… 79

5.1.1　电视画面概论 79
　　　5.1.2　框架结构 81
　　　5.1.3　平面造型 81
　　　5.1.4　电视画面的组成 83
　5.2　取景与构图 87
　　　5.2.1　取景 87
　　　5.2.2　构图 89
　5.3　运动形式 94
　　　5.3.1　电视摄影构图中的运动因素 94
　　　5.3.2　运动摄影的主要形式 95
　　　5.3.3　运动摄影的特点与效果 95
　　　5.3.4　运动摄影对其他画面元素带来的影响 96
　5.4　摄像的意识 97
　　　5.4.1　镜头的调度意识 97
　　　5.4.2　蒙太奇意识 101
　习题 106

第6章　电视画面编辑 107

　6.1　视觉语言语法 107
　　　6.1.1　视觉语言 107
　　　6.1.2　合理安排景别 109
　　　6.1.3　镜头组接规律 112
　　　6.1.4　运动的组接 114
　6.2　电视画面组接的原则 115
　　　6.2.1　一致性原则 115
　　　6.2.2　匹配性原则 116
　　　6.2.3　循序渐进原则 116
　　　6.2.4　轴线原则 117
　　　6.2.5　动静画面组接原则 117
　　　6.2.6　画面时间原则 117
　6.3　转场方法 118
　　　6.3.1　技巧转场 118
　　　6.3.2　无技巧转场 120
　6.4　视频制作软件的分类 121
　　　6.4.1　编辑软件 121
　　　6.4.2　后期效果软件 125
　　　6.4.3　动画软件 129
　　　6.4.4　静态图片制作软件 133
　6.5　非线性编辑系统 134

    6.5.1 简易的 DV 制作 ……………………………………………… 134
    6.5.2 专业视频编辑 …………………………………………… 141
 习题 ……………………………………………………………………… 153

第 7 章 电视声音艺术 …………………………………………………… 154

 7.1 声音的基础 ………………………………………………………… 154
    7.1.1 声音的基本元素 ………………………………………… 154
    7.1.2 声音的功能 ……………………………………………… 156
 7.2 电视音响的艺术特性 ……………………………………………… 157
    7.2.1 声音的类型 ……………………………………………… 157
    7.2.2 声音的空间感 …………………………………………… 159
    7.2.3 声音的艺术处理 ………………………………………… 159
 7.3 话筒的特性与使用 ………………………………………………… 160
    7.3.1 话筒的类型 ……………………………………………… 160
    7.3.2 话筒的性能 ……………………………………………… 163
 7.4 电视音响的制作工艺 ……………………………………………… 164
    7.4.1 录音信号 ………………………………………………… 164
    7.4.2 录音的一些技巧 ………………………………………… 165
    7.4.3 声音的后期制作 ………………………………………… 166
 习题 ……………………………………………………………………… 168

第 8 章 电视节目制作教学实训 …………………………………………… 169

 8.1 熟悉电视节目制作的硬件系统环境 ……………………………… 169
    8.1.1 摄像机 …………………………………………………… 169
    8.1.2 非线性编辑系统 ………………………………………… 175
 8.2 电视画面拍摄基本功实训 ………………………………………… 178
    8.2.1 摄像机的准备工作 ……………………………………… 178
    8.2.2 摄像机的操作要领 ……………………………………… 179
    8.2.3 固定镜头和推拉摇移的拍摄技巧 ……………………… 180
    8.2.4 不同景别的拍摄技巧 …………………………………… 184
    8.2.5 不同角度的拍摄技巧 …………………………………… 185
    8.2.6 不同高度的拍摄技巧 …………………………………… 186
 8.3 分组制作一部 10～15 分钟的故事短片 ………………………… 187
    8.3.1 选题、策划、创意 ……………………………………… 189
    8.3.2 稿本编写 ………………………………………………… 189
    8.3.3 素材采集与编辑 ………………………………………… 189

参考文献 …………………………………………………………………………… 192

第 1 章 电视节目制作的几个基本概念

学习目标

1. 了解电影和电视的异同。
2. 了解电视制作的发展历程。
3. 理解电视制作系统以及节目制作流程。

1.1 电视和电影的异同

1.1.1 相同点

电影和电视都是声画结合的传播媒体。人类的声音在漫长的历史过程中，由现场言语交流开始，逐渐形成了与文字结合的语言，使得跨越时间与空间的交流活动得以展开，电影、电视从而成为人类文明史上最重要的一种传播媒介。从电影诞生到有声电影出现，声音为电影、电视带来了巨大的变革。电影、电视声音除了参与画面造型以外，由于它对时间、空间、心理、情绪、意境、风格等方面深入地刻画，大大扩展了电影、电视时空的表现能力，并使观众得到审美享受。因此，声音应当积极地介入电影、电视创作的剧作，介入主题、介入影片结构，并通过对现实生活的"情绪再现"完成表达与思考。

1. 声画关系概述

电影在经历了近百年的跋涉进入了 21 世纪，随着电视以及其他电子媒体的兴起，电影开始走向竞争。然而，在这样一个竞争的过程中，声音技术却获得了引人注目的发展。对于声画关系，目前主要有两种看法。一种认为电影、电视本质上是影像美学，因而画面拥有独一无二的地位，声音则只是一种补充或辅助，不足以构筑影视的本体。这是传统声音理论在现代的延续。另一种看法则认为在电影、电视大量采用高科技手段而技术发展永不停歇的时代背景下，声音因素对于电影、电视本体的影响已接近甚至超越了画面，所谓"后来者居上"。这两种观点实际上都忽略了一个最基本的问题，即我们通过视觉和听觉两个通道接受电影、电视，电影、电视的接受心理是视听同在的立体思维。我们把前一种观点称为历史主义的观点，因为它视无声电影先于有声电影出现的过程为历史发展的必然,以此确定声画的地位,将早先的无声电影美学作为最终的美学。后一种我们可以称之为技术主义,它把技术因素作为电影、电视艺术的最终决定因素,电影、电视在一个影像技术发展的时代可以是影像优先的,而在一个声音技术发展的时代则是声音至上的,其所谓的电影、电视本性其实都是游移不定的。

2. 基本声画关系

画面与声音是构成电影、电视的两个要素。声音与画面只有协调、巧妙、有机地配合才能产生立体、完整的感官效果。我们把声画组合看作电影、电视特有的表意手段。实际上,因为电影、电视画面的存在,电影、电视声画的存在也必然发生变化。电影、电视话语与日常语言的相似性与相关性并不代表二者可以等同,相反,电影、电视声画日常化的要求本身默认了电影、电视话语与日常语言的某种差异。日常语言与电影、电视话语的不同通常在于前者是语言的完整形式,即包含了各种现实规定性的言语事实,而后者是特定艺术规则之下的节略性话语,它不是日常语言的完整复现,而是对一种基于充分表达可能性的有意节略。

本书所说的"节略"不是从普通语言学立场上看到的单一形式对多重意义的复合。对于电影、电视声画来说,"节略"主要是指形式的变化。假设一段3分钟时长的对话可以给我们带来听觉上的和谐感,现在将它放在一段线性的有分切的画面上就有可能产生不和谐感,它听起来可能快了也有可能慢了。在视听感知的模式中,原先出于广播需要而强化的完整人声可能并不适用,必须经过重新处理,依据表意的需要或增速或减速,或放大或弱化……经过录放器改变过的声音已经不是原有声音,它和原有声音只保持了一定的相似性。电影、电视声画的节略形式既是声画共同运动的成果,又持续推动着声音和画面的多向运动和时空真实感的主观构造。随着电影、电视声画逐步走向成熟,电影、电视中的声画关系逐渐固定为三种主要类型。

1) 声画合一

影视艺术是视听艺术,是声音、画面结合的艺术。在影视作品中声音作为一种造型手段,与视觉造型相结合,共同参与影视审美价值的创造。即画面中的影像和它所发生的声音同时呈现并同时消失,两者步调协调一致。其依据是人类视听接受的同步习惯和立体思维,作用在于加强真实度,丰富影像表达的层次性和立体感。这种关系是电影中最常用、最基本的一种声画关系,有时是唯一使用的一种关系。

2) 声画对位

对位概念来自音乐的对位法,原指复调音乐中两个以上的、有独立表现的旋律的同时存在。音调不同、节奏不同的若干声部可以结合,共同构成一首乐曲并形成复杂多变的对位。各声部的强音、高潮、终止都不同时出现,各声部长短不一,力度、音色各不相同,但在统一风格的统领下,多声部可以达到和谐。爱森斯坦提倡声画对位的目标是建构理性蒙太奇以反对直接表现对话给视觉语言带来的灾难。因此,对位关系下的声画由于承载了同时进行的多种信息,它们的组合可以产生强烈的冲击力,激发观众思考超出画面和声音之外的新的意义。就人声而言,声画对位意味着它和形象的关系应是同质异构的,也就是说,人声的形式与画面内的形象运动并无必然性,但在隐喻的意义上,二者可以借助蒙太奇手段获得同质性。

3) 声画对比

声画对比指画面和声音性质相反,存在强烈反差。人声和画面内的声源对应关系不确定,依靠对比方式来联结。声音和画面彼此具有相对独立性。声音对比的价值正是在声音与画面的差异间显现别具一格的风格特征或实现对比的修辞效果。《现代启示录》将美军直升机对越南村庄的空中攻击配以瓦格纳史诗般的音乐,战争的血雨冲天与代表文明和生命激情的音乐同步而行。残酷的杀戮与轻松的游戏居然浑然一体,人类行为本身某种程度的荒谬在这样的对比面前撼人心魄,暴露无遗。

1.1.2 不同点

1. 制作手段

电影经历了 100 多年的发展,其发展方向越来越明确,制作水平越来越高,特别是在高科技手段纷繁复杂的今天,这两种趋势越来越明显。当前电影的制作流程主要有以下几方面的内容。

1) 制作前的准备

电影不同于电视,虽然电视的制作也是相当复杂烦琐,需要很多的专业人员参与进来。但是相对于电视来说,电影更是一个系统的庞大工程。仅仅制作前的准备阶段就有资金筹措、研究文学剧本、搜集资料、体验生活、初选外景地及草图、完成分镜头剧本、制定拍摄计划及预算、选演员、组成摄制组等工作。特别是电影剧本的选择需要慎之又慎,因为电影剧本的优劣直接关系到电影的成败。再就是选择合适的演员,但是中国当前电影发展的形势,一般都是找明星来演。在一部成功的电影中,不仅要有很棒的剧本、很好的故事情节、好的导演,最重要的是有大牌明星的参与。明星是电影中闪亮的焦点,也是电影票房的保障。

2) 制作过程

完成了前期准备工作,剩下的就是进入拍摄阶段。但是这并不意味着工作就很轻松简单。制作阶段还有更多的事要做,而且一点儿也马虎不得。选择各种拍摄设备、完成内外景镜头拍摄、特技镜头拍摄、字幕拍摄和同期录音及音响搜集,电影音乐作曲这一工作也是非常复杂的创作过程。

3) 后期制作

电影拍摄完成后,还需要剪辑样片。要根据剧情的需要和放映的需要对电影再做修改。然后将做好的电影送去审查。等通过审查之后,则要进行画面套底、声画合成、制作校正拷贝、制作标准拷贝,最终要再审查一次。如果通过,就制作发行拷贝;如果通不过,就需要修改甚至有被"枪毙"的危险。当然除了上面的工作,还有电影的发行、上映前的宣传和正式上映。以上就是电影制作的基本流程。

在电视的制作流程上,似乎可以找到一些电影制作流程的影子。和电影相同,电视的制作流程大体上也可分为三个阶段。

1) 制作前期

制作前期的工作内容为节目制作前的准备工作,如策划、构思创作、资金的筹集、分镜头剧本、场景设计和选择、选演员等。当然这些都是最基本的工作,但也是非常重要的。

2) 制作期

制作前期完成后，就进入制作期即拍摄阶段，这一阶段需要完成以下工作：设备的选择和准备、拍摄提纲的制定、拍摄计划的制订、内外景拍摄（同期声）。这些都是关乎电视成败与否的关键因素。

3) 制作后期

制作后期通常包括剪辑、加入特殊效果、录制对白、编辑混录及对所拍摄的结果做修正等。在这里特别要说的是加入特效。由于电视技术发展的局限性，很多电视效果实际上是拍摄不出来的，这就需要利用专业的软件对所拍摄的画面加入电子特效。最后就是复制、发行了。但与电影不同的是，电视还可以进行现场直播。现场直播的流程很简单，除了在筹备阶段和传统的电视制作一样以外，接下来现场直播所要做的就是现场拍摄、切换、播放了。

从以上分析中，不难看出电影和电视在制作上有相同点。但是电影和电视毕竟是两种不同的艺术形式，所以它们在一些细节方面还是有所不同的。这主要表现在以下几个方面。

1) 资金的筹集

在资金的筹集上，电视不像电影那么大手笔，电视作为一种更大众化的艺术，不必过分追求电影的那种视觉冲击力。而电影则不同，电影就是要靠一些电视所不能达到的东西来吸引观众，这就决定了电影的制作费比电视要昂贵得多。

2) 艺术的表现

电影不能做得像电视那样大众化，这就决定了电影需要更高的艺术表现力，来区别于电视。所以在拍摄时需要综合考虑，借助各种手段、各种道具来使得电影本身具有更大的艺术张力。

3) 后期的包装

电影在后期的包装上是电视所不能比的。电影在包装上更加艺术，更加具有视觉冲击力。只有这样才能更好地把电影和电视这两种相近的艺术形式区分开来。

4) 剪辑方面

电影的剪辑是将一部影片拍摄的大量素材，经过选择、取舍和组接，最终编成一个连贯流畅、含义明确、有艺术感染力的作品。电视的剪辑相对于电影的剪辑是比较容易的。

5) 复杂程度

从形式上看，电影的制作流程要比电视的流程更复杂。

虽然电影和电视制作有很多相同点和差异，但是按照当前两者的发展趋势看，我们完全相信，两者在不久的将来必将在制作流程上做到统一，并且，就现在出现的边缘艺术——电视化的电影与电影化的电视来看，这两种边缘艺术是电视向电影过渡或者说电影向电视过渡的一种临界艺术。一旦这种临界状态被破坏后，电影和电视将融合成一种艺术。因此，我们在这里可以大胆预言：只要社会发展到一定阶段，科技发展到一定程度，世界上将少了两种艺术形式，但却出现一种新的艺术形式——那就是电影与电视的联姻。

2. 传播手段

电影、电视两者在传播上具有一般的共性。例如，它们的一般传播过程都是由八大要素构成：信源、信息、编码者、通道、译码者、接收者、反馈、噪声。然而电影和电视毕竟存在着差异性,如屏幕大小、放映条件和设备的不同等。这些差异性造成了它们在传播过程中具有一些区别。这些区别和差异体现在传播手段、传播时间、传播空间、传播方式、传播内容、传播效果上。

电视传播手段具有复杂性和多样性,而电影传播则相对简单和单一。电影的传播手段主要是在影院放映。当然随着时代的发展,科技的进步,电影也通过网络传播。然而不管怎么样,电影在传播手段上都比不上电视传播的多样性和复杂性。

1.2 电视节目制作系统

1.2.1 电视节目制作类型

1. 新闻性节目

新闻性节目是报道新近发生事件的电视节目。它担负着反映动态、传播信息、表达舆论、传达政令和宣传方针政策的重要使命,是电视节目的骨干。它对新闻事件和新闻人物的反映,既可以是简短的动态性消息,也可做详尽而深入的报道。在本书中,我们将电视新闻类节目分为"综合新闻消息节目""分类新闻消息节目""新闻专题类节目""新闻谈话节目""国际新闻类节目""大型新闻节目"等6大类。

1) 综合新闻消息节目

综合新闻消息节目一般都是重要新闻消息的总汇,主要包括中央、省、市电视台黄金时间播出的《新闻联播》,全省新闻,城市新闻以及早、午、夜间的综合新闻消息节目和专业新闻频道中的正点新闻节目。

综合新闻消息节目是我国新闻节目的主流,根据央视—索福瑞媒介研究有限公司2012年1月1日至6月30日在全国范围内对750个主要频道的监控数据分析,在750个频道中,综合新闻消息节目播出量占全部新闻节目总量的78%。

2) 分类新闻消息节目

分类新闻消息节目主要指如法制、体育、财经、娱乐、农业、军事、科技、教育等新闻消息节目。在这里,"分类新闻消息"特指各种报道范围和受众细分化的新闻消息,也有专家称该类新闻为"对象性新闻"。随着媒介市场细分的加速,近年来我国分类新闻消息节目的发展较快,成为新闻类节目一个新的增长点。

3) 新闻专题类节目

新闻专题类节目主要指各电视台就重要新闻事件或公众普遍关心的话题制作的深度报道新闻栏目和节目。如"焦点"类栏目、"两会专题报道"等。新闻专题节目往往以某一重大新闻内容为主题,围绕其展开比较详细、全面和深入的分析报道,它与新闻消息节目互为补充,是新闻类节目中的重要节目类型。

在国内外电视业,许多业内人士和学界人士也将此类节目称为"深度报道节目"。考虑到"新闻专题节目"概念在我国电视业已约定俗成地使用了很多年,如果将其改成"深度报道节目"可能会造成工作上的不便和概念上的混淆。例如,许多新闻谈话类节目和长新闻消息节目也是很有深度的。为此,我们将不用"新闻深度报道节目"这一名称,仍然采用"新闻专题节目"来称谓。

4) 新闻谈话节目

新闻谈话节目主要是指由主持人和记者邀集有关人士及受众,围绕公众普遍关注的话题,展开讨论的群言式的言论节目。由于时效快、真实生动、感染力强,加之制作简便、成本低廉,谈话类节目已成为电视市场上最重要的节目类型之一。我国的新闻谈话节目有相当大的发展潜力。

5) 国际新闻类节目

随着我国的日益强大和开放,以及全球化进程的提速,无论是我国受众对国际新闻的需求还是国外受众对我国新闻的需求都出现了迅速的增加。把这种双向需求的节目统称为"国际新闻类节目",并将其主要分成了两种类别。

国际新闻节目指的是我国电视媒体采用国外电视机构提供的新闻素材制作的节目或我国记者自己采制的国际新闻栏目和节目,如《国际时讯》《高端访问》等。

对外新闻节目的主要收视对象是外国观众和海外华人,既包括我国电视机构制作的外语新闻节目,也包括华语新闻节目,如 CCTV-9 英语频道和 CCTV-4 中文国际频道的新闻节目。

6) 大型新闻节目

大型新闻节目已成为各电视台吸引受众的重要节目形式之一。一方面是受众对重大新闻事件报道的旺盛需求,另一方面是电视媒体生存与发展的需要,如"伊拉克战争报道""神五飞天报道""抗击麦沙台风报道""感动中国年度人物评选"等。从吸引观众和广告主的角度,大型新闻节目是提升电视媒介价值的"盛宴"。当然,运作大型新闻节目也是对电视媒体综合能力的全面考验。

对我国的新闻类节目进行分类过程中,对于新闻性、专业性都很强的经济专题节目、谈话节目、大型经济节目等深度反映国内外经济形势、经济现象、新的经营方式的节目类型,如《经济半小时》《对话》《年度十大经济人物》等,既可以把它们单独划分成经济节目类型,也可以将其归入新闻类节目中,在综合考虑了各种因素以后,还是把它并入新闻类节目中较好。

2. 娱乐类节目

在电视业,娱乐节目的市场份额和种类都是最多的。为了实现愉悦观众的目的,娱乐类节目的形态和内容元素都极为丰富。娱乐类电视节目分为"电视剧""体育""电影""综艺""音乐""戏剧""游戏""真人秀""娱乐谈话""专题节目""国际娱乐类节目""大型娱乐节目"等12种类型。

1) 电视剧节目

电视剧节目是我国市场份额最大,受众最多的节目类型。2012 年,我国电视剧节目全国收视份额达到了 72.48%。总的来看,可以把电视剧节目分成内地电视剧和涉外电视剧两大类别。

在此需要说明的是,虽然少儿和戏曲电视剧节目在制作形态上采用的是电视剧的制作方式,但是从它们的本质和核心受众的角度上看,前者的核心受众是儿童,后者的核心受众是戏迷,因此,这两类节目的实质应分别是少儿和戏曲节目。此外,还有一个重要的原因是,我国电视频道的发展趋势已向分众化和专业化发展,绝大多数的少儿和戏曲电视剧都已逐渐集中在专业频道中播出了,而且它们的产量都不大。在综合考虑了各种因素之后,本书作者认为还是把这两类电视剧节目归入到少儿和戏曲类节目中比较合理。

2) 体育节目

体育节目从某种意义上具有新闻节目的特征。与新闻节目不同的是,体育节目往往会在一个事先确定的时间范围内,按照明显的先后顺序进行叙事;同时,体育节目所叙述的内容往往会有一个明确的结尾。与新闻节目相似的是,体育节目存在的主要价值就在于通过直播的方式与观众一起见证结果。虽然具有明显的新闻节目特征,但总的来看,体育节目的本质是向受众提供娱乐服务的。因此,在国内外不少的节目分类方法中,往往把体育节目归入娱乐类节目的范畴。

作为人类体能、技巧、美感与电视艺术完美结合的体育节目是我国受众人数增长最快的节目类型之一。随着我国运动员在国际赛事上越来越出色的表现,我国观众文化和经济收入水平的增长,以及奥运会、F1方程式赛车等大型国际赛事登陆中国,国内观众对体育节目的关注度空前高涨。体育节目已成为我国电视节目市场上最受欢迎的节目类型之一,重大体育赛事的转播权也成为大型电视台激烈争夺的对象。

3) 电影类节目

从电视诞生之日起,电影类节目就是电视节目中的重要类型。电影类节目主要由电影和电视电影两类节目组成。

"电影节目"主要指影片在电影院线上映之后,再通过电视台播出的节目类型;而"电视电影节目"则是指用电影的拍摄手法,主要为电视播出而制作的相对低成本的电影节目。虽然电影类节目在我国电视节目播出中所占的比重并不很大,但制作精良、明星云集的电影类节目拥有大批的忠实观众。中央台六套、潇湘电影频道和峨嵋电影频道等专业电影频道的迅速发展,显示了电影类节目的巨大市场潜力。

4) 综艺节目

顾名思义,综艺节目就是综合艺术类电视节目,其节目形态和表现元素都相当丰富。在我国电视发展的初期阶段,娱乐节目的种类有限,业内人士往往把舞台表演类的节目统称为综艺节目。随着近年来我国综艺娱乐类节目的种类日益丰富,伴随着受众和节目市场的细分化趋势,如果将综艺晚会、曲艺、音乐、戏剧、游戏、真人秀等节目形态全部以综艺节目归类,就无法辨别不同综艺娱乐节目的差别。因此,在本分类体系中,我们只把综艺晚会、喜剧和曲艺等类节目划分为综艺节目。

5) 音乐节目

音乐节目是受众需求长盛不衰的节目类型。它主要包括演唱会、音乐会、MTV等节目形态。音乐类节目的繁盛在很大程度上是借助于改革开放之后我国音乐行业和音像出版行业的迅速发展;音画艺术完美结合的音乐电视节目(MTV)在全球范围内的兴起,也对音乐节目市场的发展起到了很大的推动作用。

6) 戏剧节目

本分类体系中,戏剧节目既包括我国多达360余种的传统地方戏剧节目,也包括源自西方的歌剧、舞剧节目等。一个非常值得关注的现象是,以前不受重视的一些地方戏剧节目如豫剧、黄梅戏、二人转、晋剧等,近年来又大受观众欢迎,成为一些区域电视台收视率最高的节目类型之一。

7）游戏节目

游戏节目之所以受到观众长时间的广泛欢迎，是因为有以下特点。一是娱乐性强。在充满竞争的现代化社会里，游戏节目的娱乐性可以缓解人们紧张的情绪，减轻工作压力。二是参与性和刺激性。大众参与是游戏节目的重要特色，加之大部分游戏节目都有物质奖励，游戏环节的设计也紧张激烈，因此容易形成广泛的参与和收视期待。三是真实性和展示性。电视游戏节目的内在形态特点是真实和展示，由于游戏的效果是无法预先编排设计的，游戏的过程往往充满冲突、悬念，使节目极具吸引力。四是竞争性。竞争性是游戏节目中必不可少的元素。竞争性使游戏节目紧张刺激，扣人心弦。

游戏节目大致可分为智力竞猜和体力竞赛等类型。对于电视媒介来说，在黄金时间播出的竞猜类游戏节目的制作成本在高收视率娱乐节目中往往是最低的。

8）真人秀节目

虽然"真人秀"作为一种节目形态，已经被越来越多的人所熟悉，但是，要理解什么是"真人秀"却并不容易。"真人秀"是一个舶来词，美国人更经常使用"Reality TV"（真实电视）来指真人秀；此外，国外电视业还有其他与真人秀相关的名称，如游戏秀（Game Show）、真实肥皂剧（Reality Soap Opera）、构建式纪录片（Constructed Documentaries）、真实秀（Reality Show）等。从这些术语来看，大多包含了两个相反的意义：真实（记录）和虚构（肥皂剧、秀）。这一方面说明，真人秀是一种将真实与虚构融合在一起的形态，另一方面显示出真人秀与游戏节目、肥皂剧、纪录片以及其他真实类电视节目之间的复杂联系。

如果归纳各种电视真人秀，大致可以说，电视真人秀是一种综合性的电视节目，它包含了游戏节目、影视剧、纪录片以及其他相关节目的多种元素，既有纪录片的纪实性元素，也有影视剧的戏剧化元素，还有竞技游戏节目的娱乐性和互动性元素。如果要给真人秀一个相对明晰的定义的话，似乎可以说，电视真人秀作为一种电视节目形态，是对自愿参与者在规定情境中，为了预先给定的目的，按照特定的规定所进行的竞争行为的真实记录和艺术加工。

中国电视真人秀节目是在2000年左右正式形成。它在我国经历了一个从兴起到挫折再到兴起的过程，节目形态也从最初的不自觉到后来的自觉，从单纯的模仿、引进到与国情相结合的创新设计而不断发展完善。《超级女声》和《梦想中国》《加油，好男儿》是我国目前影响力较大的真人秀节目。

9）娱乐谈话、专题节目

"娱乐谈话节目"是一种主要以舞台化、表演化的谈话内容构成的节目类型。该类节目主要追求谈话的趣味性和娱乐性，节目形式活泼多样，话题多以名人生活、情感、心理问题及各种软新闻为主。由于受众面广和成本相对低廉，娱乐谈话节目，特别是娱乐名人谈话节目具有很大的市场潜力。

"娱乐专题节目"在这里主要指反映电视剧、电影、综艺、音乐、戏剧等娱乐内容的专题节目。

10）国际娱乐类节目

本分类体系中，国际娱乐类节目主要指我国电视媒体制作、引进的，主要面对国内观众的国外娱乐节目和主要针对外国观众和海外华人的中国娱乐节目两种类型。这其中既包括外语娱乐节目,也包括华语娱乐节目;既包括专门摄制的节目,也包括购买、整合集成来的娱乐节目。

11) 大型娱乐节目

近年来,我国的电视媒介都在越来越多地通过制作各种大型娱乐节目来提升各自的影响力和市场份额,因此,我们对大型娱乐节目进行了单独设项。

大型娱乐节目至少应具备两个条件:一是规模特大;二是影响广泛。根据中央电视台、湖南卫视、上海文化广播新闻传媒集团等一些大型电视机构近年来竞相制作大型电视娱乐节目的情况来看,大型娱乐节目不仅仅能够在短期内为电视台吸引足够多的收视人群,还能有效地帮助电视频道实现品牌塑造和增加广告收入。

大型娱乐类节目将成为综艺娱乐节目在未来几年中重要的发展方向。需要说明的是,原则上不把播出时间、长度固定的电视娱乐栏目定义为大型娱乐节目。如《同一首歌》栏目,虽然其每期节目的长度有 90 分钟。

本分类体系中,我们主要根据节目的内容功能,把军事、农业等,对象性节目中的娱乐类节目,如《红星剧场》《乡村大舞台》等也归入到综艺娱乐类节目的范畴。

3. 教育类节目

关于教育类节目的分类和界定,在我国电视业有过很多的讨论,意见也相当不一致。在国际电视业,一般把具有显著教育功能的节目都统称为教育类节目。本分类体系中所指的教育类节目采用的也是国际主要电视节目分类中的大教育概念——"社会教育",即把所有的教育功能显著的节目都归入此类,如《探索》类节目、法制类节目、儿童节目、"军事、农业专题节目"、教学节目等,而不是仅指狭义的教学节目。

根据收视对象和功能不同,教育类节目又大致由两部分内容构成:一是受众面广,主要旨在增强文化素养的人文、科技等教育节目;二是除了具有教育功能以外,另一个明显特征是收视对象明确,收视群体相对窄化,如儿童、青年、法制、农业、军事节目等。因此,也有人称这类节目为对象性节目。

根据"内容"和"对象"维度,教育类节目分为"社会教育节目""少儿青年节目""国际教育类节目""大型教育节目"4 种类型。

1) 社会教育节目

社会教育节目受众广泛、种类丰富,它既有主旨在提高观众文化素养的人文、科技等节目,也包括提高受众专业知识和技能的教学节目。此外,由于我国的军事、农业和法制专题、谈话节目都具有较强的教育功能,因此本分类体系也把它们归入到社会教育节目类别中(军事、农业、法制新闻节目被归入新闻类节目中;军事、农业娱乐节目被归入到娱乐类节目中)。

2) 少儿青年节目

关于少儿、青年的界定有很多不同的方法和标准。联合国从人的生理发育角度,把 18 岁以下人群都定义为少儿,把青年人的上限定在了 40 岁。国际电视业从受众和市场的角度,把少儿节目划分得很细,如 3~6 岁儿童节目、7~9 岁儿童节目、9~11 岁儿童节目等。综合国内外分类方法,结合我国实际,我们把主要针对 18 岁以下受众的节目定义为少儿节目;把专门针对从 18 岁到大学年龄段受众的节目定义为青年节目。

考虑到儿童电影和电视剧节目的主体受众是少儿,且大多又主要在少儿栏目和频道中播出,其产量也不大,因此本分类体系把儿童电影、电视剧节目都归入到少儿节目类型中。

3) 国际教育类节目

国际教育类节目也是教育节目中的重要类型,它主要由从国外引进的教育节目和我国制作并对外播出的教育节目两部分构成。随着全球化进程的提速,以及我国在国际社会中政治、经济地位的提高,中外观众对国际教育类节目的需求与日俱增。

4) 大型教育节目

近年来,教育类节目也越来越多地制作各种大型节目来吸引受众的眼球,在此自然应该对大型教育节目进行专门设项。大型教育类节目通过较长的播出时间,丰富的知识含量,生动多样的电视表现手段,从而引发观众对某一知识领域的高度关注,对提高全民的文化素养有很大的促进作用。

4. 服务类节目

服务类节目一般都是针对社会生活中的方方面面为观众提供实实在在的帮助,具有较强的指导性,往往会赢得不错的口碑和良好的社会效益,对提升电视台形象,拉近与观众之间的距离很有益处。电视服务类节目承担着宣传群众、组织群众、团结群众的重要作用,有责任、有义务通过节目的传播渠道,把人民群众的心声反映出来,把人民群众在建设和谐社会进程中的感受、认识和意见反映出来,真正起到桥梁纽带作用,为构建社会主义和谐社会营造良好的舆论氛围。

服务类节目可分成"生活服务节目""理财节目""广告类节目""国际服务类节目""频道宣传收视服务节目"和"大型服务节目"6种类型。

1) 生活服务节目

生活服务节目主要是关注百姓日常生活需求的节目类型。随着生活水平的不断提高,我国生活服务节目的种类和形态越来越丰富,既有综合性的生活服务类节目,也有服饰、家装、饮食、旅游、天气预报等专项服务节目;既有专题节目类型,也有资讯和竞赛等节目类型。

2) 理财节目

理财节目主要是指专家们介绍证券、股市、汇市和家庭理财、收藏、艺术品投资等内容的节目,其数量和受欢迎程度与该国的经济发展水平、市场成熟度紧密相关。由于理财节目的目标观众往往是高收入、高教育程度、高职称层级的三高群体,因此,理财类节目往往能够吸引广告主的关注,是被电视台着重开发的服务节目类型之一。

3) 广告类节目

广告类节目是服务类电视节目中播出数量最多的节目类型。根据《2010年中国广播电视年鉴》的统计,在我国每年播出的各类节目中,广告类节目所占比重达到17.48%。从内容上看,广告节目有商业广告和公益广告之分;从功能上看,商业广告节目既是广告主推介产品、树立企业形象和观众获取购物信息的重要工具与途径,也是电视台营业收入的主要来源——目前中国电视业大约70%的收入来自于经营电视广告;从表现形式上看,广告节目有直接推介式的,也有与节目内容有机结合的植入式广告等形式。

4) 国际服务类节目

国际服务类节目主要由两方面内容组成:一是从国外引进的服务节目;二是我国电视

媒介向海外传播的，主要反映我国内容的服务节目。国际服务类节目也有外语与华语之分。

5) 频道宣传收视服务节目

频道宣传收视服务节目主要是指电视媒介为提升自身品牌形象和引导观众收视而生产的一类节目。主要由频道或节目包装、节目导视等内容组成的频道宣传与收视服务节目，既是电视节目的有机组成部分，也是电视媒介引导受众的有效工具。

6) 大型服务节目

大型服务节目主要指通过电视媒介自身或与其他社会机构合作制作的规模大、影响大的服务节目。与其他三大类型节目一样，服务类节目中的大型节目的制作量和影响力也在逐年增加。

1.2.2 电视制作的变化历程

电视节目在其发展演变过程中，表现内容越来越广泛，表现形式越来越丰富，电视节目的发展和变化历来与科技发展同步。在电视摄像、制作、传送和播出等设备和技术的不断改进及其性能不断完善的条件下，电视节目质量得到不断提高；节目形态发展和变化则标志着电视特性渐趋完善，传播范围和影响日益扩大，与受众的距离逐步缩短。

电视节目制作虽然有各种不同的方式，但其制作的本质是一样的，区别只是体现在节目信号载体、制作场所、播出方式、设备数量、规模大小等方面。例如，按储存信号载体区分的制作方式有影片制作方式、录像制作方式和数字信号方式；按播出时效区分有现场直播法、录像带编辑法；按制作场所区分有演播室制作方式和现场制作方式；按设备数量区分有多台机制作方式和单台机制作方式；而常用的新闻节目制作方式主要有 ENG 方式、EFP 方式和 SNG 方式等。

1. 影片制作方式

早期的电视节目全部采用电影胶片拍摄和制作，经历过黑白影片和彩色影片两个阶段。16mm 电影摄影机的问世，以其轻便、灵活和耗费低廉的优势，很快就取代了用 35mm 电影摄影机制作电视影片的方式，成为电视节目尤其是电视新闻节目制作的主要工具。16mm 影片制作的图像清晰度高，影片宽容度范围大，每幅图像的像素高达 100 多万个。画面中的像素分解得越细小，则像素越多，像素越多，画面的清晰度就越高，而电视的每帧画面由 625 行扫描构成的像素只有约 50 万个，只有提高扫描行数，发展高清晰度电视才能超越电影胶片的清晰度。此外，用摄影机拍摄可以单人操作，灵活方便，即使在缺少电源的地方，也可以用发条驱动使用。但缺点是摄影和录音通常要分开进行，编辑时声音、画面不能同步，声音制作大部分依靠后期配音，现场声音运用很不方便，新闻节目基本上是画面加解说的模式，缺少现场感。而且，影片拍摄后必须经过冲洗加工、编辑和配音合成等阶段，新闻的时效性受到限制。由于无法在拍摄的同时知道画面效果，较难控制图像拍摄质量，所以对摄影师的拍摄水平要求很高。

2. 录像制作方式

用摄像机拍摄，将光学信号转变为电信号并以磁带记录制作电视节目的方式。录像磁带代替了电影胶片成为图像和声音信号录制、储存和播放的载体,以录像带为基础的录制系统经历了从模拟录像系统到数字录像系统的发展,模拟录像方式是把信号的模拟量(即信号的幅度变化与电压或电流的振幅成正比例)直接实现调频以后,记录在磁带上;数字录像方式是先把信号的模拟量变成相应的数字量,经过调频以后,记录在磁带上,重放时经过 D/A 转换器(数/模转换器)解调,还原为模拟信号。录像机处理和记录信号的方式又分为复合方式、Y/C 分量方式和 RGB 方式。复合系统把彩色信号和亮度信号录制在同一磁迹上,重放时输出复合彩色电视信号;Y/C 分量信号系统则把亮度信号和色度信号分开处理和传送,它消除了复合录像系统中存在的亮度信号和彩色信号互相干扰等问题,提高了画面清晰度和信噪比;RGB 系统将红绿蓝三个信号分开处理和传送,它的优点是即使信号经过多次转录,其质量也不会随之下降。

与影片制作方式相比,录像制作方式的优点是声画同步,录像机能同步记录图像信号和声音信号,编辑时既可以同时组合原始的声画信号,也可以单独插入新的声音或图像信号,重组声画信号,并延伸声画的含义,丰富了节目的表现空间。采用录像制作,在拍摄时可以在监视器上同步监测,及时调整和控制画面构图、色彩、光线、声音等效果,保证拍摄质量。

录像技术的发明和它的每一步改进,都对电视节目制作带来积极的影响。它改变了人们对电视制作的观念,改进了电视制作的方式并催生新的节目形态。录像制作的普及尤其是 ENG(电子新闻采集)和 EFP(电子现场制作)等方式的应用,给电视节目制作及其表现手法带来质的飞跃。

3. 数字信号方式

用数字摄录机摄取信号,以计算机为工作平台,采用非线性编辑手段制作电视节目的方式。目前数字技术已广泛应用于摄像系统、录像系统和非线性编辑系统,数字录像的优点是可以制作出高质量的图像和声音,可以直接在计算机上操作非线性编辑,进行数字后期制作,计算机储存信号的方式使节目即使经过大量复制后仍然保持质量,而且,数字信号可以大量储存和长时间保存,信号传送可以更加快捷方便。总之,数字技术的开发和应用,几乎克服了模拟信号方式的所有缺点,当它从局部的数字化技术应用发展到真正意义上的全数字电视,即从摄像、录像、编辑到节目传送、发射、接收的全过程都采用数字信号和数字设备的时候,电视节目制作方式将再次发生革命性的变化。

4. 现场直播法

对一些重大的、突发性的新闻事件,大型的文艺节目、体育比赛等,常常采用电视现场直播的方法,节目制作和播出的时间与事件现场时间是同步的,这种方式目前已越来越广泛地被采用。实际上,早期的电视节目制作都是现场直播的,并不是因为当时技术已能适应新闻节目的时效要求,而是因为录像磁带还没有发明,电视图像不能录下来,只能一边拍摄,一边播放,制作过程和播出过程同步,既不能中断,也无法修改失误的镜头,制作的节目也只能播出一次,无法保留,因此被称作"原始直播"。当时制作的节目类型大多数是一些在演播室拍摄的表演性节目或一些简单的电视剧。与现在的现场直播相比,无论是在表现能力、节目质量,还是在播出范围等方面,都不可相比。现在不但能对可预料发生的重大事件进行现场直播,即使是对突发性新闻事件也可以立即将电视转播车开到现场即时报道,并将摄取的图像和声音信号同时以微波或光缆传送方式传回电视台播出,或用卫星传送方式接收异地传来的节目信号,观众可以在第一时间同步接收,时间和距离不再成为障碍,新闻时效性大大加强。

5. 录像带编辑法

录像带编辑法是指节目采用录像拍摄,经过后期编辑制作后播出的方式。磁带记录技术、电子编辑技术的发展和完善改变了电视节目制作和播出的方式,从原始的直播方式过渡到大部分用录像编辑播出,从而对节目编辑方法、完善节目质量带来极大的影响。虽然节目制作与播出的时间并不同步,但与影片编辑和原始直播方式相比,录像带编辑法具有明显的优点,它拥有更充裕的时间对节目素材进行后期编辑,编辑精确度高,在采用原始素材基础上,可以组合各种相关的资料素材,包括画面素材和音效素材,还可以加上字幕和各种特技效果,对节目进行再创作和加工处理,有利于提高节目质量。灵活的编辑方式有利于各类节目的排列组合,然后选择在合适的节目时段播出。而保留下来的节目还可以用于重播、交流和作为资料保存备用。

所有录像制作系统都具有线性特点,就是说录像带是连续性地记录信息,镜头剪接时必须根据录像素材的顺序进行线性编辑,无论是搜索镜头还是编辑时的预卷、倒卷、进带、倒带等程序都必须按照顺序进行,不能跨越前面的镜头直接进入后面的某一个镜头,操作烦琐耗时,不适应新闻快速的要求。随着数字化技术发展,录像带编辑已逐步进入计算机时代。

6. ESP 制作方式

ESP 制作方式即演播室制作方式,通常是指在演播室内用多机拍摄、录像制作节目或现场直播节目的方式。ESP 方式是传统的和常规的电视制作,具有专门建造的拍摄空间(演播室)和制作场所(控制室),并有完备的电视制作系统,通常用于制作和播出常规的电视栏目,如新闻节目、评论节目、谈话节目等。设备主要包括质量档次较高的广播级摄录设备、光学条件良好的灯光照明、声学条件良好的拾音设备以及高质量的数字特技、模拟特技、动画特技系统等,加上背景道具的配套完善,制作程序规范,对摄像机位调度、灯光、音响、背景、道具、拍摄对象的表演空间等都可以控制自如,节目质量更易于掌握。ESP 方式可以是边拍边录,与录像合成编辑后播出;也可以是即拍即播,或录像合成直接播出,做到制播同步完成。

7. 现场制作方式

现场制作方式指离开演播室,在外景活动或事件现场制作电视节目的方式,一些大型活动、重大事件和突发性新闻经常采用这种方式。用于现场制作的设备通常包括两台以上的摄像机、视频切换台、音响操作台以及灯光、话筒等辅助设备。现场制作的一种类型是在现场先录像,节目经过编辑后再播出;另一种类型是实地拍摄,同步播出。现场制作方式扩展了电视节目制作场所,丰富了电视节目的表现形式和内容,使节目更具现场性和真实感,更加贴近生活原貌,对观众更具吸引力。随着节目制作技术和设备条件以及节目信号传送水平的不断完善,采用现场制作方式的节目比例将不断增加。

8. 多台机制作方式

多台机制作方式指使用多台摄像机同时拍摄制作电视节目的方式，摄像的过程就是镜头选择、编辑的过程，录像或播出都可以同时进行。在演播室内的节目制作或一些较大型外景节目的现场制作时多采用这种方式，摄像人员各自操作一台摄像机从不同位置和角度拍摄，导演或导播通过视频切换器选择来自不同摄像机的信号，有效地保持现场活动的连贯性，也可以适当加进已录制好的资料镜头。这个选择过程和信号切换过程就是对节目进行编辑的过程。

在这种制作方式中，第一种情况是采用多台摄像机以不同机位拍摄，通过视频选择器选择编辑，使编辑过程与摄像同步，与事件发展同步，省略了节目的后期制作过程；第二种情况，同样是多台摄像机分别以不同角度拍摄，通过导播台调度，按要求交替切换来自各摄像机的信号，然后录制在磁带上，既可以同步播出，也可以经过后期编辑修改和增加资料后播出；第三种情况是每台摄像机单独对应录像，分别记录下每一路摄像信号，后期编辑时可以更精心灵活地选择画面和插入镜头。

9. 单台机制作方式

这是指自始至终只用一部摄像机变换不同角度拍摄，节目经过编辑后播出的方式，是在ENG电子新闻采集系统中普遍使用的方式。早期的设备是一台摄像机和一台便携式录像机配套使用，之间用一条电缆连接起来，操作不够方便。摄录一体化设备的出现改变了这种情况，一体机小型轻便，可以单人操作，适应记者灵活方便地进行现场采访报道。单机制作的特点与传统的影片制作方式相似，即前期拍摄，后期编辑。单机制作方式在演播室中采用，可以根据一台摄像机的拍摄需要，精心布置背景、道具、灯光、话筒、人物活动范围，并能方便地进行后期编辑和配音。

10. ENG方式

ENG方式即电子新闻采集的方式，是指采用电子摄录设备采访拍摄电视新闻的方式。ENG方式最明显的特点是快，它省了时间，简化了后期配音和声画合成的过程，为新闻时效赢得了宝贵的时间。ENG的装备主要由摄像机和录像机组成，如果能配备小型的微波发射器，就能够在新闻现场直接将节目信号发回到电视台，节目经过编辑后播出，也可以做到现场直播，时间和距离的遥远都不再成为障碍。ENG方式还具有声画同步、拍摄同步监控、更新换代快等优点。

11. EFP方式

EFP方式即电子现场制作的方式，是指采用多机拍摄和即时切换编辑技术，在事件或活动的现场制作电视节目的方式。相对于电视台演播室内的制作方式而言，它就像在某一个拍摄现场建立一个临时演播室。当然它的规模要小于真正的演播室制作系统，设备主要包括多路摄像机、录像机、视频切换台、调音台、特技机、同步机、字幕机、监视机以及灯光、话筒等相应设备和用于运载设备、接收和传送信号的电视转播车。对现场录制信号做出编辑的设备通常安置在转播车上，转播车接收到现场拍摄的电视信号，可以即时做出切换编辑、配置字幕和特技效果等，完成现场制作，并将信号传送回电视台进行现场直播，也可以用于录像播出。由于EFP的节目是在现场制作完成的，简化了节目制作工序，加快了节目播出时效，因此更强调整个摄制组的协调合作精神，在导播的指挥和调度下，及时对不同对象、景别、角度、技巧、节奏变化、镜头穿插等做出合理的安排。又由于EFP方式的制作过程与事件的发生、发展同步进行，现场性强是其最突出的优点，最能发挥电视独特的优势，所以又称为"即时制作方式"。

12. SNG方式

SNG方式即卫星新闻采集方式，是指利用可移动运载转播车安装地面卫星发射站装置传送现场拍摄制作新闻节目，被认为是ENG方式的发展形态。装备包括摄录像和编辑设备、小型卫星地面发射站、电视转播车等。在现场新闻采访的同时，只需接通线路、调整天线，就能将视频信号和音频信号直接上连发射到通信卫星，再由地面电视台通过天线和其他设备接收从卫星下连的信号，就能实现即时播出。SNG方式的新闻时效快、传播距离远、范围广，在所有的制作方式中具有最为突出的传播优势。卫星新闻采访车（SNV）可在到达现场15分钟内播出现场拍摄的新闻，在20世纪90年代海湾战争时期，SNG方式已经显露其独特的优势，近年来在各种重大新闻事件和体育竞赛等活动中也使用，但因为费用昂贵等因素的限制，这种方式未能如ENG等方式普及。

1.2.3 电视节目制作系统

传统的模拟电视制作系统已经成为电视技术发展的瓶颈，实现电视节目制作数字化是电视技术发展的必然趋势。

1. 数字化电视节目制作的发展

（1）全面数字化。数字化技术不只是运用到电视制作的单一环节中，更重要的是，它参与了从节目的前期准备到完成节目制作的全过程。这不仅出现了数字摄像机、录像机、特技机、切换台等大批运用数字技术的设备，而且大规模的、整体性的数字电视节目系统也日趋完善，出现了全数字电视演播室、全数字电视转播车、数字压缩的卫星新闻采集转播车（DSNG）、数字地面广播（DVB）、数字卫星直播（DTH）等。

（2）虚拟化。计算机、多媒体技术与数字电视技术相结合，产生了非线性编辑系统和虚拟演播室系统。虚拟演播室技术将计算机与电视技术结合起来，能提供逼真的虚拟空间，将计算机制作出来的背景图像与演播室拍摄的人物完美地结合在一起，从而制作出传统设备无法表现的节目，将人物置于千变万化的虚拟三维空间之中，丰富了电视屏幕。

（3）网络化。多媒体网络技术的出现，为数字教育电视节目制作、播出网络化提供了条件。为了提高工作效率，达到资源共享，可以将多台非线性编辑系统、虚拟演播室系统、动画工作站、音频工作站等各类以计算机为操作平台的系统组成网络，成为一个小局域网的子系统，实现计算机设备、多媒体设备的互联和信息交流共享，并支持虚拟网络之间的信息交换。

（4）信息化。数字化和网络化只是工具，信息化才是目的。信息业务的三大媒体通信、广播和计算机正因广播电视数字化而最终融合，使多种业务能在各种通道中传送。而电视通道有可能成为所有信息业务到达家庭的最佳途径。信息业务将会发生很大变化,不再是简单的声音、图形、图像,而是多种格式和媒体的组合。加强信息源建设,发挥广播电视在节目方面的优势,建立广播影视音像数据库和视频点播节目库,广泛开拓交通、金融、气象、教育、培训、电子商务等多个领域的信息源。

2. 数字化电视节目制作环境

数字电视技术的发展,计算机技术的发展,大容量磁盘存储媒体的出现,数字视频压缩技术的广泛应用,对电视节目的制作产生了巨大的影响。以数字系统为基础的制作环境将图像、声音及有关信息统一作为数字数据处理,同时一些基本工作如选材、合成和编辑都是以综合方式来完成的。宽带互联网的出现将可以通过互联网采集节目内容。数字信号的记录媒体也由单一的磁带记录转化为磁盘、光盘存储的多元化的媒体存储方式。图像、声音直接作为数字数据记录在服务器上;外景素材存储在磁盘存储器中,然后传送到服务器上。计算机工作站的介入,打破了由切换台、特技机、编辑控制器一统天下的节目制作模式,特别是以PC机为核心的多媒体非线性制作方式的逐步成熟,使得电视节目后期制作变得更加多样。数字化电视节目制作环境对电视节目制作人员提出了更高的要求。数字化技术的发展加深了影视艺术和技术两者之间的依存关系,图像技术和数字音频技术的广泛应用和发展,带来的不仅是单纯的技术制作方法上的变革,还有艺术创作领域的创新。要求艺术创作人员不仅需要具有极高艺术的创作灵感,同时还需要熟知制作的技术手段,具备丰富的经验和技能,参与到节目制作技术中去。专业技术人员应该是具备一定的工程能力、具备数字技术方面的专业能力、掌握最新的技术动向、具有足够的技术水平,能随机应变地把技术新成果应用到系统上去的系统工程师。节目制作技术方面的主要负责人应该是对节目的内容有比较深入的了解和投入,将各种不同专业知识融会贯通、能进行各种节目制作的复合型人才。

3. 数字化电视制作系统——非线性编辑系统

非线性编辑系统都是以计算机为平台,配以高性能CPU、视频处理卡、码率压缩卡、数字特技卡、声效卡以及高速数据硬盘,由专用视频编辑软件控制完成电视节目制作任务。这种多媒体后期制作系统的最大特点就是用计算机硬盘编辑方式取代传统的磁带记录电视信号的编辑方式。首先把所有的素材,包括活动画面、静止画面、声音等全部采集到硬盘中,实际上就是一种数字化的处理,然后用软件对储存在硬盘中的数字化的信号进行剪辑、编辑、配音、字幕、特技等工作,最后再将完成的节目转录到磁带上。由于硬盘上的信号具有随机存取的特性,节目素材的搜寻可以瞬间完成,也无须按顺序编辑,因此这种编辑方式被称为非线性编辑方式。

在进行非线性编辑时,磁盘上的信号不管进行多少次的编辑或做多少遍特技,都只是不断地改变信号的处理顺序表,没有复制任何信号,不存在多版复制问题,也没有反复卷带造成的磨损,所以信号质量不会有任何降低,这是非线性编辑的好处。非线性编辑系统都能在计算机上显示时码、打入点、出点,并控制录像机进行信号采集、线性编辑和线性录制。

尽管多媒体后期制作系统得到了迅速发展,但是它和传统型后期制作系统也会共存相当长的一段时间,因为有很多编辑和记者对于传统的线性系统还很留恋,而且还有的记者习惯于在线性工作台上创作,反而不适应在计算机面前创作。但是,从线性向非线性转变、从模拟向数字转变,这是电视制作技术发展的大势所趋。

1.2.4 电视节目制作流程

由于每个电视台情况不一样,可能导致制作方案、制作流程会有所不同,这是最基本的流程,希望可以供学习影视专业的同学借鉴。

1. 前期制作工作流程

第一阶段:构思创作
(1) 节目构思,确立节目主题,搜集相关资料,草拟节目脚本。
(2) 主创人员碰头会,写出分镜头方案。
(3) 制定拍摄计划。计划是节目的基础,节目的构思越完善,拍摄的条件和困难考虑得越周全,节目制作就会越顺利。根据节目性质对导演、演艺人员、主持人记者做出选择和人员配置,向制片、服装、美工、化妆人员说明,初步讨论舞美设计、化妆、服装等方面的要求。确认前期制作所需设备的档次及规模,配备摄像、录音、音响、灯光等特技人员。制片部门要确定选择的拍摄场地及后期编辑。各部门主要负责人讨论并确认拍摄计划并执行。
(4) 各部门细化自己的计划,如签订租赁合同,建造场景道具、图版,征集影片、录像资料等。

第二阶段:现场录制
不同类型节目有其不同的制作方式,以演播室拍摄为例。
(1) 排演剧本。
(2) 进入演播室前的排练:演员练习走位、表情、动作、交流;导演阐述;灯光、舞美的最后确定;音响、音乐处理;转播资料的确定。
(3) 分镜头剧本:镜头序列、景别、角度、技巧、摄像机编号、切换按键编号、提词器、租赁设备、移动车、升降臂、布景、道具、美工装饰服装等的准备。
(4) 演播室准备:舞美置景,服装配齐,灯光试验,通信联络,存储卡配置。
(5) 摄像机准备:摄像机检查,调整灯光,带声音操作,化妆,服装,布景,道具,特技运用等。
(6) 走场:以上诸项完成之后进行。
(7) 最后排演(带机排练):开始表演、导演处理、协调运用等。
(8) 录像:正式录制或试录,每段的场记、时间标准,适当穿插及备份镜头的拍摄。

2. 后期制作工作流程

第三阶段:编辑混录
(1) 素材编辑:确认编辑方式;搜寻素材的入、出点并确定;搜寻母带的入、出点并确定。
(2) 特技的运用、字幕的制作。
(3) 画面编辑后,可进行初审,看结构是否合理,段落层次是否清楚,有无错误并修改。

（4）混录：录解说词及所需的音乐；将解说词、效果声、音乐进行混录，进行音调、音量等处理。

（5）完成片审：负责人审看并提出意见。

（6）播出复制存档：对完成播放的节目进行存档。

 习题

1. 如何理解电影和电视的异同？
2. 简述电视节目类型。
3. 简述电视节目制作流程。

第 2 章 镜头及视觉特征

学习目标

1. 了解镜头的光学特性。
2. 理解相对孔径与光圈系数的关系。
3. 理解景深的概念,并能在摄像中控制景深。
4. 理解镜头的工作特性。

2.1 镜头的光学特征

光学镜头是电视摄像机的重要部件,一般是由多片凸透镜和凹透镜与相应的金属零件组合而成的。现在,一般的摄像机镜头都带有自动光圈、电动变焦距等装置。光学镜头是摄像机的主要部件,它的最基本作用是把被摄物体成像于摄像机内的感光元件上。镜头的光学特性是指由其光学结构所形成的物理性能,由焦距、视场角和相对孔径三个因素组成。任何一种光学镜头,都可以由这三种光学特性的技术参数来表示和区分。对电视摄制人员来说,镜头焦距、视场角和相对孔径对画面拍摄都会产生影响,它们的技术性能直接决定摄像师所能达到的技术可能性和艺术可能性。

2.1.1 焦距

摄像机的镜头都可被看成一块中间厚、边缘薄的凸透镜,光线穿过透镜会聚成焦点,焦点至镜头中心的距离,即为该镜头的焦距,焦距的单位是毫米(mm)。

镜头焦距的长短,与被摄对象存在电荷耦合器件上的成像面积成正比。如果在同一距离上,对同一被摄对象进行拍摄,镜头焦距越长,那么成像面积越大,放大倍率越高;反之,镜头焦距越短,则成像面积越小,放大倍率越低。

通常把焦距与像平面对角线接近或相等的镜头,称为标准镜头。一般专业的摄像机电荷耦合器件成像面积,约等于 16mm 摄像机的画幅像平面,标准镜头焦距通常为 25mm。焦距大于像平面对角线的镜头,称为长焦距镜头。焦距小于像平面对角线的镜头,称为广角镜头。焦距可发生变化的镜头,称为变焦距镜头。

1. 焦点

焦点是光学系统的重要概念之一,是透镜将光线会聚后所形成的点。因光线折射后,会聚成一点可将物体烧焦而得名。平行光线经凸透镜折射后,各折射线会聚成一点,这点称为焦点。平行于主轴的平行光线经折射后的相交点必在主轴上,在主轴上的焦点称为主焦点。

2. 焦点与焦距

当无限远(∞)处的平行光投射到镜头上时,光线就会向主轴折射而会聚成一点,这个会聚点就是镜头的焦点。从焦点到镜头中心的距离就是焦距。焦距就是焦点距离的简称。每个镜头的焦距都是固定的,除了变焦镜头外,其余镜头的焦距都无法变动。常见的镜头焦距有 $f=28mm$、$f=35mm$、$f=50mm$、$f=135mm$ 等。

镜头焦距的长短,直接影响到物体成像的大小。在物距不变的情况下,用不同焦距的镜头拍摄同一物体,这一物体的成像,随着镜头的更换,发生了大小不同的变化。这个变化规律就是:镜头焦距长,物体成像大;镜头焦距短,物体成像小。焦距长短主要是由透镜的凸度大小决定的。镜面凸度大,折射光线的能力大,焦距就短;镜面凸度小,折射光线的能力小,焦距就长。

镜头焦距的长短,还影响镜头透光能力的强弱、镜头视角的大小以及景深的长短。凡是焦距长的镜头,其透光能力比较弱、视角较小;而焦距短的镜头,则透光能力强、视角大。

3. 变焦镜头

变焦镜头是在一定范围内可以变换焦距,从而得到不同大小的影像和不同景物范围的摄像机镜头。变焦镜头在不改变拍摄距离的情况下,可以通过变动焦距来改变拍摄范围,因此非常有利于画面构图。由于一个变焦镜头具有若干个定焦镜头的作用,减少了携带摄影器材的数量,也节省了更换镜头的时间。

使用变焦镜头进行聚焦时,首先将影像调至最大处进行聚焦,也就是说,使用镜头的最长焦距端聚焦。然后,再把焦距变小到拍摄时所期望的焦距上。在此过程中,所有焦距上的影像始终保持清晰。运用这种技术,在尽可能最大的影像下聚焦,能够更容易地观察到影像细节是否清晰,因此也是最为精确的聚焦方法。

注意,有些变焦镜头需要转动两个单独的控制环,一个是控制聚焦环,一个是制焦距环。这种结构的优点是一旦完成了聚焦,不会因调整焦距而意外地改变焦点。其他的变焦镜头只需要变动一个控制环,转动它进行聚焦,前后滑动它即可改变焦距。这种"单环"变焦镜头对于操作来讲往往更快捷、更方便,但通常也更贵一些。需要注意,改变焦距时,不要失去清晰的焦点。

变焦镜头最大的特点,或者说它最大的价值,还是在于它实现了镜头焦距可按摄影者意愿变换的功能。与固定焦距镜头不同,变焦距镜头并不是依靠快速更换镜头来实现镜头焦距变换的,而是通过推拉或旋转镜头的变焦环来实现镜头焦距变换的,在镜头变焦范围内,焦距可无级变换,即变焦范围内的任何焦距都能用来摄影,这就为实现构图的多样化创造了条件。变焦距镜头自身的任何一级焦距与别的相同焦距的固定焦距镜头功能是一样的。但变焦距镜头不限制摄影者使用哪一级焦距,因而在使用操作上便利灵活得多。开始录像之前,还能通过变换镜头焦距对被摄体进行取舍,对画面进行剪裁,实现拍摄前把画面构图安排得更为理想。变焦距镜头变换焦距的快捷程度,是固定焦距镜头通过更换镜头变换焦距无法相比的。摄像机录像开启的瞬间变焦,还能进行"爆炸效果"。有的摄像机还依靠自动控制变焦距镜头的焦距变换实现自动构图功能。最新颖的 35mm 单镜头反光摄像机,还设置了自动记忆镜头焦距的功能,这一功能可允许摄影者设定摄像机参数,记忆一种或数种使用频率较高的镜头焦距,随时能将镜头焦距变换至先前记忆的焦距上来。

当然,相对固定焦距镜头而言,变焦距镜头的结构比较复杂,分量较重。非名牌的变焦距镜头,成像质量肯定逊于相应的固定焦距镜头。

按照外形尺寸,摄像机镜头分为箱式镜头和便携式镜头。从理论上讲,箱式镜头的镜片较大,光学特性要强于便携式镜头。箱式镜头的焦距变换和聚焦只能通过变、聚焦伺服手柄进行,而便携式镜头的变、聚焦则可以通过镜头上的开关来选择是手动操作还是伺服操作。

按照变焦距范围,摄像机镜头可以分为广角镜头、标准镜头和长焦镜头。焦距是镜头的一个基本特性,它可以决定影像的放大倍数和镜头所摄取的水平视场的大小。焦距是通过测量从镜头的光学中心到光线会聚在镜头后面可产生清晰影像的那个点的距离来确定的,就电视摄像机而言,这个点就是 CCD 的靶面。焦距越短,水平视场就越开阔,于是影像也就越小,水平视场随着焦距的增加而变窄,而被摄体则随之增大。

4. 变焦范围

变焦镜头通常使用一个诸如"21×7.5"的二元数组来加以说明,前面的数字"21"是变焦范围,是该镜头的最长焦距与最短焦距之比;后面的数字"7.5"是以毫米为单位的最短焦距,可以表明该变焦镜头的最大视角。懂得这个含义便可以很容易知道,这个变焦镜头可以从 7.5mm(可以得到的最大视角的焦距)变换到 157.5mm(可得到的最长焦距)。知道了镜头的焦距(f)和所拍摄景物的距离(d),可以很容易地计算出摄像机所能拍摄的景物大小。这可以帮助摄像师有目的地选取使用不同变焦范围的镜头。

随着镜头制造水平的提高,现在的摄像机广角镜头最短焦距已经达到了 4mm(能摄取距离摄像机 1m 远的身高 1.8m 的人的全景),而长焦镜头的最长焦距能够达到 1100mm 以上(能摄取距离摄像机 300m 远的身高 1.8m 的人的全景),这是非常惊人的。另外,对于变焦距组镜片,调焦时的移动状态可分为内聚焦镜头和外聚焦镜头。内聚焦镜头调焦时,调焦镜头组的前三片镜片中的最前面一片固定不动,只有中间一片或后面一个镜片移动,因而固定在其套筒上的遮光罩不随调焦转动,允许遮光罩做成方形口,能更有效地减少杂散光,提高图像质量。但内聚焦镜头要求双层套筒结构,对机械精度要求较高。外聚焦镜头调焦镜头组的几片镜片和遮光罩都固定在一个套筒上,几个镜片同时移动,遮光罩也随之移动,因而只能安装圆形遮光罩,减少杂散光效果不如方形遮光罩,但是机械结构简单。

光学变焦就是通过移动镜头内部镜片来改变焦点的位置,改变镜头焦距的长短,并改变镜头的视角大小,从而实现影像的放大与缩小。三角形较长的直角边,就是相机的焦距。当改变焦点的位置时,焦距也会发生变化。例如,将焦点向成像面反方向移动,则焦距会变长,图中的视角也会变小。这样,视角范围内的景物在成像面上会变得更大。变焦距镜头的日常操作是调光圈和变聚焦,但为了保证变焦距镜头正常工作,后焦距的调节、倍率镜以及超近摄镜的使用、中性滤色片的使用技巧和光圈跟踪的调节就很重要。一个变焦距镜头的焦距,其连续调节的范围是有限的,例如,一个 21×7.5 的变焦镜头可以从 7.5mm(最大视角的焦距)变换到 157.5mm(最长焦距),它的变焦距倍数为 21,若将倍率镜(EXT)选择开关从×1 挡换到×2 挡,其变焦倍数仍然是 21,但是焦距变化的范围改成了 2×(7.5－157.5)＝15mm－315mm。

2.1.2 视场角

镜头的视场角,是指电荷耦合器件有效成像平画(视场)边缘与镜头后节点所形成的夹角。

从造型角度上讲,镜头视场角反映了摄像机记录景物范围的开阔程度。镜头视场角与被摄对象在画面中的成像效果成反比,视场角开口越大,被摄主体成像就越小,画面景物就越开阔;反之,视场角开口越小,被摄主体成像就越大,画面景物的视野就越狭窄。

视场角受镜头成像尺寸和镜头焦距这两个因素制约。由于摄像管成像靶面在实际拍摄中是固定不变的因素,所以直接影响视场角的就是镜头焦距了。我们拍摄时,一般只能通过变换不同焦距的镜头,来改变视场角。

摄像机在同一距离上,对同一被摄对象进行拍摄时,使用不同焦距的镜头,会改变该对象在画面中的成像面积和背景范围。这实质上是由于视场角发生了相应的改变。例如,一个视场角为 50°的镜头所拍得的被摄主体在画面中只有视场角为 5°的镜头拍得的图像面积的 1/10。镜头焦距越长,视场角越小;焦距越短,视场角越大。平常所说的标准镜头(25mm 镜头),是焦距近似等于成像面对角线长度,水平视场角 45°左右;对于摄像机上的变焦距镜头而言,是焦距 25mm 左右的那一段镜头。广角镜头(焦距小于 25mm)的水平视场角均大于 60°,一般处在 60°～130°之间。130°～180°之间的镜头被称为超广角镜头,又称为鱼眼镜头,长焦距镜头(焦距大于 25mm)的水平视场角小于 40°。

2.1.3 相对孔径与光圈系数

镜头的相对孔径,是指镜头的入射光孔直径(D)与焦距(f)之比,其大小说明镜头接纳光线的多少。相对孔径是决定镜头透光能力和鉴别力的重要因素。

相对孔径(D/f)的倒数(f/D)被称为光圈系数(f),被标刻在镜头的光圈环上。摄像机镜头光圈系数分为若干挡,常见的有 1.4、2、2.8、4、5.6、8、11、12、16、22 等,相邻两挡光圈,曝光量相差一级。由于像平面照度和相对孔径的平方成正比,所以 f 变化一挡,相当于摄像机镜头的通光量变化一倍。在拍摄电视画面时,开大光圈,实际上是从光圈调节环上大 f 向小 f 的一端运动,即减小了光圈系数值;而缩小光圈,则是从小 f 向大 f 一端运动,光圈系数值加大。例如,从光圈 8 调到光圈 5.6,就是开大了光圈,通光量增大一倍,曝光值增加一级,反之亦然。

对相对孔径和光圈系数的调节,决定了镜头的通光量和镜头景深。对摄像机的镜头进行光圈选择,实质是一个曝光控制的问题。现在的摄像机通常都有手动光圈和自动光圈两种控制方式。自动光圈只能对被摄场景的曝光控制做出技术性处理,而有意识、有目的的动态用光和艺术处理,只能通过手动光圈才能更好地表现。在拍摄同一照度下的同一场景时,光圈越大,景深范围越小;光圈越小,景深范围越大。镜头曝光的有意图控制和不同景深的选择性运用,是电视摄制人员实现创作意图取得最佳画面效果的有效手段。

综上所述,焦距、视场角和相对孔径(光圈)这三个表示镜头光学特性的参数,它们之间的关系是彼此联系又互相制约的。它们都直接构成了对画面造型的影响,不同焦距、视场角和相对孔径的镜头所能记录的画面及其造型效果是大不一样的,为电视摄影师准备了技术基础,提供了创作上的便利条件。在这三个因素中,对画面造型影响最大、实际拍摄时作用最为突出的是镜头焦距的变化。因此,要想做好电视摄影工作,就必须了解和掌握不同焦距镜头所呈现的画面造型特点,充分认识到光学镜头不仅是一个技术手段,同时还是一种艺术手段,从而在电视画面摄影创作活动中扬长避短,发挥不同焦距镜头所能获得的最佳画面造型效果。

2.1.4 景深

景深是指摄像机镜头能够取得清晰图像的成像距离范围。在聚焦完成后,在焦点前后的范围内都能形成清晰的像,这一前一后的距离范围,称为景深。在镜头前方(调焦点的前、后)有一段一定长度的空间,当被摄物体位于这段空间内时,其成像恰位于焦点前后这两个弥散圆之间。被摄体所处的这段空间的长度,称为景深。所谓景深,就是摄像机对准某一物体拍摄,当被拍摄物体调焦清晰后,在被拍摄物体的前后,还会有一个清晰的范围,这个清晰的范围就称为景深。

在焦点前后,光线开始聚集和扩散,点的影像变为模糊,形成一个扩大的圆,这个圆就称为弥散圆。

在现实当中,观赏拍摄的影像,人的肉眼所感受到的影像与放大倍率、投影距离及观看距离有很大的关系,如果弥散圆的直径小于人眼的鉴别能力,在一定范围内实际影像产生的模糊则是不能辨认的。这个不能辨认的弥散圆就称为容许弥散圆。在焦点的前、后各有一个容许弥散圆。以持摄像机拍摄者为基准,从焦点到近处容许弥散圆的距离称为前景深,从焦点到远方容许弥散圆的距离称为后景深。

在进行拍摄时,调节摄像机镜头,使与摄像机有一定距离的景物清晰成像的过程,称为对焦,那个景物所在的点,称为对焦点。因为"清晰"并不是一种绝对的概念,所以,对焦点前、后一定距离内的景物的成像都可以是清晰的,这个前后范围的总和,就称为景深。景深的大小,首先与镜头焦距有关,焦距长的镜头,景深小;焦距短的镜头,景深大。其次,景深与光圈有关,光圈越小(数值越大,例如,$f16$ 的光圈比 $f11$ 的光圈小),景深就越大;光圈越大(数值越小,例如,$f2.8$ 的光圈大于 $f5.6$),景深就越小。再者,前景深小于后景深,也就是说,精确对焦之后,对焦点前面只有很短一点距离内的景物能清晰成像,而对焦点后面很长一段距离内的景物,都是清晰的。因此景深的大小与镜头焦距、被拍摄体的距离、光圈的大小、感光元件大小(与容许弥散圆半径)有关。

2.1.5 景深控制

通俗地说,景深就是在所调焦点前后延伸出来的"可接受的清晰区域"。实际上,在任何镜头上只有聚焦了的平面,才是真正清晰的。然而,在观赏者看来,这一平面前后的物体也可能会显得相当清晰。

例如,你在露天动物园将镜头焦点调在阴影处孟加拉虎的眼睛上,在画面上它的眼睛就是最清晰的。而这时老虎的嘴,还有其皮毛,在最终的画面上,也显示出可以接受的清晰影像。当你的视线从调焦点眼睛移开时,模糊的程度就逐渐加大。在近处前景和远处背景上的物体,离虎头越远清晰度就越差。

选择"合适的"光圈。光圈口径是影响景深的基本要素。概括地说,小口径光圈(由较大的 $f/$ 数值表示),例如 $f/16$ 或 $f/22$,产生广泛的清晰调焦范围;相反,大口径光圈(由较小的 $f/$ 数值表示),例如 $f/2.8$ 或 $f/4$,产生短浅的景深,前景和背景上的可接受的清晰范围要小得多。

创作一幅作品而非简单地拍摄,光圈的选择就是一个基本的要素,还要兼顾镜头焦距和物距对画面的作用。

2.2 镜头的工作特性

2.2.1 视野

视野又称"视场",是指人的头部和眼睛固定不动的情况下,眼睛观看正前方物体时所能看得见的空间范围,称为静视野。眼睛转动所看到的空间范围,称为动视野。视野的大小和形状与视网膜上感觉细胞的分布状况有关。

在水平内的视野是:双眼区域大约在左右 60°以内的区域;人们最敏感的视力是在标准视线每侧 1°的范围内;单眼视野的标准视线每侧 94°~104°。当眼睛注视一点时所能看见的空间范围,双眼视野大于单眼视野;对各种颜色的视野大小也不同,绿色视野最小,红色较大,蓝色更大,白色最大。这主要是出于感受不同波长光线的锥体细胞的集中度所致。

在垂直平面视野是:最大视区为标准视线以下 70°,颜色辨别界限在标准视线以上 30°和标准视线以下 40°。实际上,人的自然视线是低于标准视线的。在一般情况下,站立时自然视线低于标准视线 10°;坐着时低于标准视线 15°;很松弛的状态下站立和坐着时自然视线分别为 30°和 38°。观看展示物的最佳视区在低于标准视线 30°的区域内。

在光学仪器中,以光学仪器的镜头为顶点,以被测目标的物像可通过镜头的最大范围的两条边缘构成的夹角,称为视野。

视场角的大小决定了光学仪器的视野范围,视场角越大,视野就越大,光学倍率就越大。通俗地说,目标物体超过这个角度就不会被收在镜头里。

视场角分物方视场角和像方视场角,一般光学设备的使用者关心的是物方视场角。对于大多数光学仪器,视场角的度量都是以成像物的直径作为视场角计算的。如望远镜、显微镜等。而对于照相机、摄像机类的光学设备,由于其感光面是矩形,因此常以矩形感光面对角线的成像物直径计算视场角;也有以矩形的长边尺寸计算视场角的;也可以使用度量的方法获得视场角参数。

2.2.2 角度和距离的变化

摄像中,拍摄角度和拍摄距离不同,直接影响摄像效果。

1. 拍摄角度对摄像效果的影响

摄像的拍摄角度,是指对被摄对象的拍摄方向,通常可分为正、侧、高、低四个基本角度。从正面角度拍摄人像,着重表现人物脸形阔度轮廓;而拍摄正身人像,由于镜头正对身躯,便着重表现人物体形的阔度轮廓。从侧角度拍摄人物,易于表现脸形、体形的起伏线条。人物摄像角度,可对造型产生扬长避短的作用。例如,挺直的鼻梁、微突的下巴,选用侧角度拍摄,可以表现优美起伏的脸形线条;对有些较长和扁圆的脸形,选用一定的侧角度,则可隐藏长和扁圆的脸形特征;对额头突出或鼻梁不挺以及下巴后缩或颧骨高尖等脸形,选择正确角度拍摄,就可掩饰这些特征,使人物形象美化。角度高低,是指照相机的俯仰。高角度俯摄,由于镜头成像近大远小的透视原理,对正面半身人像,能起突出头顶、扩大额部、缩小下巴、隐藏头颈长度等作用,使人物产生脸形清瘦的成像效果;拍摄全身人像,会使人物成像有矮小前倾的感觉,而身后地面显著,地平线上升;如果拍摄多人像,两边人物以及背景和陪衬物体的垂直线条会出现向外倾斜的变形现象。低角度仰摄,对正面半身人像,会出现额部缩小、下巴扩大、鼻孔突出、头颈过长、脸形饱满的成像效果,而身后地平线则下降或隐藏;拍摄团体照,两边人物以及背景和陪衬物体的垂直线条会出现向内倾倒的变形现象。

2. 拍摄距离对摄像效果的影响

人物摄像的拍摄距离,是指照相机与被摄对象的远近,关系到影像的透明效果。通常,拍摄距离不宜过近;否则,容易产生不良的透视变形。例如,近距离拍摄正面头像,往往会显示鼻子大、耳朵小的怪诞成像效果。一般地说,拍摄头像或半身人像,距离可掌握在 2～3m,不宜近于 1.5m。而全身人像的拍摄距离,可掌握在 4～8m。团体照的拍摄距离,则可根据人物的多少和队形排列的长短,灵活掌握。

2.2.3 运动:推拉和移动

从画面变化的运动特点和形式上来看,变焦距推拉镜头与移动机位的推拉镜头有着相似之处。例如:①两种推拉,都引起了景别的系列变化,这种变化是连续的而不是跳跃的,是递进的而不是无序的。②被摄主体由于镜头的推拉,或由小到大,或由大到小,都表现出一种接近或远离的视觉效果。

特别是有些角度变化不大,推拉速度平衡而均匀的变焦距推拉,与移动机位推拉的画面效果极其相似,不仔细观察,很难分辨出到底是用哪种方法完成的。因此,有的人就把这两种推拉混淆起来,认为它们的造型效果是完全一样的。这种将变焦距推拉等同于移动推拉的认识,是一种模糊的认识。事实上,变焦距镜头在技术上和美学上有着自己丰富的内涵,与移动机位推拉镜头相比,有着不同的现实依据,呈现的是一种不同的画面造型效果。

(1)视角方面。变焦距推镜头的视角变化了,移动机位推镜头的视角没有变化。

（2）视距方面。变焦距推镜头的视距没有变化，移动机位推镜头的视距变化了。

（3）景深方面。变焦距推镜头由于焦距的变化，画面景深发生了变化，移动机位推镜头的焦距固定，景深没有明显变化。

（4）景别方面。变焦距推镜头是通过视角的收缩，达到画面景别的变化，其落幅画面仅是起幅画面中某个局部的放大，没有新的画面形象和内容；移动机位推镜头则是通过机位向前运动，形成画面景别的变化，随着机位向前，视觉空间会出现新的形象和内容。

正确认识这两种镜头的异同和造型特点，有助于在电视摄像实践中对其正确地把握和运用。

 习题

1．举例说明相对口径和光圈系数的关系。
2．什么是景深？举例说明如何控制景深。
3．举例说明物距变化对电视画面的影响。

电视画面艺术

第 3 章

学习目标

1. 了解电视画面造型的三要素。
2. 掌握固定画面的造型和构图。
3. 掌握运动摄像的特点和拍摄技巧。
4. 掌握轴线原理和机位三角形原理。

3.1 固定画面

3.1.1 增强电视画面的立体感

电视画面的造型形式属于平面造型艺术。平面造型是电视艺术的一个特征,电视造型的一切手段都要受到这个因素的影响与制约。

平面造型艺术的主要特点是要在二维空间的平面上再现或表现三维空间的现实生活。电视画面表现形象的空间只具有长、宽两个方面的延伸,而显示空间是一个长、宽、深三个方面延伸的立体空间。用只有二维空间的平面来逼真地表现具有三维空间的客观景象,就必须注意安排电视画面的纵深感,强化画面的立体感。

电视画面立体感处理的方法有:透视规律法、拍摄角度法、画面元素布局法、拍摄光线法、影调对比法、镜头法等。

1. 透视规律法

透视规律来自现实生活中人们对景物的观察习惯,也是人们判断景物远近、大小的一种"尺度"。透视规律包括两个方面的内容,即线条透视和空气透视。

(1) 线条透视。线条透视规律强调在画面上,深远的空间感。纵深感的强弱同景物的近大远小的对比有着密切的关系。景物大小对比越强烈越悬殊,线条收缩越强,则空间感越强。斜侧方向的拍摄、仰拍、俯拍、物距越近、短焦距镜头等都能增强线条透视效果,能在平面上逼真地展现立体空间。另外,有目的性地运用好前景,也能有效增强画面纵深效果。

（2）空气透视。现实生活中，人们感受空间的远近，常常同大气及大气介质发生关系。介质多少会给人造成"错觉"，以此来判断、理解、感受空间。所以，在实际拍摄中，要想方设法利用一些可行艺术手段来实现和再现画面的空间透视效果。

2．拍摄角度法

拍摄角度是指摄像机与被摄物之间的空间位置关系，也就是机位与被摄物之间的空间位置关系。在空间拍摄角度有两个变化：拍摄方向、拍摄高度。

（1）拍摄方向。采用斜侧方向拍摄，既能表现出被摄主体的正面特征，又能表现出它的侧面形态。斜侧面方向能使被摄对象产生方向性的透视效果，特别是摄像机和被摄物成45°角时，画面呈对角线结构，其立体感表现更为强烈。

（2）拍摄高度。采用仰摄或俯摄比水平拍摄所表现的物体立体感强，斜侧面的仰摄、俯摄又比正面的仰摄、俯摄物体的立体感强，因为仰、俯拍摄高度，斜侧面拍摄方向能表现出物体的三个面。

3．画面元素布局法

观察事物时常有意识或无意识地将观察物分成若干小组，先一组一组地分别观察，最后得到总体印象，这种观察的效果比满眼看去既省力又清晰。电视画面构图可以利用这种经验将画面元素分组布局。

（1）前后景布局。前景是位于主体之前，靠镜头最近的景物；后景是位于主体之后的景区或空间，也称为背景。前景由于其形状大、影调深，就容易和主体及远处的景物在大小和影调上形成对比，造成距离间隔，使观众在观看画面时产生三维空间的感觉。后景相对于主体其形状小、影调浅，这样可以与主体在空间上、影调上形成对比，主体得到突出，同时使空间透视效果变化明显。总之，前后景布局使画面元素处于两个以上的纵深层面，利用多层、多重景物强化空间，有利于体现画面的立体效果，也便于利用各种技巧引导观众的注意力。

（2）三角布局。三角布局法是将画面元素组成三角形状。三角布局的视觉中心常位于三角形的顶点。三角布局并不要求一定要用三个画面元素来组成，任意多的画面元素都可组成三角形或金字塔布局。三角布局是一种常见的极富有表现力的构图方法，它使画面元素组合紧凑，有利于近景拍摄。利用三角形的几何形状很自然地将观众视觉注意力引导到三角形顶点，主体实物可置于三角形三个顶点中的一个。三角布局可使画面元素处于不同的纵深面上，增强画面的立体感。

4．拍摄光线法

光线是电视的灵魂，也是表现实物立体感的主要手段。它能形成物体的立体结构，在物体表面产生受光面、阴影面和投影。在电视画面立体处理方法上，常利用直射光中的侧光、斜侧光和逆光来增强电视画面的立体感。

（1）侧光或斜侧光。在侧光或斜侧光照明时，由于光线和被摄物体形成一定的光，就能够在被摄物体面产生受光面、阴影面和投影，构成了光影的明暗变化。因此，侧光或斜侧光不仅对表面粗糙、凹凸不平的物体的质感有很好的表现力，而且加强了被摄物体的立体感。可以说，侧光和斜侧光照明是表现物体立体感最佳的光形式，如图3-1所示。

图 3-1

（2）逆光。逆光是来自摄像机的对面照射到被摄物体上的光线。逆光有很好的造型效果，在应用逆光时，可以把被摄物体的轮廓勾画出来，利用逆光这个特点，可以在拍摄规模盛大、人物众多的场面时有极强的表现力。在重重叠叠的人和物中，轮廓光既勾画出每个个体，又使之连成一个整体。随着画面亮度由近及远地逐渐加强，轮廓光也渐渐消隐，使画面呈现出很强的空间感，如图3-2所示。

图 3-2

5．影调对比法

影调对于黑白照片是指明暗过渡的变化情况，即黑、灰、白系列过渡情况；对于彩色片是指景物的色彩在画面上再现的深浅情况。

影调的明暗对比有助于表现景物的质感和空间感,强化画面的立体感。

利用影调对比的方法可以运用这些规律:近暗远亮;近处色彩饱和度高,远处色彩饱和度低;近处色彩偏暖,远处色彩偏冷。

(1) 近暗远亮。在相同的情况下,近处物体影调暗,远处物体影调亮。在光处理上做到近强远弱,也可以对远近不同的物体做明暗的处理来提高画面的深度。画面中的景物有了明暗变化的影调层次,从而可以提高画面的透视感和立体感。

(2) 近处色彩饱和度高,远处色彩饱和度低。在相同的情况下,近处物体色彩饱和度高,远处物体色彩饱和度低。对画面做一种色调处理时,可以采用不同饱和度来提高画面的空间感、纵深感。

(3) 近处色彩偏暖,远处色彩偏冷。在相同的情况下,近处物体色彩偏暖,远处色彩偏冷。画面中近处的景物采用暖色调,远处景物采用冷色调,可以用色彩对比,也可以用色彩的逐渐过渡。这主要是通过色彩的对比变化来提高画面的立体感。

6. 镜头法

电视镜头是摄像机的主要部件,它的基本作用是景物成像。镜头的光学性质中,镜头的焦距和光圈的大小影响电视画面的立体感。

(1) 镜头焦距。当光圈和拍摄距离不变时,镜头焦距越短,景深越大,前、后景深的差就越大。运用镜头焦距短景深大的特点,用短焦距镜头拍摄众多物体时,可以让更多的物体进入画面。采用短焦距镜头拍摄,物体棱角分明,面与面对比加强,物体纵深线条收缩明显。当然镜头焦距很短时,会使被拍物体出现变形,在使用时要根据具体情况选用。

(2) 镜头光圈。当镜头焦距和拍摄物体距离不变时,镜头光圈越小则景深越大。显然,光孔直径越小则成像光束越细,在胶平面上形成的弥散圈就越小,因而使景深变大,在拍摄大场面时,可以采用小光圈来使整个画面清晰,同时增强画面的立体感。

以上讲述了增强电视画面立体感处理的方法,如何在二维的画面上表现现实中三维的物体,使物体的立体感加强。造型并不需要用一个模式,也不是每幅电视画面必须有深远的空间感、立体感,所以在现实拍摄中,应根据具体的主题要求和创作者的意图灵活应用,或加强或减弱,学会举一反三,这样才能拍摄出有思想、有创新、有个性的电视作品。

3.1.2 电视画面造型的三要素

从造型角度上分析,画面包括景别、拍摄方向和拍摄角度三个部分。具体来说,画面中景别有远景、全景、中景、近景、特写共五种;拍摄方向有正面拍摄、正侧面拍摄、背面拍摄共三种;拍摄角度有平角度拍摄、俯角度拍摄、仰角度拍摄共三种。景别的变化主要是由摄像机和被摄物体之间的距离以及摄像机不同焦距的镜头所决定的。

1. 景别

一般来讲,摄像机离被摄物体越近,焦距越大,视角越小,景别就越小;反之,摄像机离被摄物体越远,焦距短,视角越大,景别就越大。

(1) 远景。远景是摄像机离被摄物体较远或是用较大视角镜头拍摄的画面。远景画面可以表现一定的事物和表现一定空间的场面。在有的远景画面中,人物推到背景中,景物是画面的主体,这种画面注重写虚,这种远景意境具有明显的抒情性。远景画面的特点是视野开阔,包容的景物范围大,注重对景物和场景的宏观调控。远景画面在影片开头或段落中转场。

远景画面对人物的表现比较模糊,在这种画面中如果不仔细看,很难看出画面中有人物的活动,唐古拉山远景画面如图 3-3 所示。

图 3-3

远景画面空量大,包括空间范围大,拍摄时要有一定的长度,留给观众看清画面的时间。抒情性远景画面则需要一定的时间长度,以给观众看清人物的时间和扩展想象力的空间。

(2)全景。全景画面是表现被摄主体形貌的画面,表现人物时主要表现人物的形象,即人物全身。表现一个人物形态时,常在周围保留一定的环境空间,展现人物所处的环境特点。

在一定影片中全景画面还有一种确定人物及景物方位的作用。电影《哈利波特》中,三个人来到一幢楼房的远方进行眺望,画面介绍了楼房的地理环境以及确定人物与楼房的方位关系,如图 3-4 所示。

(3)中景。中景画面是表现人物膝盖以上的画面,主要表现了人物上半身的活动情况。中景也是主持人介绍某个事物常用的景别,它的优点是主持人在镜头前报道,获得较好的造型表现,使两个人的动作、相互之间的关系以及背景环境都得以清楚表现。电影《哈利波特》中的画面如图 3-5 所示。

图 3-4　　　　　　　　　　　　图 3-5

（4）近景。近景画面是表现人物腰部以上的画面，近景与中景相比较，画面空间缩小，内容单一，人物表情在近景画面中都可以清楚地表现出来。近景画面在表现人物之间的交流时，突出表现人物情绪的变化，中景画面突出表现人物的动作。近景画面使被摄人物和观众有一种交流感，很容易使观众产生好像在画面之中的感觉。电影《哈利波特》中的片段如图3-6所示。

（5）特写。特写画面是表现人物肩部以上头像或某物体的细节，能表现物体质感。在特写画面中环境和背景基本消失了。电影《哈利波特》中人物流下眼泪的特写镜头如图3-7所示。

图 3-6 　　　　　　　　　　　　　　　图 3-7

2．拍摄方向

拍摄方向是以拍摄体为中心，在同一水平面上，围绕被摄体四周水平旋转一周360°所拍摄的画面。从拍摄体前方正面拍摄称为正面拍摄；从拍摄人物90°方位进行侧面拍摄称为正侧面拍摄；摄像机从人物背面进行拍摄称为背面拍摄，它是摄像机镜头方向与人物视线一致的拍摄。

（1）正面拍摄。正面拍摄有利于表现拍摄体的正面特征，拍摄建筑物时可以突出正面结构和特别造型，形成一种庄严稳定的感觉。

正面拍摄使拍摄对象的线条以及横向人物之间的关系得以充分展示。正面拍摄侧重表现人物的正面形象，它对人物的形体表现不如侧面那样有特点。正面拍摄是主持人向观众介绍节目时常用的拍摄方向，它所形成的主持人对观众的面面相对、目光相视的造型效果，极易调动观众的现场感和参与感。

（2）正侧面拍摄。正侧面拍摄是一个很有特色的角度，不仅可以突出被摄对象的线条，而且可以表现人物运动中的姿态变化，正侧面拍摄使人物向前的运动变成画面横向运动，有利于表现画面运动的方向和力度。

正侧面拍摄使鸟飞翔的姿态得以完美的显示，突出了运动时的动态轮廓线条，表现各种运动物体的最佳角度，如图3-8所示。

（3）背面拍摄。又称反面拍摄，它是从人物背后拍摄，可以获得与被摄人物同等的视觉空间，摄像机拍摄的方向就是被摄人物看到的方向，它将摄像机的视点调到被摄人物视点上，容易调动观众的参与感，如图3-9所示。

3．拍摄角度

当摄像机镜头的高度与被拍摄人物视线所处的高度一致时，所进行的拍摄称为平角度

图 3-8

图 3-9

拍摄。当摄像机镜头高度低于人物视线所处的高度时,所进行的拍摄称为仰角度拍摄。当摄像机镜头高度高于人物视线所处的高度时,所进行的拍摄称为俯角度拍摄。

(1) 平角度拍摄的画面如同人物平视时的效果,是一种常用的拍摄方法,因而这种拍摄角度给人一种熟悉感、亲切感,缺少造型表现。平角度拍摄时,人物建筑物不易变形,地平线一般横惯于画面的中间,画面表现朴实而平淡。如图 3-10 所示,平拍展现船在大海行驶的平稳性。

(2) 俯角度拍摄,是一种摄像机位置高于人的正常视觉高度向下拍摄的手法。俯拍一般都会把地平线放在画面的上方或者画面之外,同时由于画面的背景不是天空而是地面或

图 3-10

建筑,因此景物层次分明,十分独立。

大规模团体操利用俯角度拍摄,此时地平线升高,地面景物得到了较为充分的展示,给人一种深远广阔的感觉,充分体现了亚运会开幕式壮观、宏伟的气势,如图3-11所示。

图 3-11

(3)仰角度拍摄的画面常以天空为背景,背景空旷而深远,画面形象较为轻盈、飘逸。仰角度拍摄结合某种镜头可形成夸张的效果,仰角拍摄最容易表现物体的大小,电影《变形金刚》中采用很多的仰拍和俯拍角度,如图3-12所示。

图 3-12

3.1.3 电视画面构图

1. 电视摄像画面构图要素——运动

电视画面中被拍摄物体运动的表现,是电视画面构图的优势。

(1) 电视画面不是静止的,它是动态的画面,其中大部分景物、人物都是活动的。因此画面中的景物之间的关系也在变化,由此会引起构图的变化。

(2) 电视画面既能表现运动,也能在运动中表现。电视画面上的视点不但可以做上下左右方向上的运动,还可以做前后左右距离上的运动,这对于展示空间、表现运动是极为有利的。

(3) 利用电视画面对运动的表现与揭示作用,去反映生活中最生动、最有说服力的那些动态变化过程,不能只停留在绘画画面的结构中,陶醉于单幅静止画面的审美之中。电视画面中的物体大多数是经常运动的,其运动的姿态和走向在不断变化,因此外部轮廓也在不断变化。由于视觉暂留特性,运动物体的轨迹线同样对人的心理产生作用。

画面中被拍摄物体的移动方向会给观众一种不同的感觉。从左向右的移动显得自然,反之就是有意识的运动。

2. 电视摄像画面构图要素——明暗

光线是画面构图的重要因素,无光无影,没有合理的布光,很难拍摄出理想的画面。摄像是"光的结晶""光的艺术"是有道理的,光线在构图时有以下几方面作用。

(1) 光线可以表现时间环境。光线效果不仅可以标定特定的环境和时间,而且可以塑造典型的环境和时间。光线作用在被摄物时,有自己的规律,如光线较低时,被摄物的投影就长;光线较高时,被摄物的投影较短。光源距被摄物较近时,投影较大;光源距被摄物较远时,投影较小。

根据这个规律,就可以从录像画面中,看出拍摄的时间。如果画面上主体物投影很明显,又很短,则拍摄时间是中午;画面上主体投影较长,影调层次比较柔和,则拍摄时间是下午。

(2) 利用光线效果突出被拍摄物体。利用光线效果突出主体,可以把观众的视觉注意力引导到特定的地点和事物上。如窗口一束光照射在一个人身上;还可以利用光线造成不同明、暗背景去衬托主体。

(3) 利用光线营造气氛。因为光线造成的明暗可以影响人们的情绪,明亮的色调使人感到欢快,黑暗的色调让人沉闷。面对火红的太阳时就会感到精神振奋,而看到日暮暗淡的景色时,常常勾起伤感的思绪,这在电视画面中常用。

(4) 光线增强画面的立体感和空间感。光线在画面构图和造型上能够突出和表现出被摄物的立体形状和空间感,这是光线在构图中的主要作用。画面中明暗层次能充分表现出画面的立体形状和空间纵深感;物体的立体感是靠物体表面在亮度上的差异形成的;空间感则是由物体形状与前后景的明暗反差建立的。

3. 电视摄像画面构图要素——质感

质感是人们对物体质地的感受,是不同物体的不同属性所表现出来的视觉感、触觉感。真实地表现物体的质感,能直接影响画面的感染力。

表现质感有两种含义:一是指表现各种不同的物质的特殊属性,如金属、玻璃、木头,它们之间不仅形体不同,而且它们的属性轻重也不同,在表现质感时就应很好地把它们的特点表现出来;二是指如何表现被摄体表面的特殊视觉感,如粗糙的、细腻的、光滑的、柔软的、干枯的、坚硬的等。表面结构是物体最鲜明、最普通的外在形象。表现质感就是要把物体的属性和视觉感、触摸感都充分表现出来。

3.1.4　固定画面的拍摄

固定画面是在摄像机机位不动、镜头焦距不变、镜头光轴不动的情况下,所拍摄的画面。它是电视画面中最基本的一种拍摄形式。固定画面造型上的优点是能够提供一个稳定、符合人们停留观看物体的视觉习惯,能满足人们视觉要求。固定画面对物体、环境、人物是静态表现,固定画面对横向运动的物体有一种快速划过的效果,对运动较慢的物体,它能客观记录划过的时间和速度变化。图 3-13 所示为用固定画面拍摄日出的镜头。

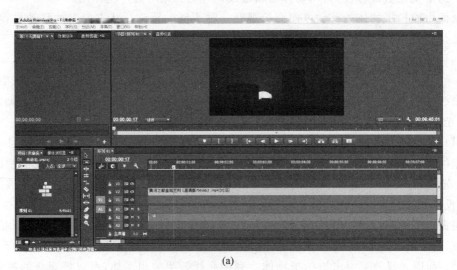

(a)

图 3-13

(b)

(c)

(d)

续图 3-13

固定画面与运动画面相比较,它较少表现摄影者的主观意向,是一种客观镜头,固定画面没有画面框架的运动,因而也就没有框架运动所呈现出来的画面运动的指向性,观众的视野可随意在画面中游动。利用固定画面拍摄运动强烈的动感的运动形式,可以表现运动的力度和节奏。

固定画面拍摄的镜头具有一种稳定感,画面具有沉稳、宁静等特点,以固定画面拍摄来完成的影片带有一种独特的造型风格。讲究构图的固定画面还具有绘画的效果,有一种绘画审美的造型特点。

通过变化镜头焦点方法,使相对静止的画面出现变化,是活跃固定画面内在形式的有效方法。固定画面拍摄人物之间的交流时,注意机位的调动,以免出现越轴现象。固定画面具有稳定感,适于表现各种静态美,表现宁静、凝重、悲壮、沉闷等气氛。固定画面的缺点是对运动轨迹、运动形态比较复杂的物体表现力弱;对复杂空间表现力弱。

3.2 运动摄像

在一个镜头中通过移动摄像机机位,或者变动镜头光轴,或者变化镜头焦距所进行的拍摄称为运动摄像。通过这种方式所拍到的画面为运动画面。它改变了固定画面摄像中观众视点固定的状态,并以其在画面景别、角度、空间和构图等方面的灵活多变,大大拓展了摄像的表现空间。运动摄像分为推摄、拉摄、摇摄、移摄、跟摄、甩摄、升降拍摄以及两种以上方法综合使用的综合运动摄像。

3.2.1 推摄

推镜头是摄像机向被摄主体方向推进,或者变动镜头焦距使画面框架由远及近向被摄主体不断接近的拍摄方法。用这种方式拍摄的运动画面,称为推镜头。

1. 推镜头的画面特征

(1) 推镜头形成视觉前移效果。

(2) 推镜头具有明确的主体目标。

(3) 推镜头使被摄主体由小变大,周围环境由大变小。

2. 推镜头的功能和表现力

(1) 突出主体人物,突出重点形象。

(2) 突出细节,突出重要的情节因素。

(3) 在一个镜头中介绍整体与局部、客观环境与主体人物的关系。

(4) 推镜头在一个镜头中景别不断发生变化,有连续前进式蒙太奇的作用。

(5) 推镜头推进速度的快慢可以影响和调整画面节奏,从而产生外化的情绪力量。

(6) 推镜头可以通过突出一个重要的戏剧元素来表达特定的主题和含义。

(7) 推镜头可以加强或减弱运动主体的动感。

3. 推镜头的拍摄及应注意的问题

(1) 推镜头形成的镜头向前运动是对观众视觉空间的一种改变和调整,景别由大到小对观众的视觉空间既是一种改变也是一种引导。推镜头应有其明确的表现意义,在起幅、推进、落幅三个部分中,落幅画面是造型表现上的重点。

(2) 推镜头的起幅和落幅都是静态结构,因而画面构图要规范、严谨、完整。

(3) 推镜头在推进的过程中,画面构图应始终注意保持主体在画面结构中心的位置。

(4) 推镜头的推进速度要与画面内的情绪和节奏相一致。

(5) 在移动机位的推镜头中,画面焦点要随着机位与被摄主体之间距离的变化而变化。

3.2.2 拉摄

拉摄,是摄像机逐渐远离被摄主体,或变动镜头焦距使画面框架由近至远与主体拉开距离的拍摄方法。用这种方法拍摄的电视画面叫拉镜头。

1. 拉镜头的画面特点

(1) 拉镜头形成视觉后移效果。

(2) 拉镜头使被摄主体由大变小,周围环境由小变大。

2. 拉镜头的功能和表现力

(1) 拉镜头有利于表现主体和主体与所处环境的关系。

(2) 拉镜头画面的取景范围和表现空间是从小到大不断扩展的,使得画面构图形成多结构变化。

(3) 拉镜头是一种纵向空间变化的画面形式,它可以通过纵向空间和纵向方位上的画面形象形成对比、反衬或比喻等效果。

(4) 一些拉镜头以不易推测出整体形象的局部为起幅,有利于调动观众对整体形象逐渐出现直至呈现完整形象的想象和猜测。

(5) 拉镜头在一个镜头中,景别连续的变化,保持了画面表现空间的完整和连贯。

(6) 拉镜头内部节奏由紧到松,与推镜头相比,较能发挥感情上的余韵,产生许多微妙的感情色彩。

(7) 拉镜头常被用作结束性和结论性的镜头。

(8) 利用拉镜头作为转场的镜头。

3. 拉镜头的拍摄要求

拉镜头的拍摄镜头运动的方向与推镜头正相反,但它们有着基本一致的创作规律和一般要求。不同的是,推镜头要以落幅为重点,拉镜头要以起幅的画面为核心。

3.2.3 摇摄

摇摄,指摄像机机位固定不变,镜头焦距不变,而镜头光轴变化的一种拍摄方法。摇摄分水平摇、垂直摇,水平摇的镜头光轴在水平方向运动;垂直摇的镜头光轴在垂直方向运动。

摇镜头可以突破固定视点的限制,它不用切换便可使场景发生变化,满足观众对被摄主体及其所处环境的逐一审视。不同的摇摄,给观众带来不同的心理感受,如水平摇有展示空间、拓宽视野之感;自下向上的竖摇有上升、舒展之感;而自上向下的垂直摇则有收缩、压抑之感。通过摇镜头可以把性质、意义相近或相反的两个被摄主体连接起来,容易在画面中表达出联想、对比、并列、隐喻和因果等关系。

摇镜头包括起幅、摇动和落幅三部分。摇摄时,一要正确把握起幅和落幅画面,使其拥有比较完美的景别和构图,拍摄时一般要有 3~5s 的停留。二要注意摇镜头须匀速摇动,时快时慢会给人不流畅的视觉感观。至于摇动速度,则依画面内在的情绪和节奏而定,一般以摇动时能看清楚被摄主体内容为好。三要讲究摇动的方向,水平摇一般自左向右摇,这样比较符合人们横向观察的习惯;垂直摇则通常根据自上而下和自下而上两种摇动的不同心理感受做出决定,不管是水平摇还是垂直摇,摇镜头不能连续使用。

3.2.4 移摄

移摄,是指摄像机随其机位运动变化而进行的拍摄。移摄所拍摄的画面称为移镜头。

移镜头使摄像机摆脱了固定机位的摄影方式,它的画面框架始终处于运动之中,画面内的被摄主体无论是静态的还是动态的,都会呈现出位置不断变化的态势。移镜头还特别有利于展示被摄主体及其所处的环境空间,当摄像机横移时,较好展示横向空间;当摄像机纵移时,较好展示纵深空间;当摄像机作曲线移动时,则能较好地交代多重景物空间。

移摄时,摄像机可进可退,可左可右,视点的连续变化不仅可以更好地展示空间的视觉效果,而且能唤起观众生活中的运动视觉感观,使其产生身临其境的感受。例如,拍摄汽车时,它就是最常用的拍摄手法。此外,移镜头的画面内容随拍摄视点的变化而不停地变化,因而可以拍得很长,是获取长镜头的方法之一。

移镜头擅长表现人在行进中或物体在运动中的观察效果,在具体拍摄时采取徒手执机或将摄像机固定在特定的工具,如轨道、滑轮、升降机和移动车等都可以,但不管采用哪种方法拍摄,都应力求画面的平稳。由于广角镜头的视场角较大,因此,拍摄时多采用广角镜头会有助于画面稳定。

3.2.5 跟摄

跟摄,指摄像机跟随一个运动着的被摄体,作相应的运动拍摄。跟摄所拍摄的画面称为跟镜头。

跟镜头画面的最大特点,是由于镜头始终跟随着运动的被摄主体拍摄,被摄主体在画面中的位置、面积相对稳定，而被摄主体以外的陪体、背景和环境则处在运动变化之中，这种画面效果，不仅能突出被摄主体的形象，而且能交代被摄主体的运动方向和速度。根据摄像机镜头和被摄主体的相对位置，跟摄有前跟、后跟和侧面跟。前跟的镜头设在被摄主体前方，跟拍被摄主体的正面；后跟的镜头设在被摄主体后面，跟拍被摄主体的背面；侧面跟的镜头光轴与被摄主体运动方向相垂直，跟拍被摄主体的侧面。在这三种跟摄方式中，前跟和侧面跟的镜头相对比较客观，而后跟由于观众与被摄主体的视点相同，镜头具有较强的主观性。

在跟镜头的具体拍摄中，首先要注意摄像机的运动速度应与被摄主体的运动速度保持一致，两者在拍摄过程中不保持一致，就会使被摄主体在画面上的位置和面积不断发生变化，容易引起观众视觉上的不悦和心理上的厌烦。其次，由于被摄主体运动的随意性，跟摄过程中，被摄主体的光照状况经常要发生很大变化，摄像师如何应对由于光线变化而引起的画面曝光、色彩、明暗、质感、立体感和空间感等的变化，也是一个值得注意的问题。

3.2.6　升降拍摄

升降拍摄是指运用摄像机机位高度的变化进行的拍摄。用升降拍摄的画面称为升降镜头。

升降镜头通常用以表现事物或场景的规模、气势。升镜头给人"登高远望"的感受，随着镜头视点的上升，视野渐渐向远处延伸，同时交代出被摄主体的地理位置及其与环境之间的关系。降镜头给人"自天而降"的感受，随着镜头视点的下降，视野从较大的场面慢慢收缩至被摄主体或被摄主体的某个局部，反映出被摄主体在某一场景中的具体状况。

升降拍摄通常在升降车和专用的升降机上完成。摄像师可根据拍摄题材的需要，让升降车或升降机作垂直升降、斜向升降，甚至不规则升降运动，但拍摄时，最好使用广角镜头靠近被摄主体，拍摄升镜头的起或降镜头的落，这样可以充分利用广角镜头"近大远小"的成像效果，强化镜头的升降感。

3.2.7　综合运动摄像

综合运动摄像是指摄像机在一个镜头中，运用推、拉、摇、移、跟和升降等运动摄像中的两种或两种以上运动摄像，而进行拍摄方式。其所拍摄的画面称为综合运动镜头。

综合运动摄像方式基本分为两种，一是先后式，即摄像机运动按先后进行，如先拉后摇、先摇后推等；二是同时式，即几种运动摄像同时进行，如同时移、摇，同时摇、推等。在拍摄中，运用综合运动摄像不仅增加了画面动感，而且构成了对场景或被摄对象多景别、多构图、多层次的立体化表现，使观众获得全新的视觉冲击体验。与推、拉、摇、移、跟和升降等单一运动镜头相比较，综合运动镜头因其变化的因素较多，拍摄更为复杂，要事先考虑到拍摄过程中的种种变因对画面的影响。例如，由于拍摄距离的变化，容易引起焦点的变化；由于光线的变化，容易引起曝光、明暗的变化等。对于这些变因，必须要采取相应的措施加以调整和控制，否则是很难拍摄出一个理想的综合运动镜头的。

总之，运动镜头的运用应有明确的目的性，镜头的运动要力求平稳、均匀、构图准确、运动速度得当。

 ## 3.3 场面调度

3.3.1 电视场面调度

电视场面调度是在戏剧场面调度和电影场面调度的基础上发展和完善起来的,是电视编摄人员反映现实生活、突出主题思想、完善画面造型的一个强有力的手段。

电视场面调度与电影场面调度相比而言,既有一定的雷同,同时也有很大的区别。电影场面调度是以演员调度为核心的,但对电视节目特别是新闻纪实性节目、实况直播性节目来说,镜头调度是重点和关键,要以镜头调度的灵活性、动态性去弥补人物调度的不便、不足或具体调度上的困难。

场面调度,原是一个戏剧艺术的专业术语,自从电影和电视将场面调度引入到影视艺术领域中来,一方面吸取、借鉴了戏剧场面调度的经验和做法;另一方面,也依据影视艺术的优势和特点将其不断丰富和发展,使其在内容上、形式上都与原有的戏剧场面调度有了很多不同之处。

作为一名拍摄电视画面、创作电视节目的专业人员,应该运用所掌握的一切造型表现技巧,积极恰当地进行场面调度,将其作为反映现实生活、突出主题思想、完善画面造型的一个强有力的手段。

电视场面调度包括人物调度和镜头调度两个方面,借助于摄像机镜头所包含的画面范围、摄像机的机位、角度和运动方式等,对画框内所要表现的对象加以调度和拍摄。例如,当我们拍摄一条生产新闻时,虽然不能像拍电影那样随意挑选和安排工厂的实景和生产状况,但是却可以通过摄像机拍摄角度和拍摄对象的精心选择来获取最富典型性和表现力的画面形象,即通过对镜头的有效"调度"获取最佳的"场面"。再例如,在演播室里拍摄嘉宾和主持人的对话交流的内容时,如何安排人物出镜的座位、朝向、距离,怎样设置摄像机和设置多少台摄像机去拍摄所需画面等,都是场面调度的具体内容。就电视节目的整体内容来说,电视场面调度更注重通过积极主动的镜头调度,去弥补人物调度的不便、不足或具体调度上的困难。电视新闻、纪录片等节目中,对所拍对象的人为导演和有意摆布是与真实性原则格格不入的,自然不能划入所谓"电视场面调度"的范畴。

电视场面调度与画面构图也不能等同。场面调度是对拍摄现场中的人物(如果可能调度的话)和镜头(如机位、角度、景别等)的总体设计和安排;而画面构图则总是在拍摄现场确定的,是在已确定后的场面调度基础上产生的,是对调度后的被摄对象的视觉表现形式。可以说构图要最终体现和反映场面调度的结果,场面调度最终会落实到视觉形象的构图安排中。

电视场面调度包括人物调度和镜头调度两个层面的内容(在电视节目的拍摄过程中,电视剧、音乐电视、电视歌舞节目、电视小品等艺术表现性节目中的人物调度与电影的演员调度有很多共性因素,强调通过人物的位置安排、运动设计、相互交流时的动态与静态的变化等造成不同的画面造型)。在大量的再现纪实性节目中更多地是以镜头调度的灵活性、动态性去弥补人物调度的不足,特别是在新闻节目中,不能为了某些人进行"表演"而违背了真实性原则。即便是电视节目制作中经常碰到的主持人的站位、行走路线的设计,记者在拍摄现场的选位、采访路线的安排等,也与带有表演性、假定性的电影演员调度有很大的不同。应该说,电视场面调度中的镜头调度才是重点和关键,也是电视摄像人员应当钻研和总结的难点和要点。镜头调度是指摄制者运用不同的拍摄方向如正、侧、斜侧、后等,不同的拍摄角度如平、俯、仰等,不同的拍摄景别如远、全、中、近、特等,不同的镜头运动如推、拉、摇、移、跟、升、降等(固定镜头亦算),获得不同视角、不同视距、不同视域的画面,表现所拍的内容和作者的意图。以镜头调度为基础,结合特定范围内的人物调度,使得摄像机和被摄对象可以同时处于运动状态,使得被拍摄的时空客体得以连续不间断地表现,从而构成了电视的场面调度。

场面调度是塑造画面形象、进行画面空间造型的重要手段之一,是一种有力的造型语言。无论是拍摄电视剧,还是担任大型晚会的直播摄像,无论是拍摄一部电视纪录片,还是拍摄几分钟的电视新闻,场面调度都是影响到镜头组接、内容表达、形象塑造等的重要因素。电视场面调度的作用主要表现在以下一些方面。

(1) 丰富画面语言和造型形式,增强电视画面的概括力和艺术表现力。电视场面调度的镜头调度是画面造型的重要环节之一,通过有意识、有目的的镜头调度,能够极大地丰富画面形象的表现形式。有人说,1000个读者就会产生1000个哈姆雷特。同样,对同一个内容和主题,由于摄像师水平和能力的不同,也可能产生不同的场面调度,拍摄到不同的电视画面。例如,拍摄同一个军乐队的表演方阵,摄像师不同,镜头的调度也可能不一样:有的可能从某一个军乐手拉出成整个乐队的全景画面,有的则从乐队全景推成某个乐手的中景画面,或许有的会拍摄一个从方阵一侧到另一侧的摇镜头,或许还有的摄像师跑到附近的高楼上,拍摄一个类似于航摄镜头的俯拍画面。电视画面的千姿百态与场面调度的丰富多样有着直接的关系。

(2) 渲染环境气氛,创造特定的情境和艺术效果。电视画面是通过视觉形式来传递信息、表达情感并感染观众的,而场面调度可以运用多种造型手段和造型技巧组织画面形象,使其构成一定的情绪化效果,通过镜头运动和画面形象来外化和营造特定的情绪和氛围。例如,当我们表现电视剧中某人的极度震怒时,可以将其在画面中的形象从较大的景别急推成面部震惊神态的特写画面,这种急推运动镜头的调度是与人物在特定情境中的情绪变化相吻合的。再如,我们常以远景、全景景别的画面来交代客观环境、渲染环境氛围,像远山小村、晨曦中苏醒的都市、沸腾火热的施工现场等。除镜头调度因素外,对情绪或情感的负载物的调度,也能够用以营造一定的画面效果。例如,雨水常常用以营造缠绵、哀怨等意境,舞台上的纱巾、彩绸也常被调度到画面中充当视觉抒情元素等。在纪录片《龙脊》中雨景的场面调度和画面拍摄是非常成功的,通过大量雨中景物如屋檐滴水、梯田积水、雨中山村等在视觉上强化和表现了骤降的大雨和雨中的龙脊,使得整段画面仿佛都被雨水"泡"过一般变得"湿漉漉"的,与片中的山村孩子求学求知的举步维艰的情绪非常贴切,环境氛围在这里通过画面形象得到了很好的渲染和传达。

(3) 不同角度、不同景别的画面,作为蒙太奇镜头,表现被摄人物活动的情景和局部细节,经画面的组接形成人物活动及事件过程的完整印象。作为电视画面语言的基本单位,不同的画面可以表现不同的内容,传递特定的信息,通过画面的相加(组接)产生"1+1>2"的意义。以拍摄电视新闻为例,当我们拍摄一则会议新闻时,一般都会通过镜头调度拍取这样一些画面:会场的大全景画面,会标的特写画面,主席台上领导的全景画面和个人小景别画面,与会者的画面(如群体镜头、个人笔记会议内容的镜头等),主席台上领导发言的中小景别画面等。经过将这些画面有意识地组接,辅以解说词和同期声等就能够向观众传达一则新闻:什么单位、什么级别、什么人、何时何地开了一个什么主题的会,在会上有什么领导做了什么内容的发言。用电视镜头去记录生活、表现生活时,所谓"纯客观"的自然主义的"有闻必录"是不现实的,也是完全不可能和不必要的。可以通过场面调度组织好被摄人物和镜头语言,既能够省略事件发展的烦琐、无意义的一般流程,又能够明确地表现事件发展的任何局部,因此,能够使得与观众见面的节目内容集中、紧凑而简洁。同时,对那些意义重大、影响深远或能够引起观众强烈兴趣的事件,可以通过多视角、多景别的镜头调度加以全方位地再现,从某种程度上说是用组接起来的镜头画面"延伸"了事件的时间。例如奥运会体操比赛现场转播时,由于现场的机位设置合理,因此得以从不同的角度来拍摄运动员的比赛动作,景别或大或小,镜头或俯或仰,即便是现场的观众也难以像电视观众那样获取如此丰富的视觉感受。短短几分钟乃至几十秒的体操比赛,仿佛在力和美的画面展示中得到了延长,而且,成绩突出的选手的比赛结束后,还可以在重放镜头中从不同视角,重新欣赏那些高难动作或精彩场面。电视观众完全可以通过连续的电视画面得到现场比赛的完整、清晰甚至是拉长延伸的印象。可以说,如果缺乏高度有序的场面调度,这一切都将受到影响。

(4) 有助于对节目节奏的把握,形成画面的节奏变化。通过场面调度所形成的镜头景别大小、镜头长短、镜头运动速度快慢的变化,以及对被摄对象的静态造型、动态造型及动作速度等的把握,可以实现对节目整体节奏感的轻重缓急的控制,表现出明显的节奏变化。就以中央电视台的两个栏目片头的场面调度为例。《新闻联播》的片头在雄浑铿锵的国歌声中,运用推摄、摇摄、升降摄像、航摄等多种镜头运动方式,拍摄了天安门广场上的国徽、国旗及人民大会堂等标志性建筑;各民族青年男女、蜿蜒曲折的万里长城;等等。画面形象和镜头运动的速度、方式不仅与内容相呼应,而且其节奏感也与国歌的旋律节奏相契合,与《新闻联播》栏目定位的庄重严肃相适应,可以说其节奏和变化是中速、匀速的。《夕阳红》的片头则显然有所不同,画面中是秋阳中悠闲地打着太极拳的老者,与孙子静静地下着围棋尽享天伦之乐的老者,与老伴惬意地跋山涉水携手旅游的老者等。整个片头的节奏要比正常情况"慢了半拍",镜头调度和人物调度都显得舒缓平和,其节奏感是慢速、匀速的,这也与老年人生活意境的安详稳健相吻合。对比可以看到,《新闻联播》的片头与《夕阳红》的片头,内容不同、节奏各异,从编播者有意识、有目的的场面调度中反映出来。而在一些体育性栏目、青年性栏目的片头中,常常会通过镜头运动和后期编辑形成快速度、冲击强的节奏感,这种处理也体现出了栏目定位和内容特点。镜头运动由快到慢或由慢到快的变化,镜头焦点由虚到实或由实到虚的变化,画面景别由大到小或由小到大的变化等,可以在一个节目整体中实现不同段落的不同节奏变化。

(5) 场面调度有助于刻画人物性格,揭示人物的内心活动。在电影场面调度中,场面调度担负着传达剧情、刻画人物、揭示其内心活动的任务,虽然这一切都建立在演员表演的基础之上。同样地,在电视剧、电视小品等节目中,场面调度同样能够很好地为表现人物性格特点、凸显人物心理活动服务。例如在国产优秀电视连续剧《凤凰琴》中,创作者注意吸取电影纵深场面调度的经验,多次让主要演员处在室内的前景位置上,然后再将其他演员和山村学童安排在门外、窗外的表演区中；前景的演员并无台词，而是观察抑或探听窗外他人的言行，观众通过前景演员的表情神态和举止动作，完全可以想象和猜测出"他"此时此刻的内心活动，这样的人物调度不仅丰富了画面造型语言，比在劣质电视剧中见到的主人公动辄"喃喃自语"以抒胸臆的手法高明得多。其实，在电视纪录片中，依靠合理到位的镜头调度，也能以造型语言传达出人物的心理反应，起到一般语言文字无法替代的作用。在大型多集农村纪实性专题节目《收获》中，有一集反映某深山密林中的小村人家开山凿路的"现代愚公故事"，当记者采访村党支部书记问到原村主任和原村赤脚医生在开山时因公殉职的情况时，老支书睹物思人激动地流下热泪，甚至哽咽难言，摄像师这时退远了距离，拍摄下这样的画面：老支书蹲在开凿的山壁下面抽着闷烟，前方是百丈深渊，上方是一角青天，老支书佝偻的身影仿佛沉浸在浓得化不开的悲思之中。这里镜头调度自然而和谐，给出了观众去体味和感受老支书沉痛心情的想象空间，可谓收到了"此时无声胜有声"的画面效果。

（6）运动摄像的场面调度方法，有助于形成长镜头纪实性拍摄。电视场面调度分为固定拍摄角度的场面调度和运动摄像场面调度两类。前一种是指摄像机用一系列固定角度、不同景别的画面来表现被摄对象。运动摄像的场面调度方法是依靠摄像机的运动来展现事件的情节和人物的活动，能够广阔地表现时间和空间的关系，使画面内容显得生动自然而真实。这种调度方法可以补救人物调度的不足或调度上的困难，是新闻纪实性节目中表现人物活动的积极有效的办法之一。中央电视台《东方时空》中的《生活空间》栏目，为了凝练集中而又真实自然地表现"老百姓的故事"，常常运用运动摄像跟拍被摄人物的生活场景、工作情况和业余活动等，有不少都形成了连续不断的具有蒙太奇意义的长镜头。长镜头的成功运用，在较大程度上依靠摄像师积极主动的镜头运动去记录和反映生活，较少人为导演摆布的"嫌疑"，能令观众感受到更强的客观真实性。此外，在新闻中使用类似长镜头原理去拍摄，也有人将其称为"无剪辑拍摄"，因为它不用后期编辑画面。

（7）现代的大型运动会、综艺晚会及演播室节目等的转播制作过程中，统筹有序的场面调度是极其重要的。现实情况来看，电视节目的内容越来越向多元化的方向发展，特别是一些直播性节目的大量出台，将电视这一传播媒介的优势和特长发挥得淋漓尽致。如近几届夏季奥运会，赛会筹办者一笔主要的经费就是电视转播权卖出后的巨额收入。随着电视的介入，电视观众越来越多地是坐在家里观看奥运会、世界杯足球赛的赛场风云，欣赏歌舞明星的精彩演出，与此同时也对电视转播的水平提出了更高的要求。要想让观众欣赏到更满意的画面，除了大量艰苦细致的工作要深入开展之外，其中一项很重要的环节就是竭尽所能地搞好节目转播现场的场面调度工作。

当今电视场面调度的内容和形式也变得愈益丰富和复杂。例如，在美国职业篮球联赛（NBA）的总决赛中，单场比赛的转播摄像机数多达24台以至更多，为了让电视观众看到他所想看到的一切，电视转播工作者对镜头的调度简直到了挖空心思、不遗余力的程度，包括越来越多地运用了遥控吊杆式摄像机等高科技装备，难怪人们说NBA的篮球水平举世无双，NBA比赛的转播水平更是全球一流。因为电视观众终究是要靠电视画面来了解现场实况的，只有通过最有效的场面调度拍摄到最佳的现场画面，才能给观众带来更为接近实况的视听冲击和美感享受。以我国电视观众老幼皆知的"中央电视台春节联欢晚会"为例，抛开导演对舞台布景、灯光、演员走台、晚会节奏等的精心设计，从晚会结束后职员表上，那一串长长的摄像人员名单，就能够对除夕之夜"电视晚宴"的镜头调度的工作分量略窥一斑。

3.3.2 轴线问题

镜头与镜头要进行组接时,必然会碰到镜头相互匹配的问题。在电视场面调度时,对摄像机的机位设置、镜头景别的选取和变化等缺乏科学合理的统筹安排,那么,极有可能在后期编辑时发生违反镜头匹配原则的情况,出现种种视觉接受上的紊乱或造成表达内容时的歧义。这就要求电视画面的"把关人"——电视摄像师,在拍摄过程中对摄像机的调度要符合镜头匹配的原则。否则,前期拍摄的疏忽大意就可能给后期编辑带来很大的麻烦,甚至会出现镜头无法进行组接的问题。

所谓轴线,是指被摄对象的视线方向、运动方向和不同对象之间的关系所形成的一条虚拟的直线,如图3-14所示。

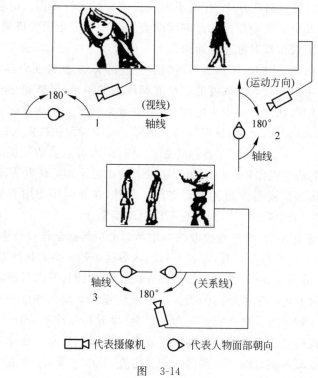

图 3-14

在实际拍摄时,编摄人员围绕被摄对象进行镜头调度时,为了保证被摄对象在电视画面空间中的正确位置和方向的统一,摄像机要在轴线一侧180°之内的区域设置机位、安排角度、调度景别,这是摄像师处理镜头调度必须遵守的"轴线规则"。这是形成画面空间统一感、构成视觉方位系统一致性的基本条件。如果拍摄过程中摄像机的位置始终保持在轴线的同一侧,那么不论摄像机的高低俯仰如何变化,镜头的运动如何复杂,不管拍摄多少镜头,从画面来看,被摄主体的位置关系及运动方向等总是一致的。

若摄像机越过原先的轴线一侧,到轴线的另一侧区域去进行拍摄,即称为"越轴"。"越轴"后所拍得的画面中,被摄对象与原先所拍画面中的位置和方向是不一致的。一般来说,越轴前所拍摄的画面与越轴后所拍摄的画面无法进行组接。如果硬行组接的话,就将发生视觉接受上的混乱,如图 3-15 所示。

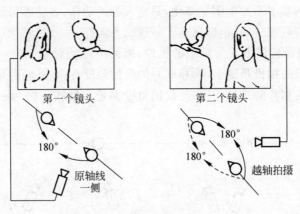

图 3-15

在图中明显可以看到,越轴前拍摄的画面中正在交谈的两个对象是女左男右的;越过轴线到相对的机位上,所拍的画面中变成了女右男左。如果把这两个画面相接,观众就会莫名其妙,这两个人怎么如此神速地"交叉换位"了呢?这显然不符合观众正常的视觉习惯和思维逻辑。

在轴线的一侧所进行的镜头调度,能够保证组接的画面中人物视向、被摄对象的动向及空间位置上的统一定向,这就是场面调度中所说的方向性。遵守轴线规则进行镜头调度,就能保证画面间相一致的方向性。虽然电视摄像是一种立体化、多角度的平面造型艺术,但是正确表达物体的方向是实现画面空间结构和电视画面构图的一个基本要求。否则,画平面上被摄对象之间的方位关系就要发生混乱,画面内容和主题的传达就要受到干扰乃至误解。以一个保持连续运动并具有一定运动方向的物体为例,当遵照轴线规则变化拍摄角度时,在两两相连的镜头中将产生以下三种方向关系。

(1)用摄像机的平行角度或共同视轴角度,画面中的运动对象的方向将完全相同。所谓共同视轴,即两台摄像机在同一光轴上设置的拍摄角度,相连的镜头中拍摄方向不变,只有拍摄距离和画面景别的变化。由于变焦距镜头的普遍使用,实际拍摄时也可以运用摄像机的变焦距推、拉"合二为一"地完成共同视轴上的镜头调度。

如图 3-16 所示,共同视轴角度的 1 号、2 号机位所拍得的两帧画面中,运动方向一致(均

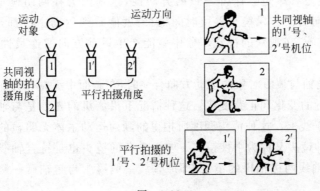

图 3-16

是从左向右),只不过人物景别从小到大(由中景到全景)发生了变化。而平行角度的1号、2号机位所拍的画面则基本不发生明显变化,只是人物的动作、表情等可能出现前后差异。从中发现运动方向是前后统一的,也即保持了一致的方向性。

(2)在轴线一侧设置两个互为反拍的机位,画面中运动对象方向一致,但其正背、远近不同。在电视摄像机的拍摄角度中,两相成对的反拍角度有内、外两种情况。内反拍角度是在轴线一侧两个方向相背的拍摄角度,外反拍角度则是在轴线一侧两个方向相对的拍摄角度,如图3-17所示。

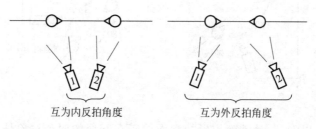

图 3-17

这里以外反拍角度为例,看看画面组接时的方向性问题,如图3-18所示。

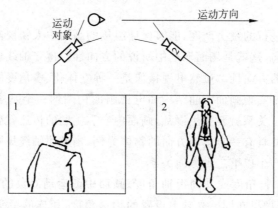

图 3-18

互为反拍的1号机位和2号机位的对比中,我们看到1号画面中的被摄主体是背侧面、近景,2号画面中的被摄主体是正侧面、全景;虽然同一主体形体正、背和景别大小发生了改变,但镜头组接之后却能够保持一致的方向性,这是因为在两组画面中被摄主体的运动方向都是从左向右。如果镜头停留时间稍长,就能看到运动主体都是从画面的左侧入画,然后从右侧出画,在观众的视觉印象中就能产生运动方向的连贯性,因而符合正常的视觉规律。

(3)当镜头光轴与被摄对象的运动方向合一时,在画面中无左右方向的变化,只有动体沿镜头光轴的远近的变化和正背变化。这种情况下摄像机的光轴是与轴线重合的,即位于轴线规则下的180°线上。这种镜头调度所拍得的画面运动主体无明显的方向感,所以又称为中性方向。这种镜头又称为中性镜头。中性方向的镜头也是符合轴线规则的,并被经常用以间隔分别在轴线两边拍摄的镜头,即原轴线一侧镜头与越轴后一侧镜头的组接中,如图3-19所示。

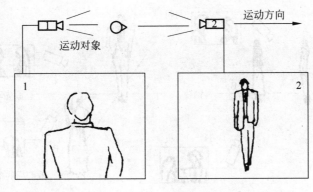

图 3-19

图中,1号机位所拍的画面,运动主体是背面向着远离摄像机的纵深方向走去,2号机位的画面,主体是迎面向正对摄像机的方向走来。与前面已提到的第(1)、(2)种情况不同,运动主体在画面中的运动方向已不表现为明显的从左向右或从右向左,因此,这种中性镜头又被人称为"万用镜头",可以与轴线两侧所拍的镜头相接而不令人感到视觉上的方向紊乱。

在现实生活中,纯粹无方向的客体是极为罕见的,例如建筑物的坐北朝南、山脉的东西走向、人脸的正面背面等都有一定的方位关系。即便是完全圆滑对称的规则圆球,当其在光照下产生了明暗和投影,也能在视觉上产生方向感。电视画面在表现被摄对象时,不可避免地要涉及画面中的方向性问题。摄像人员在拍摄过程中调度摄像机镜头时,遵循了轴线规则,就容易理顺方向性和画面形象间的方向关系。以上三种主要的机位变化和方向变化中,方向性的统一能够为不同镜头的组接创造必要的前提条件。当然,这几种情况只是在轴线一侧所进行的最为常规的镜头调度,还有待于初学摄像者举一反三,加以正确的认识和灵活的运用。

电视镜头调度一方面有着严格的规律性,一方面也蕴涵了极大的创造性。在运用现代高科技装备和创作者聪明才智去进行画面造型表现的过程中,为了寻求更加丰富多变的画面语言和更具表现力的电视场面调度,往往要打破"轴线规则",不把镜头局限于轴线一侧,而是以多变的视角全方位、立体化地表现客观现实时空。但是提到"越轴"后的画面在与越轴前的画面直接进行组接时会遇到障碍,那么,通过哪些手段才能"跨越"这些障碍,进入到电视场面调度和画面造型表现的广阔天地中来呢?这也就必须借助一些合理的因素或其他画面作为过渡,起到一种"桥梁"作用;既避免"跳轴"现象,又能够形成画面语言的多样性和丰富性。以下介绍几种克服"越轴"问题的常用办法。

(1) 利用被摄对象的运动变化改变原有轴线。在前一个镜头中,是按照被摄对象原先的轴线关系去拍摄的,下一个相连的镜头,则按照主体发生运动后已改变的轴线设置机位,这样一来,轴线实际上已被跨越了,如图3-20所示。

在这一男一女的二人场景中,按照原先的轴线关系,1号机位和2号机位所拍的画面是不能直接组接的,因为2号机位相对于1号机位来说,它是越轴了。但是,我们可以在1号机位开拍之后,请这一男一女略微走动,改变原来的站位,让女B走到B′的位置上,男A至A′的位置以示呼应。在变化后的轴线关系里,2号机位已经"越"过了原有轴线,1号机位和

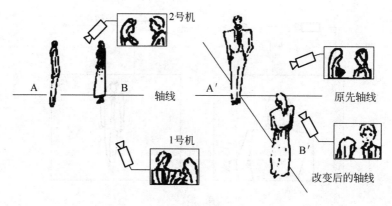

图 3-20

2号机位已处于同一轴线的相同一侧,所以,这时再将2号机位所拍的画面接在1号机位所拍的画面之后,男A和女B的位置关系相一致了,镜头组接也就顺理成章了。

（2）利用摄像机的运动来越过原先的轴线。摄像机始终是摄像人员场面调度时最为积极主动的活跃因素之一。虽然越轴镜头不能直接组接,但是摄像机却可以通过自身的运动越过那条轴线,并通过连续不断的画面展示出这一"越轴"过程。由于观众目睹了摄像机的运动历程（从画面的变化）,因此也就能清楚地了解这种由镜头调度而引起的画面对象的方位关系的变化,如图3-21所示。

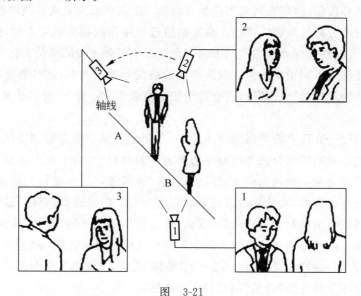

图 3-21

原有轴线关系下的2号机位,作为1号机位镜头,是一个越轴镜头,不能直接进行画面组接。2号摄像机通过移动摄像的方式运动到3号机位上的,也就越过了轴线。虽然2号机位所拍的画面中A在右B在左,3号机位所拍画面中A在左B在右,但由于连续不断的运动画面交代了2号摄像机的运动,到3号机位上越轴过程,因此观众对人物位置关系的变化就能够理解了。这样一来,"2—3—1"的画面连接不仅实现了越轴拍摄,同时也不会令观众感觉到"跳轴"所带来的视觉不适。

通过摄像机的运动完成越轴拍摄,这对于摄像人员来说是非常有用的。特别是在拍摄不便进行人物调度的新闻、纪录片等节目时,为了抓取最佳角度、突出主体、变化构图等,常常利用镜头的运动调度进行多侧面、多视角的画面表现。

(3)利用中性镜头间隔轴线两边的镜头,缓和越轴带给观众视觉上的跳跃,能在视觉上产生一定的过渡作用。当越轴前所拍摄的镜头与越轴后的镜头要相组接时,中间以中性方向的镜头作为过渡,就能缓和越轴后的画面跳跃感,给观众一定的时间来认识画面形象位置关系等的变化,如图3-22所示。

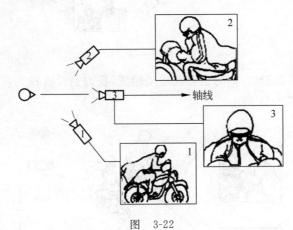

图 3-22

被摄主体是一名摩托车骑手,1号机位和2号机位拍摄的镜头,互相称为越轴镜头。如果直接将1号画面和2号画面组接起来,那么骑手从左向右的骑驶方向就陡然变成了从右向左,从视觉接受上来说显得非常突兀和不顺畅。这是越轴镜头造成的必然后果。而3号机位由于与运动轴线重合,拍到的画面是车手骑车向镜头而来的正面近景镜头,不表现出画平面左或者右的方向性。因此,把这一中性方向的镜头置于1号画面与2号画面之间,使得视觉上的跳跃感和方向上的变化感,显得不是那么强烈。通过中性方向的3号镜头的轻轻一"撑",越过了轴线,连接起轴线两边的镜头。

(4)利用插入镜头改变方向,越过轴线。这种方法与上述第三种方法相似,区别在于插入镜头的内容和形式有所不同。一般来说,用于越轴拍摄的插入镜头,都是特写镜头。可以分两种不同情况来举例说明。第一种情况是相同空间的相同场景中,插入一些方向性不明确的,被摄对象的局部特写画面,使得镜头在轴线两侧所拍的画面能够组接起来。如上面所举的摩托车骑手的例子,当1号画面和2号画面两组相接时,可以在中间插入一些特写镜头作为过渡,如摩托骑手的衣襟,摩托骑手的眼部特写等。第二种情况是插入一些环境空间中的实物特写作为过渡镜头,如图3-23所示。

在碧波之上划船嬉戏的一对情侣,1号画面中是男右女左,并向左划去的,而在越轴的2号镜头中是男左女右并向右划去的,如果在两者之间借用水鸟双飞的3号特写画面作过渡,不仅能给画面语言赋予某种情境,同时也将越轴拍摄的镜头连接起来。安排一些插入镜头,能够实现越轴拍摄,主要是在视觉上产生了缓冲作用,这也是影视工作者在长期的实践中总结和摸索出的经验和办法。

(5)利用双轴线,越过一个轴线,由另一个轴线去完成画面空间的统一。在某些特定的

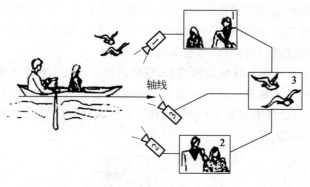

图 3-23

场景中，如果既存在关系轴线，同时也存在运动轴线，我们通常选择关系轴线，越过运动轴线去进行镜头调度，如图 3-24 所示。

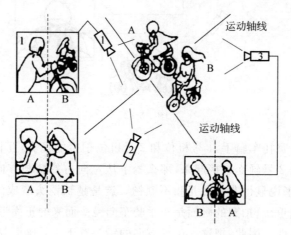

图 3-24

由于骑摩托车的一男一女同向骑行，两人之间产生了运动轴线和关系轴线两条轴线。以关系轴线而言，1号机位和2号机位同在一侧；以运动轴线而言，1号机位和2号机位互为越轴关系。这时我们越过了运动轴线，选择两人的关系轴线作为主导轴线，完成镜头的调度和画面空间的统一。可以看到，虽然因不遵循运动轴线而产生了1、2画面中运动方向的不一致，即画面1中是从左向右，而画面2中是从右往左，但是却保证了两个机位下所拍得的画面中男A和女B的位置关系相统一，即均是男A在画面左侧而女B在画面右侧。如果我们越过关系轴线，遵循运动轴线去调度镜头，即如2号机位和3号机位所拍画面所示，两个画面中男A和女B均是从右向左骑行，但男A和女B在画面中的位置却发生了对换，即画面2中是A左B右，而画面3中是A右B左。相比之下，前一种情形即遵循关系轴线所拍得的画面，要比按照运动轴线处理给观众带来的视觉跳跃感小。所以，为了保持画面中运动主体位置关系不变，在小景别构图时，我们一般都要以关系轴线为主、越过运动轴线进行镜头调度。但在大景别构图时，要考虑以运动轴线为主，关系轴线为辅进行镜头调度。

3.3.3 机位三角形原理

拍摄两个人的交流场景时,在他们之间有一条无形的关系轴线,也称作关系线。在关系线的一侧可以选择三个顶端位置,这三个顶端构成了一个底边与关系线相平行的三角形,如图 3-25 所示。摄像机的机位可以设置在这个三角形的三个顶端位置上,形成一个相互联系的三角形机位布局,这就是镜头调度的三角形原理,又称为三角形布局,如图 3-26 所示。由于关系轴线有两侧,所以围绕两个被摄人物和一条关系轴线,能够形成两个三角形布局。

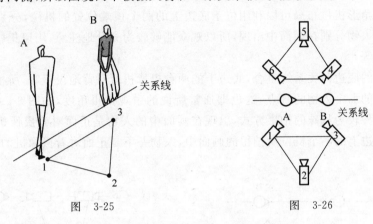

图 3-25   图 3-26

关系线两侧的这两个三角形布局中的机位互为越轴关系(1、2、3 与 4、5、6),进行镜头调度和画面组接时,同样必须遵守轴线规则,不能从一个三角形机位切换到另一个三角形布局。例如不能直接将镜头 1 与镜头 6 相接,镜头 2 只能与镜头 1、3 切换而不能直接跟镜头 4、5、6 组接。否则,就会让观众出现视觉接受上的困难,产生越轴的问题和人物位置方向上的混乱。

遵循了轴线原则,机位三角形布局最突出的优点就是在所拍摄的画面中,这两个被摄人物各自处于画面固定的一侧,便于观众对方向性的统一认识。三角形机位布局原理的首要规则,是选择关系线的一侧并始终保持在那一侧。在关系线的一侧,三角形底边的那两个顶端位置上,摄像机可以在各自的光轴上转动,得到三个不同的拍摄角度,产生三角形原理的三种基本变化。

第一种情况,是位于三角形底边上的两台摄像机分别处于两个被摄人物的背后,靠近关系线,向里把两人拍入画面,如图 3-27 所示。这也就是外反拍三角形布局。

外反拍三角形机位布局具有两个优点:其一是底边上的两个机位所拍得的画面中,两个人物可以互为前景和后景,一个靠近摄像机,另一个稍远离摄像机,使得构图具有明显的透视效果;其二是两个被摄人物一个面向摄像机,另一个则背向摄像机,从戏剧术语上讲前一个处于开放的形体位置(面向观众),后一个则是关闭的形体位置(背向观众),面向观众的人物就能得到充分的突出和注意,如果背向观众的被摄人物稍

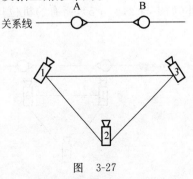

图 3-27

稍拍虚一些,将更为有力地突出面向观众的人物。

外反拍三角形布局的底边顶端上的两个机位(1号机位与3号机位),是一种客观性拍摄角度。拍摄主持人或出镜记者采访某人时,经常运用这种客观性的外反拍拍摄角度,这也就是通常所讲的过肩镜头。因为从画面上直观,摄像机是在记者的身后越过其肩头拍摄接受采访的人。有一点需要指出的是,拍摄过肩镜头时,背向观众的人在画面中所展现出的脸部侧影,一般应以不露出鼻尖为宜。

第二种情况,是三角形底边上的两台摄像机处在两个被摄人物之间,靠近关系线向外拍摄,如图 3-28 所示。这种方案是内反拍三角形布局。

内反拍三角形机位布局可以利用位于底边上的两个顶端位置的机位,分别表现两个人物。由于被摄人物分别在画面中出现,所以观众能够较为充分地注意,用以集中表现一个人物的神态语气等。

当三角形的底边与关系线重合,底边上的两台摄像机背对背地设置时,所拍摄的画面表现了画面以外的那个人物的视点,这也即通常所说的主观拍摄角度,如图 3-29 所示。这种镜头调度是一种较为特殊的拍摄方式,出现在画面中的人物是正面对着摄像机镜头的。内反拍三角形底边上的两个机位所拍得的画面中,人物并不是正面对着摄像机的,虽然看起来十分接近。

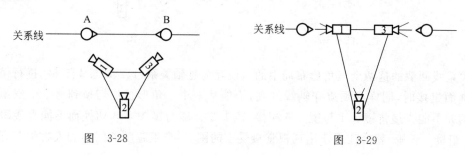

图　3-28　　　　　　　　　　　图　3-29

第三种情况,位于三角形底边上的两台摄像机的视轴相互平行,即平行三角形布局,如图 3-30 所示。

平行三角形机位布局常用于并列表现同等地位的不同对象,例如拍摄两个人的对话,或两个人并肩跑步等。平行三角形底边上的两个机位各自拍摄一个人物,它带有客观的同等评价、等量齐观的含义。

外反拍三角形布局、内反拍三角形布局和平行三角形布局,可以组合成一个多样的大三角形布局,如图 3-31 所示。一个大三角形内,包含有 7 个摄像机视点,除内反拍和平行位置外(如 1 与 2,4 与 5),所有的机位均可成对组合,用以拍摄两个人物。

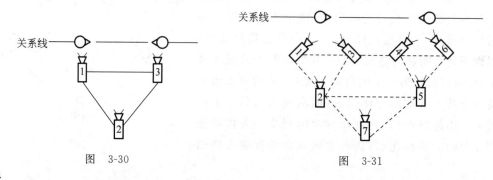

图　3-30　　　　　　　　　　　图　3-31

拍摄一个场景时，至少要从两个摄像机视点来拍，而且必须在某一视点上拍下整个场面，这样，后期编辑时就能通过不同视点所拍画面的组接得出整个场面的视觉印象，镜头调度的三角形原理能够比较经济而实用地达到这一要求，因此在实际拍摄时经常得到摄像人员的运用。上面提到的三角形原理的三种基本变化，以及大三角形机位布局，不仅适用于表现两个或多人的静态对话，而且还能够表现他们在画面中的运动。

运用三角形原理在拍摄现场搞好镜头调度工作，不是一个死记硬背原理和公式的问题，需要摄像人员积极的实践和不断的探索与创新。重要的是，三角形原理给我们提供了一条正确、合理、有效地进行场面调度的捷径。下面是运用三角形原理的实例，帮助大家开拓思路，积累经验。

(1) 在电视访谈节目中，主持人与被采访者"面对面"地交谈。处理面对面的二人谈话场面，最简单的方法是用一组外反拍角度。在外反拍三角形底边上的两个机位所拍的画面中，主持人和受访者互为前景和后景，构图比较富有纵深感，这种处理方法受到了全世界电视节目摄制者的喜爱。

如果要突出被采访者，让他成为画面的中心和观众注目的焦点，可以根据大三角形布局的机位设置，将一个内反拍镜头与一个外反拍镜头结合使用，从而使受访者处于画面的显著位置，如图 3-32 所示。

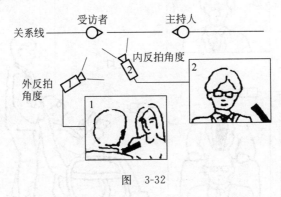

图 3-32

1 号机位是一个外反拍角度，画面效果相当于以受访者为前景的过肩镜头；2 号机位是一个内反拍角度，画面单独表现了受访者。在这两个镜头中，主持人处于相对次要的位置，接受采访的人处在比较突出的中心地位。

(2) 当关系线是倾斜的或垂直的，摄像机布局的三角形同样适用。关系线发生倾斜与水平线产生一定的夹角，还可能发生机位在高度上的不同变化等，尽管如此，三角形原理不仅都是适用的，而且随着情况的变化还不断得到扩展。

举一个关系线倾斜的例子，如图 3-33 所示。

图中的关系线因人物头部高度差别较大而发生了倾斜，这时候就要改变三角形底边上两台摄像机的高度。如图 3-33 所示，仰角拍摄的 1 号机位和俯角拍摄的 2 号机位实际上是一对随关系线倾斜的外反拍镜头。

下面再举一个关系线垂直的例子，如图 3-34 所示。

图中的关系线因人物头部基本是一上一下而处于垂直状态，可以用平行三角形机位布局来处理镜头调度。

(3) 当被摄人物是三个人时，三角形原理同样可以加以运用。如果被摄人物是两人以

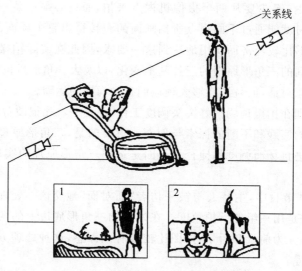

图 3-33

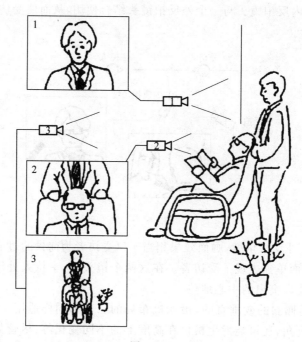

图 3-34

上,那么他们的站(座)位关系就会复杂一些,但只要准确地找到关系线,同样能够运用三角形机位布局原理加以表现。

这里举三个人在画面中的两种常见布局:直线形和"L"字形。

首先看一个三人直线形布局的例子,如图 3-35 所示。

三个谈话者基本处于一条直线上,运用一个外反拍三角形机位去拍摄,反映出三人的谈话场景。在这三个镜头中,所有的人都保持在他们基本稳定的画面位置上(A 左 B 中 C 右)。

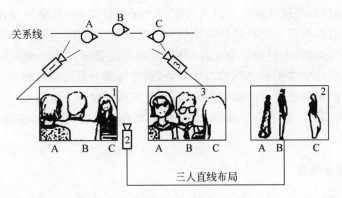

图 3-35

再来看一个三人"L"字形布局的例子,如图 3-36 所示。

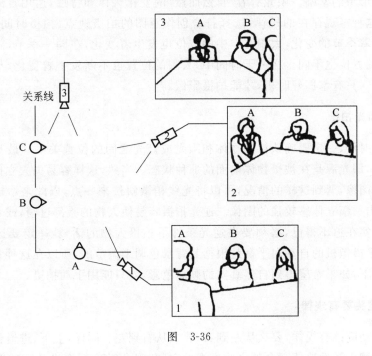

图 3-36

三个人围坐在一张方桌旁,从俯角看关系线呈"L"字形。以外反拍三角形布局安排机位,通过 1、2、3 号画面表现出三人的对话场面。在所有的镜头中这三个人都保持了同样的画面位置(A 左 B 中 C 右)。

至于三人以上更为复杂的对话场面,表现两人对话场面的三角形原理也是同样适用的。只要熟练掌握了镜头调度的三角形机位布局的基本技巧,就能够以不变应万变。

3.3.4 画面拍摄注意事项

1. 保持画面的构图平衡

普通的照片摆歪了,还可以很轻易地再将它转回到水平位置上来。可要是电视机里播放的图像发生了倾斜,那就麻烦多了。在每次按下录像键之前,都要环视四周的环境,看看取景器中被拍摄的画面是否是自己所需要的——这就是在构图。摄像的构图形式与静态摄影的构图形式十分类似,不但要注意主角的位置,而且还要研究整个画面的配置,保持画面的平衡性和画面中各物体要素之间的内在联系,调整构图对象之间的相对位置及大小,并确定各自在画面中的布局地位。一幅完美的构图,起码应该做到下面两点:一是画面整洁、流畅,避免杂乱的背景;二是色彩平衡性良好,画面要有较强的层次感,确保主体能够从全部背景中突显出来。

2. 尽量利用自然光

光线充足是获得完美画面的先决条件,阳光下的所有景物的光照,都是由直射的阳光、散射光和环境的反光这三种形态的光线所构成的,对自然光这三种形态的认识和把握,是再现和表现画面形象的基础。阳光有着"自然而然"的变化规律和特性,运用自然光进行拍摄时,只能遵循这种客观存在的规律,选择符合创作意图的拍摄地点、拍摄时间和拍摄角度。在同一地方随着季节的变化,太阳在空中的方位也发生着变化,在同一季节,随着地理位置的不同,太阳的方位也不同。在一天时间中,太阳的位置也不断发生着变化,与地平面形成不同的入射角。只有掌握好时机,才能拍摄影像。

3. 尽量顺光拍摄

在拍摄的时候,一定要确认被摄物体和阳光或灯光之间的位置关系。最基本的条件就是"面向光源",即光源是在被摄物体前面的那种状态。当然,这样容易失去立体感或成为没有阴影的平面图像,遇到这样的情况,可以将光线稍微斜过来一点,以此来增加对比度。这样,就能拍摄出一幅立体感较强的图像。逆光拍摄容易使人物的脸部过暗,或者阴影部分看不清楚。如果实在迫不得已,必须要在逆光条件下拍摄人物的话,就一定要记得使用反光板。另外,由于摄像机的自动白平衡是根据其背景色调来调节的,所以在这种背景本身就昏暗不清的情况下,如果希望得到自然真实的画面色彩,就只能用手动拍摄。

4. 移动镜头要有规律

镜头的移动应该有规律,要么从左到右,要么从右到左。同样,上下、进退也都要有迹可循。摇摄形成镜头运动迫使观众随之改变视觉空间,观众对后面摇进画面的新空间或新景物就会产生某种期待和注意,如果摇摄的画面没有什么给观众可看的,或是后面的事物与前面的事物没有任何的联系,那就不要用摇镜头。另外,摇摄的时间不宜过长或过短。用摇摄的方法拍摄一组镜头约10s为宜,过短播放时画面看起来像在飞,过长看着又会觉得拖泥带水。拍摇摄运动物体时,摇速要与画面内运动物体的位移相对应,拍摄时应尽力将被摄主体稳定地保持在画框内的某一点上。

5. 摇动镜头要平稳

摇动拍摄时,一定要平稳地摇动摄像机的镜头。最好使用三脚架,这样有利于拍摄出稳定的画面。如果用手持机,其基本姿势是:首先将两脚分开约50cm站立,脚尖稍微朝外成八字形,再摇动腰部(注意不是头部,更不是膝部)。这样可以使得摇摄的动作进行得更为平稳。不管是上下摇摄还是左右摇摄，动作应该做得平稳滑顺，画面流畅，中间无停顿，更不能忽快忽慢。摇摄的起点和终点一定要把握得恰到好处，技巧运用得有分有寸。要避免摇来摇去，摇过去就不要再摇摄回来，只能做一次左右或上下的全景拍摄。

6. 合理使用对焦功能

拍摄时是以拍摄主体在画面正中央为对焦的点，要避免拍摄主体前有走动的物体影响红外线测距。在某些特殊情况下（例如隔着铁丝网、玻璃或者与目标之间有人物移动等），画面的焦距就没有那么稳定了，常常一下子清晰，一下子又模糊的，亦真亦幻，让人难以把握。这是因为在自动对焦的情形下，对焦依据前方物体反射回来的信号判断距离或调整焦距的。此时，要将对焦状态从自动切换到手动。

7. 充分掌握手动调节功能

大多数DV摄像机都是"傻瓜"型的全自动设备，操作者只需打开电源，按动录制/停止键，就可以拍摄自如了。如果要获得更好的影像，就应该进一步从技术能力上提高自己，学习如何正确地控制焦点、调节曝光度以及获得准确的白平衡。如果能逐步掌握一些手动调节功能，就可以在影像的拍摄方面赢得更大的主动性，让摄像机成为创作当中的工具。

8. 围绕中心人物拍摄

活动或庆典当中，中心人物只能是一个或不多的几个人，婚礼上的新郎、新娘，刚刚满月的婴儿，寿筵上的老人或者是从远方归来团聚的亲友。拍摄者应当将主要的精力放在这些事件主人公的身上，而不是蜻蜓点水般地为每一位到场的来宾都存照。中心人物的行为、言语和情绪变化构成了整部作品的逻辑主线。无论是新婚夫妇在婚礼上互致爱意的海誓山盟，或是摇篮里婴儿天真稚拙的表情，都将是影片中不可多得的珍贵镜头，也是吸引他人热心观看的精华段落。即便是拍摄其他人的言行，也都应围绕着影片的主要人物着笔，不可喧宾夺主，搞成一部拉杂琐碎的流水账。

9. 注重环境与细节的拍摄

一部影像作品的优劣，对细节刻画的成功与否却占有举足轻重的位置。由于摄像机通过镜头焦距的变化，能够更为宏观或微观地审视周围的环境，它所呈现出来的视觉空间，自然是一个由更多全景与细节交织构成的主观世界。对于DV新人来说，还不习惯让摄像机观察自己的肉眼看不真切的地方，因而记录下来的，大多是人所共见的平庸影像。但优秀的创作者则是全方位的观察家，他们善于用镜头捕捉神情微妙的面孔、紧张发抖的双手、衣衫下摆的民间纹样、窗外叮咚作响的风铃以及种种一现即逝的精彩瞬间。

10. 掌握拍摄时间

为方便观众了解画面，转拍另一画面前最好让镜头停留几秒钟的时间。拍摄动态影像时，需要配合适当的时间移动摄像机。而拍摄风景时，最适当的拍摄时间是10s左右。如一个镜头的时间太短，则图像看不明白，看得很累。反之，如果一个镜头的时间太长，则影响观看热情，看得很烦。所以每个镜头的时间掌握就很重要。建议：特写2～3s、近景3～4s、中景 5~6s、全景 6~7s、大全景 6~11s,而一般镜头拍摄以 4~6s 为宜。

 习题

1. 简述电视画面造型的三要素。
2. 简述推、拉、摇、移、跟的拍摄特点。
3. 举例说明场面调度的作用。

电视光线艺术

第 4 章

学习目标

1. 了解自然光的种类。
2. 掌握自然光和人造光的类型以及应用。
3. 掌握光线的造型作用。

4.1 特殊的语言艺术

光在电视摄像构图中起着非常重要的作用,它既是摄像构图获得影像的物质条件,也是塑造艺术形象的造型手段,更是摄像技术和艺术的灵魂。没有光,就没有电视画面,也就没有摄像艺术。

有了光,人们才有可能看到五彩缤纷的世界。没有光,人们什么也看不到,人类将面临一个黑暗的世界。因此,可以说,光是人类赖以生存的物理条件。

光也是一切摄像艺术必备的技术条件,这种技术条件又是摄像创作的艺术元素。作为一名电视摄像,必须了解光的知识并应娴熟地运用它。

4.1.1 光源

光源是指发光的物理辐射体。任何自身发光的物体都是一个物理辐射体。

光源分为两大类,一类是自然光源,另一类是人造光源。

1. 自然光源

自然光源主要是指太阳。太阳是大自然取之不尽、用之不完的强大光源,它辐射出各种各样的电磁波,包括无线电波、红外线、可见光谱、紫外线、X射线、γ射线等。而人眼所能感知的只有波长为 380～780nm 的这部分电磁波谱,同时给人以白光的综合错觉,也就是我们常说的可见光。

人眼看见的电磁波,称为光线。

人眼所能感觉到的七种颜色的光波,由长到短,是按红、橙、黄、绿、青、蓝、紫的顺序排列。各种单色光的波长如下:

红　　760～620nm
橙　　620～590nm
黄　　590～560nm
黄绿　560～530nm
绿　　530～500nm
青　　500～470nm
蓝　　470～430nm
紫　　430～380nm

波长是从一个波峰到另一个波峰之间的距离。有的波长可达数米,有的不到10亿分之一。其中,红色光的波长最长,为700nm左右;紫色光的波长最短,为400nm左右。在这个波长范围内,波长不同,颜色也不同。把只含有单一波长成分的光称为单色光,而包含有两种或两种以上波长成分的光就被称为复合光。

2. 人造光源

人造光主要是指各种灯具发出的光,它在电视摄像中也起着相当重要的作用,如白炽灯、碘钨灯、LED灯等都是常用的人造光,也包括一些人为的烛光、篝火等。人造光源的缺点:光照范围小,射程短,并随着光源距离的变化,光线照度会发生明显的变化;显色性也不如自然光;设备繁杂,携带不便,有时还会发生"断电"的情况。人造光源的优点:利用人造光可以按照摄像人员的构想轻松、自由地对景物进行造型处理;用作对自然光的补充时,用于对被摄体阴影部分照明,可形成丰富的影调层次;还可以根据摄像人员的创作构想用灯光创造各种艺术效果;而且人造光可以在任何场地应用,几乎不受时空和外界自然条件的限制,还可以根据不同的照明需要来增减光照的强度、距离、高度、方向,调整色温并校正其显色性,从而较好地表现摄像人员的主观意愿,完成摄像造型和表达主题的任务。

4.1.2　色温

色温是表示辐射光源所含色谱成分的一种计量数值。也就是光线中的颜色变化,并不是指光线温度的高低。色温是指在不同温度下光源发光的色彩。以绝对零度(−273℃)为起点,当一个绝对黑体(绝对黑体既不反射也不能透射,并能完全吸收它上面的辐射,是科学家理想中的物体)加热后便开始发光,它先会变成暗红色,随着加热温度的不断升高变成黄色,再是变成白色,最后就会变成蓝色。如果光源发出的光的颜色与绝对黑体在某温度下辐射的光的颜色相同,那么绝对黑体此时的温度就称为该光源的颜色温度。英国物理学家开尔文首先发现了光色与温度的关系,他取绝对温度作为计量单位,简称色温,它的计量符号是K,读作开尔文温,即用开尔文的第一个大写字母K(表示辐射能所含光谱成分的一种计量数值)表示。

这里需要说明的是,色温并不是指光线的冷热温度,而是测量光源中所含的光谱成分,即主要是看光源中短波光线与长波光线的比例。色温高,说明光谱中含有的短波光线比例大,而长波光线的比例小,也就是说光中含有的蓝、紫色成分比较多。光源偏淡蓝色,色温相对低一些,而短波光线的比例大。光中含有的红色成分较多,光源偏橙红色,说明光谱成分中含有的长波光线的比例较大。

晨曦或夕阳中拍摄的草原和草原上的羊群,表面披有一层金色的面纱,那是因为光线中长波光多,光线波长长,色温低,所以呈现橘红色。拍摄冰川或高原上的景物,总有一层依稀可见的蓝色,因为蓝天的色温通常都在 10 000~25 000K 的范围内,色温太高,所以偏蓝。

光源所射出的光线,都由蓝、绿、红三原色光所组成,其所含光谱成分的差别取决于蓝、红色的比值。具体测定蓝、红色的比值,所得读数即为该光源的色温值,它是靠色温计测出的。在实际运用时,不论日光或灯光,有条件的话(即有色温计的话),测量一下色温的准确读数,做到心中有数,以便进行必要的调整。

人眼对于色光可作自动调节,摄像机的白平衡也可进行调节。

4.1.3 色彩

1. 色彩的物理性能

色彩有三大特性,即色别(颜色)、色纯度(饱和度)和亮度(明暗度)。

色别即不同颜色之间的差别,如红、橙、黄、绿、青、蓝、紫,都是色别的具体名称,标志着不同质的颜色。

色纯度是指颜色纯正的程度,或者说颜色被白色冲淡的程度。纯度越高,色彩越鲜艳,色感越强烈;纯度越低,色彩越清淡,色感越弱。

亮度一般是指同一色别,在不同光线照度下呈现出的不同明暗程度。此外,不同的色别也存在亮度的区别,这是由于人的眼睛对于可见光谱中不同色光的视觉灵敏度不同造成的。黄绿色区域视觉灵敏度最高,色彩亮度最大;而紫色区域视觉灵敏度较低,色彩亮度小。

色是建立在光的基础上;颜色是由波长决定的。

有光才有色,如果光一旦消失,色彩也就消失了。因此,可以说,色觉是光刺激视觉器官(视网膜、视神经)及大脑而产生的一种反应。

人工光源也是彩色拍摄的重要光源,灯具的种类和规格繁多,它们之间的色温有显著的差别。如不掌握多种灯光的特征,就会影响画面的色彩效果。由于人眼对光量和光色的适应能力较强,日常看来有些灯具发出的是白光,其实,它比日光弱得多,色温也低得多。

2. 色彩的心理影响

电视摄像探讨色彩的目的是按照主题思想的要求,尽可能地让那些与内容有关的或者具有联想价值的颜色出现在图像中。为此,有必要对色彩的心理影响以及色彩与构图的关系加以研究和讨论。

在艺术范畴中,色彩是具有性格的,这是跟人类长期的生活体验和视觉习惯等主观感受密切相关的。

三基色中,红色在光谱中波长最长,视觉刺激最强烈,因而是最夺目的颜色。视觉刺激强——鲜艳、热感;视觉刺激弱——灰淡、冷感。红色富于活力和刺激性,给人以热感。

蓝色正好和红色相反,它处在光谱的另一端,是色彩中最消极、最内向的颜色,给人以冷感。绿色居中,它不炫耀,既不热,也不冷。

色彩的个性使人产生联想,联想有时可以使画面产生一种弦外之音,联想有时还能将观众提前引向未来发展到的情节中去。

红色使人联想到红与火、危险和报警信号、革命与暴力。

蓝色使人联想到天空和海洋、宁静与遥远。

绿色使人联想到大自然、生机勃勃的春天。

黄色既能使人联想到充满丰收喜悦的秋天,又能使人联想到疾病和痛苦。

棕色使人联想到大地和土壤、秋天和落叶。

白色使人联想到白云、雪景、纯洁、高尚、软弱。

黑色使人联想到夜晚、恐怖和肮脏。

总之,色彩在电视摄像师眼里是富有生命力、表现力和明显个性的。如何根据主题思想的要求,选择合适的色彩则取决于电视摄像师的创作风格和艺术修养。

色彩也反映着人物的性格和情绪,反映着特定的时间和空间。这一点从人们的穿着打扮以及每个家庭的室内陈设的色彩中可以鲜明地体现出来。

色彩是个复杂的综合性因素。因此,艺术创作中的色彩运用不可能是固定不变的。

3. 色彩与构图

(1) 色彩的对比应充分利用相对色。根据主体的颜色,尽可能选择与其相对的色彩背景,这样能使主体更为突出,整体画面会更为鲜明,富有动感。

色彩的纯度越高,相对色之间的对比越强烈,视觉冲击力也越大。

相对色也叫互补色。相对色之间对比强烈,色反差大,这与人眼睛的"负余象"现象直接有关。当人用眼睛注意看一种很强烈的颜色时(如看一朵艳丽的红花),然后迅速转过身去看一张白纸时,将会看到在白纸上出现了蓝绿色(青色)的花朵图案。这就是"负余象"现象,白纸上出现的蓝绿色(青色)的花朵图像就是红花相对色图像。由于眼睛的"负余象"现象,使得我们在观看某一种颜色时,两眼就已经预备着发挥它的"负余象"功能,即可暂留显示它的相对色了。这也说明了为什么一种颜色在和它的相对色并列时,比和其他颜色搭配在一起显得更加鲜艳。

(2) 色彩的和谐应尽量采用相关色,避免对比生硬和过于强烈。相关色也叫相邻色。色轮上左右相邻或相互靠近的几种颜色即为相关色。相关色之间由于存在一个共同的因素——基色,因而相互联系着。例如红、橙、黄是相关色(邻近),它们当中都有共同因素——红色。相关色间,有内在联系,对比弱,色反差小,能引起视觉上舒适和安静的感觉。由相关色组成的图像,能获得统一感和自然感。

对于单一色调的图像,由于它主要由不同纯度的单一色彩所构成,因此画面反差小,显得单调、死板。为使画面色彩活泼,可以尽量引入黑白色调,增强反差。蓝色的天空配上几朵白云,蓝色的海面配上几只飞翔的白色海鸥,将使画面内容一新。

 4.2 自然光的种类和应用

自然光就是来自太阳的光线。一天之中,光线随着早晨、中午、黄昏的变化而变化,随着照射角度和天气的变化而变化,而且从年头到年尾,还跟着春夏秋冬的季节变化而变化。同时,在同一季节里,在一天中的早、午、晚,由于海拔的高低和地理的不同,光线也有所不同。因此,人们把太阳光称为变化多端的光线。

自然光是拍摄外景时的光源,也是运用最多的光线、变化多端的光线、比较难掌握的光线,还是易于表现的光线。所以,认识光线这种周而复始的、每时每刻都在变化的特性,摸清它的规律,是十分必要的。

4.2.1 自然光的种类

光在宇宙空间里都是直线传播的。在传播过程中,由于受到云雾或其他物体的遮挡而改变了原来的方向,于是,出现了不同种类的自然光。来自太阳的自然光有三种。

1. 直射光

太阳划过晴朗的天空直接照射到地面的光线叫直射光。它告诉了人们光的一个本质特征——光能传播。

光在均匀介质中是沿着直线传播的。早在公元前四百多年的《墨经》中记载的小孔成像原理,充分说明了光的直线传播规律。孩子喜欢追逐的千变万化的影子,老人们常说的天狗食月等,都是光具有直线传播规律的有力证明。

光在传播过程中具有独立性,即来自不同方向或有不同物体发出的光线相交时,对每一光线的性质和传播方向都不会发生影响。如在晚上我们两手各拿一只手电筒,当两只手电筒的光交汇在一起时,光速仍按着原本各自的方向传播,互相之间不会产生任何影响。

直射光光照强、亮度高、反差大、对比强、调子硬,容易使色彩饱和。

2. 散射光

太阳的直射光通过地球大气层时,被大气层阻挡而散射开来的光线叫散射光。它告诉了人们光的又一个特性——光能散射。

光在均匀介质中是按直线传播的,当它在遇到不同介质时,会改变方向,向许多方向杂乱无章地进行多次反射和折射,这种传播就称为光的散射。例如,天空中漂浮的云、遮人双眼的远处的迷雾、在高空或地面附近的局部空间中悬浮着的大量水滴,当阳光透过云层或雾气时,就会发生多次反射或折射,于是形成了散射光。光在发生散射的过程中会因为不同的介质而损耗掉不等大小的能量,也就是说某段光谱光可能被有选择性地吸收消失。散射光的最明显特点是:光线柔和,反差很小,明暗对比弱,阴影不明显。

3. 反射光

直射光、散射光照射在物体上,被物体反射出来的光线叫反射光。

当天空没有云层遮挡太阳时,照到地面上的光线有直射光、散射光和反射光。当天空有云层遮挡太阳时(阴天、多云天),照射到地面上的光线只有散射光和反射光。

当光线从一种介质进入另一种介质时,光线不再沿着直线传播,会看到在两种介质的界面上光会偏离原本的传播方向的现象。其中一部分光线会返回原来介质,称为反射光。在传播过程中遵循反射规律,即反射光线和入射光线、法线在同一平面内,并与入射光线分别居于法线的两侧,且入射角等于反射角。

如果光线逆着反射光入射时,就会发现反射光将逆着原来的入射光的方向射出,这说明入射光具有可逆性。如果光线入射玻璃表面或抛光处理的金属表面等光滑平面时,我们会觉得反光刺眼,那是由于反射光只按反射规律决定的一个方向射出,这种情况称为镜面反射。当光线入射粗糙表面时,就好像在很多不同方向的小反射面上发生反射一样,此时的反射光线分布于各个方向,形成一定的空间范围,这种情况称为漫反射,就因为光在物体表面发生了漫反射,才使得我们能够在各个方向上看到本身不发光的物体。

从景物上反射出来的光,反光多少是不一样的。反光最多的是雪,通常在95%左右;反光最少的是黑鹅绒,通常在2%上下。反光最小和最大的亮度比为1∶50。

除了反射光之外,另外还有一部分光线会进入第二种介质中,称为折射光。在传播过程中,遵循折射规律,即折射光线和入射光线、法线在同一平面内,并与入射光线分别居于法线的两侧,且折射角与反射角的正弦之比为常数,此常数因介质不同而不同。当然,折射光同样具有可逆性。

4.2.2 自然光的四个类型

根据太阳光与地平线夹角的大小,也就是太阳位置的高低,可以把白天自然光的投射划分为四个类型。

1. 晨昏散射光

早上从东方发白到太阳将要露出地平线,傍晚从太阳完全进入地平线到天黑,称为晨昏散射光。这个时刻,时间极短,约有25min,光线变化极快。在这个时段里,整个天空的亮度虽然不高,但靠近太阳的天空的亮度却相当高,而景物的亮度又很低,天空与景物的照度差别很大。天空亮,景物黑,是这一时刻的特点。利用这个差别,可以拍出具有强烈反差的剪影画面。

2. 日升、日落光

从太阳露出地平线到太阳光与地平线的夹角在15°左右时,或从太阳光与地平线的夹角由15°到光线消失,这两个时间的光称为日升、日落光。此时,光线柔和,反差柔软,影调丰富,物体的投影特别长,富有生机,是精彩的照明时段,可呈现画面的装饰美。

美国新闻事业摄像奠基人阿尔弗富德·艾森斯塔德在说他为什么最喜欢日升、日落光时说:"因为,在这两个时间中,柔和的阳光可以增加浪漫主义色彩和感染力,太阳照射在物体上所投出的长长的影子,可以给画面增添硬调层次和视觉情趣。"

3. 斜倾光

太阳的投射光和地平线的夹角在15°~60°,这段照明时间长的光,是电视画面拍摄的黄金光线,又叫斜倾光。

斜倾光的直射光比日升、日落光的直射光硬,反差对比强,其造型和表现质感的能力较强。这时的天空亮度较高,景物被散射光照亮的程度也随之提高,但景物的明暗反差适中。

4. 午间顶光

太阳的投射光与地平线夹角大于60°~90°时的光线,也就是正午前后时间的光线,又叫午间顶光。这时,直射光从上往下照射,地面景物单位面积内所受的光线密度最大,光线最强,阴影很短,立体感差,呆板,但拍羊群、海洋效果较好。

4.2.3 阴天的光线照明

通常把阴霾天和不见阳光的薄云天统称为阴天。阴天是外景散射光的最典型的"代表",光源的光线被云雾遮挡,地面景物的照明主要依靠天空散射光。阴天的亮度,要受到大气层中云层厚度的影响。云层厚,天空亮度就低;云层薄,天空亮度就高一些。阴天时,景物的空间深度感较弱,远近景物叠合,缺乏层次和应有的区别,而且物体立体感差,表面质感也不突出。在阴天,散射光照明景物的明暗反差几乎消失,色彩的特征及表现会受到较大的影响。阴天里,天空亮度和照度比较均匀,照明比较稳定。但是,天空和地面景物的亮度间距比较大,景物的水平面亮度高于景物垂直面的亮度。

阴天时,光线色温偏高,在7000~10 000K,所以画面上明显呈现蓝色。

阴天本身也是十分丰富多样的,既有黑云压城的阴天,也有薄云遮日的"假阴天"等,但它们的共同特点是散射光照明的形态。

薄云遮日下的"假阴天"情况下的光线是一种比较理想的光线,天空呈白色而且亮度非常高,其光线比较柔和,照明效果比较均匀,不会形成明显的明暗反差,并具有较丰富的影调、色调层次。

阴天拍摄要注意被摄体亮度、色彩。因为天空散射光对所有景物进行散射照明,景物与景物之间的区别要靠景物自身的差异,有时还要利用色别的对比和差异来造型。景物的轮廓形态、外形特征等造型形态主要依靠被摄体的明暗、色调差异来表现,这是决定画面造型成功与失败的重要因素。

在阴天的情况下,选择景物自身的明暗差别是阴天光线处理的重要内容。利用天空的高亮度,以剪影和半剪影来处理画面,以突出被摄体的外形特征。彩色摄像利用色调对比是阴天光线处理的重要手法。

4.2.4 雨雪天的光线照明

雨雪天呈现独特的情调和气氛,容易引发人们的联想和注入人们的主观感情,雨和雪往往被人们称为抒情性元素。雨雪天属于非正常天气,人和其他景物在天气变化时,都会呈现出不同于一般情况下的状态,一些在平时不容易显露出来的内在的情绪或状态则会显露出来。

雨雪天是阴天,具有阴天的一般特征,是一种特殊的室外散射光照明。雨雪天里,地面景物会显得更暗,天空亮度和地面景物亮度的亮暗间距很大。由于下雨、下雪,光线柔和细腻,亮度平均,景物显得灰暗,缺乏立体感和层次感。雨雪天里,天空散射光的色温较高,所以景色被浅浅的蓝色的光照明,景物偏蓝色。地面的积水以及地面有反光或出现景物的倒影,这是非常有意思的景象。雨雪天的夜景中,这种景象会显得更加多姿多彩。

雨雪天拍摄往往要设法用暗的环境和背景映衬雨丝雪片。在雨雪天拍摄中,可以用周围环境中的暗色的小屋、墙壁、人群、深色树丛作为衬托,增强雨雪天的效果,人为突出雨雪及其运动状态。在用光设计时,一般要尽量避开大面积亮的天空和亮的背景。

雨雪天拍摄要注意雨和雪的位移现象,可以采用慢速度拍摄,使雨滴和雪片拉成虚化的线条,产生较强的动感。拍摄雪景时,还可使用快速度,使雪花凝固在画面中,表现其运动瞬间,也可突出其动感。

此外,利用长焦距镜头拍摄可以带来纵向空间的压缩,可以使雨、雪显得更密、更浓,对于加强雨雪的感觉很有帮助。

4.2.5 雾天的光线照明

雾是近地面大气层中的一种大气现象,它由大量的悬浮的水分子或冰晶组成。水平距离能见度在1000m以上为轻雾,水平距离能见度在1000m以内为浓雾。

雾天的光线是室外散射光的一种特殊形式,它不仅具有一般室外散射光的特点,还具有自身的一些特点。"雾"往往被人们称为抒情性元素,容易引发人们的思绪,容易寄托人们的感情,人们也容易注意到雾的影响。人们常说的"晴西湖不如雨西湖,雨西湖不如雾西湖",中国古代画家也讲求"山欲高,云雾锁其腰"的意境,这些都说明雾的写意抒情作用。

雾天的光线颇有特点。首先,雾天空气中的介质增多,光线被大量扩散,由于介质之间的相互作用,使得雾天的散射光强度明显高于阴天和半阴天,在雾的作用下,地面上的景物被均匀照射,物体表面状态细腻。其次,雾是构成大气透视的重要元素,各种景物远近不同地分布在雾气笼罩的空间中,物体本来的面目被雾不同程度地"遮挡"起来,减弱或掩盖了物体局部层次。在大的环境中,雾能使众多景物"化繁为简",只保留景物和物体的外在轮廓与主要线条,雾的这种功能常常有写意效果,使画面含蓄、幽深、轻柔、淡雅,有水粉画或水墨画的韵味。再次,远处的景物呈淡淡的浅蓝色,除了日出时刻外,在有雾的情况下,太阳光透过雾层后它的色温偏高,在摄像中就出现远处景物呈浅蓝色。

在雾天拍摄,要注意选择侧光、逆光、侧逆光方向拍摄。光线的不同投射方向就会产生不同的画面效果。侧光、侧逆光和逆光,对雾天的表现比较有利,被摄景物在这样的光线照明下,会形成一定面积的暗部,它是突出白色雾的有效手段。在雾天拍摄,景物尤其是远处的景物影调变浅,在构图时,要在画面中有些暗色调的景物,这无论对画面影调结构还是影调对比都是很必要的。在雾天拍摄,要注意选择雾的浓度,一般以轻雾为宜。就摄像艺术范围来讲,轻雾的状态是理想的状态,能充分形成大气透视效果。浓雾,就过分地影响对被摄体基本面貌的表达,不利于造型。因此,选择雾的浓淡状态,寻找、等待最理想的雾景出现,是必须考虑的问题,同时,要注意时间和地点的选择。一般情况下,在早晨和傍晚容易有雾景出现,山顶、树林、湖边、海边等也是容易出现雾景的地方。

4.3 人造光的灯具和应用

4.3.1 人造光的照明灯具

在电视摄像中,人造光按照明灯具可分为聚光灯和散光灯两种,按照明地点分为室外人工光和室内人工光。

1. 聚光灯

聚光灯是通过聚光镜片把光线会聚在一起的灯具,是塑造被摄体形象的主要光源。聚光灯的光线,光质较柔和,照度均匀,稳定性好,照度高,可形成明显的光斑。聚光灯的光线投射方向明显,光影质量好,使被摄体有明显的反差,立体感较强。在使用的过程中,可以根据具体需要对所投射的光线加以遮挡,也可采用滤光片等,打出各种色光。在电视摄像中,聚光灯常用作造型光,是主光和轮廓光的最佳选择,也可作为环境光和装饰光。

2. 散光灯

散光灯光线散布面积大,可均匀地照亮被摄体;没有明显的方向性,被照景物明暗的反差较弱,立体感也较差。在电视摄像中,散光灯常用作环境光和辅助光的照明光源。不过,在新闻现场,散光灯常被用来当主光光源,照明新闻人物和整个现场环境,作为提高画面亮度的一种主要手段。

3. 效果灯

在电视摄像中,为了烘托主题和情节的发展需要,往往使用电闪雷鸣的效果,这时就可以用闪电效果灯。另外特技灯也属于常用照明灯具,利用光来取代美工效果,或是在产生特殊效果后成为美工布景的一种补充。特技灯可以投射出云、雪、波浪等形态的光,特技效果好,其亮度也可连续、快速地变换,能够在被照明的布景上获得动态的图像。

4.3.2 人造光的布光方法

自然光主要指的是太阳光。不可能任意摆布自然光,只能按照光的种类去选择合适的时间和投射方向,这通常称为采光。人造光则不同,它被掌握在摄像者或灯光师的手里,根据拍摄意图可以任意去调动,通常称为布光。

在电视摄像中,布光的亮度是否平衡、用光效果是否理想、色温是否统一,都直接影响着画面的清晰度、层次和色调,同时影响到渲染的气氛及要表达的某种艺术效果。电视摄像布光,既是验证摄像人员对光的技术掌握的过程,又是摄像人员用光进行创作的过程,它是由摄像人员和照明人员相互配合完成的。

1. 三点布光法

在电视摄像师正式拍摄之前,除了确定机位外,就是确定主光、辅助光和轮廓光这三种主要的光线。确定主光、辅助光和轮廓光的位置,是布光的基本方法。

在这种布光法中,主光的光源最强,因为主光起着决定主要造型和形成影调的作用,它的位置取决于所布光的目的,以及想要突出的某个部位。一般使用单只聚光灯,否则会形成双重影调,削弱布光效果。辅助光是用来照亮未被主光照亮的区域,起到辅助作用,一般强度弱于主光,避免破坏主光源所形成的造型。轮廓光用逆光照明,一般强于主光,这样既可以勾勒被摄主体的边缘轮廓,表现其形态,也有利于呈现画面的立体感、层次感、空间感。

拍摄人物时,通常采用顺侧光、侧光做主光源,可以增强造型效果,突出人物面部结构。在这种照明情况下,人物的前额、鼻尖、眼窝、下巴等处往往出现阴影,这就需要用另一种光——辅助光,从另一个方向给予消除。在营造轮廓时,最好不用顶光照明,也要避免过度的逆光,过度的逆光会出现人物面部结构模糊和照度不够的情况。

2. 动态布光法

在电视摄像中,更多涉及的是动态布光,因为在现实中,人物总是要处于活动状态中,而摄像机又总是要随着人物的活动而运动,改变着拍摄位置。因此,动态布光比较复杂,也要根据所表现的主题、场景的不同而不同。在这种情况下,可以采用大面积布光,即在整个环境范围内进行布光,可以使人物在活动范围内接受较为一致的照明,一般适合较小的范围或者较为固定的场景。

电视拍摄的对象是活动的,电视的镜头又是连续的,那就要采用动态布光。人物活动超过一定范围时,在人物经过的路线形成一种连续性的照明,这时几盏灯起着同一种光线效果的作用。例如,人物沿着一条直线走出画面,就可以在直线沿途用几盏灯且采用同一角度、同一方向形成同一照明光线,此布光方式要求摄像人员十分清楚人物的活动路线,同时也要注意不同灯具所形成的光区在照明强度、照明方向、布光角度上应保持一致,还要注意相互之间的连续性,避免出现忽明忽暗甚至中断的现象,达到一种统一而连贯的效果。

4.3.3 布光的程序

1. 确定布光的目的

在电视摄像中,无论从技术还是艺术上都会对布光有要求,以达到创作的意图。因此,在具体布光之前,要明白布光的目的。

(1)要明确拍摄的主体和重点。在拍摄之前,要针对最主要的表现对象和重点,根据主体、陪体、环境等因素,考虑如何对光线进行处理,进行设想构思。而对其他的被摄体,只要进行适当的照明即可,避免喧宾夺主。这样在画面中就构成了视觉注意的主次之分,形成一种和谐、统一的照明效果。

(2)要明确画面的基调。只有明确了画面的基调,才能确定灯具的种类、数量、位置、角度等,并对其加以布置和控制。

(3) 要再现现场的真实效果。生活中，人们对光的照明效果有着最基本的认识，如直射光照射下人只有一个影子，而散射光照射不会产生影子。所以在布光时，要正确掌握光的照明性质，处理好景物受光面和背光面之间的亮度关系，注意避免众多光影在画面上出现，也就是用人工光的照明效果产生自然光的"仿真"光线效果。

2. 确定布光方案

在确定布光的目的和要求之后，摄像人员就要制订具体的布光方案，即灯光造型的计划。如拍摄画面的基调、被摄体中主体的照明亮度以及它与其他被摄体亮度比，通过什么方法来达到主体的主光与辅助光的亮度比，形成理想的影调等。简单说，布光的方案就是确定先对哪一个被摄对象，通过什么样的方法来达到布光的目的和要求。布光的过程就是进行光线平衡的设计、实施过程，把最初的摄像变为具体的视觉形象的过程。

在布光的方案中，布光的顺序至关重要。主要有以下三种情况。

(1) 拍摄的画面以人物的近景、特写为主。在这种情况下，人物就是画面中主要成分，占有画面中绝大部分的面积，是画面中的主体和重点。而背景和别的被摄体是次要的，在画面占有极少部分的面积。此时布光的重点是人物，所以先进行人物的布光，然后再进行环境的布光。

(2) 拍摄的画面以人物的全景、中景为主时，周围的环境与之形成了一种密切的关系，在画面中占有一定的面积，成为侧重的表现对象。此时，可以先进行背景光的布光，然后再进行人物的布光，同时注意人物光不应影响已布好的环境光。当然，也可以先进行人物形象的布光，后进行环境布光，这样在人物光产生的部分照明效果的基础上，再进行环境布光，使人物光与环境光造型和谐统一。

(3) 拍摄的画面是场景的全景、远景时，人物融入了整个大的场景中，表现的重点是气氛、环境特点和空间深度。此时，要先进行环境布光，其他的光线视具体情况而定。对于人物，可以采用轮廓光来进行勾画。

在布光的方案中，布光的亮度依据也很重要。在拍摄人像或带有人物的画面时，以人脸部亮度为基准，对所有被摄体进行亮度控制，这样可以较为理想地表现人物脸部的外形美及人物脸部呈现出的情感，也能较好地传达在一定亮度范围内其他景物的影调层次。

3. 验证布光效果

在完成全部的布光之后，要从整体上观察照明效果，看整体的照明效果是否满足了表现主题的需要，是否达到了创作意图的要求；然后再从整体到局部，从后景到前景，从人物到背景进行观察或测量。观察造型的效果是否真实、气氛的营造是否恰当、各被摄体亮度关系和影调结构是否合适、主体及侧重表现对象是否突出等。如发现问题，就要调整灯具或位置，直到光的整体造型达到摄像者满意的程度。

4.4 光种和光位

自然状态下的现实生活，离不开光线的照耀。由于不同的光源或不同的照明条件，产生了各种不同的光线效果，因此，电视记者必须掌握各种光线的不同性质、效能及其规律，才能充分发挥光线的物质性能和造型作用,塑造好艺术形象。在具体拍摄中,光种和光位是首要考虑的两个问题。

4.4.1 光种

自然界中,各种景物往往不是由一种光线照明。例如在晴朗的白昼的野外,除直射的阳光外,还有天空散射光以及从地面或其他环境反射来的光线;在室内的夜晚,也有人造光源从不同方向射来。由此,一幅画面的拍摄,也不只是一种光线,各种光线都在起不同程度的作用。为了在摄像实践中便于布光,从光的作用或光的造型上去考虑,一般把光分为主光(关键光)、辅助光(副光)、轮廓光(立体光)、装饰光(点缀光)和环境光(背景光)五种。

1. 主光(关键光)

在一幅画面里,有来自不同方位的光线照明景物,其中,必定有一种光线起着主导作用,这就是主光。主光,英国人称它为"关键光","关键"这个词在法语里是"钥匙"的意思,正是这把钥匙,决定了其他光线的布置,其他光线只起辅助作用。

主光,也称塑型光,是照明被摄体的主要光线,具有明显的方向性。主光表现着主要光线的特性和投射方向,可表现被摄体(人物或景物)的形态、轮廓线条和表面质感,决定画面的明暗差;可以交代画面的空间关系,决定画面的影调配置。主光的投射方向、位置高低(投射角度)、亮度强弱、与被摄体之间的距离远近等因素,直接决定画面所表现的主体的造型,决定对艺术形象的刻画。

主光是正面照射的光,则画面呈现明亮的效果,画面主体自然、明快、清亮;如果主光是逆光,则画面呈现暗淡的效果,画面主体自然、凝重、深沉;如果主光是侧光,则画面呈现立体效果,画面主体自然、明暗分明、层次感强。

从光源上说,主光可以是人造光——灯,也可以是自然光——太阳。

2. 辅助光(副光)

辅助光,也称副光,指照明未被主光直射的阴影部分的光线。

辅助光的照射主要用于弥补主光之不足,照明主光所不能照亮的侧面。副光可以调节平衡画面亮部和暗部之间的明暗关系,显现景物阴影部分的质感、立体感和影调层次,从而使被摄体的外部形态得到较为充分的表现,帮助主光来塑造形象。

一般情况下,主光的阴影都比较硬、比较浓重,辅助光的任务就是把阴影冲淡些,这在电视摄像中极为重要。

在外界环境中,如果阳光是主光,那么天空的散射光,地面、墙壁和其他物体反射来的光线即为辅助光。也可以根据不同的造型意图,用各种人工光源来代替,控制辅助光的强弱,调整它与主光间的不同比例,决定画面影调的反差。光比小,画面影调就显得柔和;光比大,画面影调就显得生硬。

对于主光与副光之间的光比大小,没有具体的规定,摄像师们用得比较多的光比是 2∶1。当然,要根据所表现的主题、人物、时间、环境和整体风格来优化主、副光的比例。

布光时,用得较多的方法是在被摄体一侧放两只灯,作为主光;在另一正侧面的等距离布一只灯,作为辅助光,形成 2∶1 的光比效果。

3. 轮廓光(立体光)

用来勾画景物轮廓线条的光叫轮廓光。

一般都用逆光照射。用这种光可以把主体同背景分离开来,使观众看到主体与背景之间的距离,有助于拉开空间,突出主题,增强画面的纵深感。

在电视摄像中,轮廓光以弱于主光为宜,轮廓光太亮了,主体就显得曝光不足,画面主体偏暗不清晰。

轮廓光不宜布得过高,灯放置得过高,出来的轮廓就很宽。轮廓光受光面的大小、高低、亮度,没有固定的公式,要靠摄影师在机位上观察、调整,选择最佳状态。

4. 装饰光(点缀光)

装饰光是一种艺术造型光,用来对景物的某些局部或细部作必要的修饰,包括眼神光、服装光、道具光等。

在新闻摄像中,很少用这种光,因为没有更多的时间对景物进行光的艺术处理。但在拍摄专题片、音乐片、报告文学片和电视剧的时候,装饰光是常常被用到的,它能美化景物,使观众感到舒服,增加画面美感。

5. 环境光(背景光)

用来照明被摄体周围环境的光线叫环境光,也称背景光。

环境光照明的不仅是人物和其他主体对象的背景,而且也照亮环境的前景,它具有衬托主体对象、表现事件发生的时间和地点、渲染环境气氛的作用。

环境光的光源性质和投射方向也要与主体画面相统一,要力求简洁,以免喧宾夺主,干扰观众视线。

这五种光,不一定同时用于一幅画面,而要根据新闻和其他作品的要求,各光种之间相互配合、互作补充,创造出丰富多彩的照明效果。

4.4.2 光位

通常可以在摄像机和被摄体之间做一条连接线,该线被称为轴线 MD,如图 4-1 所示。在轴线 MD 两侧 45°范围内射到被摄体上的光,称为前侧光,亦称正面光。在轴线 MD 两侧 45°~90°投射到被摄体上的光,称为侧面光。在轴线 MD 两侧 90°~135°的光,称为侧逆光。在轴线 MD 两侧 135°~180°的光,称为逆光。

1. 正面光

正面光亦称顺光。这种光往往跟摄像机的方向

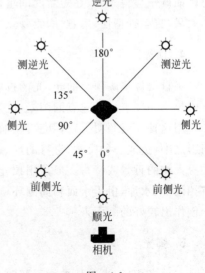

图 4-1

大体一致，投射到被摄体上的影子很小，比较平，影调层次不够丰富，不能突出被摄体的立体感。有些不需要纵深感、立体感的景物，可以用这种光（如图表、标语等）。正面光拍摄人像，可以柔化皮肤，减弱脸部的皱纹，使消瘦的面部丰满。由于它和摄像机的方向基本一致，因此，可以对景物进行普遍照明。

2. 侧光

侧光是摄像机两侧投射到被摄体上的光。

侧光是人们经常使用，也是比较喜欢用的一种光。用侧光可以获得较明显的质感，突出物体的主体感，建立画面的三度空间，投射在画面中还可以起到构图作用。

侧光有前侧光、后侧光、正侧光之分。不同角度的侧光能创造出不同的影调效果，侧的角度越大，被摄景物的阴影也就越大。

在电视新闻摄像中，侧光是用得最广泛的一种光，这是因为它的布光方便。这种布光跟摄像机的位置和方向一致，不会影响摄影师的拍摄，也不像逆光容易拍进电视画面中。侧光兼顾了顺光的一些效能，照亮被摄主体，反差较小，影调柔和，适宜电视画面明快的要求。

3. 逆光

从摄像机对面方向射来的光线叫逆光。这种光的主要用途是勾勒景物边缘轮廓，并与背景之间造成纵深感，以突出主体对象。

在实际运用时，往往把光位升高，成为顶逆光。用逆光拍摄外景的全景或远景，可使画面晶莹透亮，层次丰富，色彩清新，富有生气。

用逆光拍摄沙漠、海浪，会出现波浪滔天的壮观气魄。用摄像机拍摄画面时，如果用逆光，天空不能大，地平线要高，否则景物调子不协调。

在人物摄像中，用逆光可以揭示人物的性格特征和精神面貌。但辅助光的补充要适度，弱了会使脸部变黑，强了会失去逆光效果。

逆光在电视新闻摄像中很少用，这是因为逆光虽然勾勒出景物的轮廓、质感和纵深感，但画面调子显得黑暗，在短暂时间里，很难使观众看清画面中景物的外部面貌。逆光可拍剪影效果，富有抒情性、寓意性，给观众一种独特的审美感受。

4. 顶光

来自摄像机头顶上的光，光的投射方向与景物或摄像机垂直在 $60°\sim90°$ 的范围内，是夏日中午十一二点到两三点的阳光，就是顶光。

用这种光线照明人物，其头顶、前额、颧骨、鼻头很亮，而眼窝、两腮、鼻子下部完全处于阴影之中，造成一种反常、奇特的形态。因此，除了有特殊要求外，一般都避免使用这种光线拍摄人物的近景或特写。但是用顶光拍羊群身上反射光，映衬到绿草原上，显得鲜明、生动；航拍湖泊、水库，由于水面和周围环境的反光率不一样，使湖面像明镜般耀眼。现实中，顶光会创作出较好的画面来。

5. 脚光

与顶光相反，光线从景物下部向上部照射的光叫脚光。

这也是一种反常的光位,投影落在景物后上方。照射人物时,其下颌、鼻孔、两颊很亮,而鼻梁、眼窝和上额部分则形成阴影,造成一种反常的、荒诞的造型效果。因此,只有在特殊需要下才使用这种光线。新闻采访中不用这种光的,因为它会丑化人物形象。

区分光种和光位,得出它们的一些特点、照明效果和经常使用的方法,对于掌握照明技术,并用照明技术创造艺术意境是必要的。但是,也不要把光种和光位看得一成不变。光种、光位要根据作品的思想内容来选择安排,同时还要考虑环境的影响和照明条件等因素,这样才能不被照明的一般规律所束缚,把照明技术正确应用到电视画面的创作中去。摄像用光,既是技术工作,又是艺术创作,涉及光源和照明设备等诸多问题。用光最重要的有两点:一是光的投射方向,二是光的明暗比例,把握了这两点,就等于解决了摄像用光的关键问题。

4.5 照明的作用

摄像艺术的基本因素是光和影。摄像是技术和艺术的综合体,其被称为是光的绘画,可见光在摄像中的地位和作用。光具有照明的作用。

光线的照明,可分为造型作用、心理作用和照亮物体空间的作用。

4.5.1 光线的造型作用

运用光线的目的,不单是为了满足技术上的要求,获得清晰度高、颜色鲜艳的画面,更重要的是为了塑造人物形象和描写景物。

光在摄像中的具体造型作用如下。

(1) 引导观众注意,鲜亮夺人,突出目标。在一幅画面中,引起人注意的是最明亮的部分。这是因为明亮部分给人以视觉刺激,随即调动大脑视神经,产生反应。所以,当画面中的主要部分要让观众先注意时,应投以明亮的光线。

(2) 揭示特征,展现环境,表现画面主体(人物或物体)和环境的关系。光能使人看到景物,光能把人的注意力引导到特定的地点、特定的事物。如果没有光,那就什么也看不见了,但是,照明的目的,却不是仅把被摄物体照亮,而是要把被摄物体的特点照出来,揭示事物(人物)的外部形态,造成体积、轮廓大小的变化以及和周围环境景物的关系。人物的外部形态往往可以给观众留下深刻的印象,并且有助于表现人物的性格。摄像师应当根据主题内容的要求,研究被摄对象的外貌、形状,抓住外形特征,用镜头表现出来。可以说,摄像成败的关键,是运用光线。

(3) 塑造形象,营造气氛。光线的造型作用,除了表现景物和人物外,还能按照内容的要求,制造出一定的色光氛围。在表现欢乐热烈的场面时,配以适当的红光、橙光,把景物照得灿烂辉煌;表现痛苦、悲伤的内容时,配以较弱的光线,把环境景物照成黑暗阴沉的调子。

4.5.2 光线的心理作用

光线除了造型作用外,还能在心理上影响观众,产生联想。

明亮——光明、欢乐、愉快、幸福；
阴暗——沉闷、困难、悲哀、忧伤；
脚光——恐怖、残暴、可怕、可恶；
强反差（光比大）——坚强、有力、硬性、对比强烈；
弱反差（光比小）——软弱、温柔、软性、对比平淡；
长阴影——恬静、安宁；
倒影——优美、安静、梦幻。

4.5.3 照亮物体形状，改变物理空间

光线能改变空间的作用，光线充足会使人觉得空间较大，光线暗淡会使人觉得空间狭小。光线还能改变物体的几何形状，这是由光和阴影的特性造成的。一个物体，若使用正面光，从正面就看不到阴影，画面也比较平，没有纵深感。如果是一个鸡蛋，背景的亮度也和鸡蛋差不多，用这样的光拍出来的鸡蛋几乎看不见。例如我们要拍人脸特写，使人脸有立体感，就不能用正面光，而要把光的位置放置偏一点，这样人脸上就能得到一部分阴影，把二度空间变为三度空间，人脸也就有立体感了。由此可见，光可以产生空间感、立体感。

侧光是获得空间感的有效光位，侧的角度不同，得到的立体感和景深也不同。要把三度空间的显示和立体的形象压缩在一个只有二度空间的画面上，然后把二度空间的画面展现给观众，使他们看到三度空间的立体感，这一过程的实现，就是借助光线完成的。

在光的运用中，有两点特别重要：一是光源投射的方向；二是光比，即明暗反差。掌握了这两点，一般是不会违背用光原则的。

4.5.4 光的测量和计量

光的测量是一个重要的问题，曝光不准，直接影响画面的质量。布光时要注意距离、高低、散光和聚光等问题；光布好后，应该进行测量。

1. 机位亮度测量法

在摄像机的位置上，将测光表对准被摄区域，测得景物的综合亮度，作为曝光的依据。这种方法比较简单，适于拍摄室外远全景时使用，现在大部分镜头可以自动控制曝光值。

测量时注意测光表的角度不宜上仰，以防止按天空的亮度曝光。在侧光、侧逆光照明的情况下，避免直射光进入测光表。它的缺点是不能分别测出景物的最高和最低亮度；不能分别掌握前、中、后景的亮度，以调整其亮度层次；此法也不能计量景物明暗部分的亮度，以平衡其光比。

2. 亮度分析测量法

将测光表的受光面对准景物所要测量的部位，保持 10～15cm 距离，测出这一部位的亮值。拍摄室内、外的中、近景人物时常用此法。它的优点是可分别测出景物的最高和最低亮度，分别计量前、中、后景的亮度，并掌握主副光的光比，以便控制画面的亮度间隔，调节明暗

层次,平衡光比。在测量时应注意避开侧光的影子,防止直射光进入测光表;测光表计量时的角度,应与摄像机的角度基本一致。

3. 照度分析测量

将测光表靠近主体对象,分别测出各光种的照度。在室内,运用多种照明灯时用此法。使用时,应将测光表的受光面对准所要测量的光源关闭其他灯,读得其照度值,再测量其他光源。

测光表是摄像的一种重要工具,但我们对它的作用也要一分为二地看待。例如,在逆光照明下,轮廓镶出一条狭窄的光带,甚至产生耀眼的光斑,对这样的光线,测光表是无能为力的,必须根据人眼的判断来调整其照度。在光线条件有较大变化的情况下(如薄云遮日,阳光时明时暗),测光表的读数只能作为参考,主要靠自己的经验积累来确定曝光,没有测光表同样可以拍出优秀的摄像作品。

摄像机的光圈有手动和自动之分,手动光圈依然要测光调节。摄像机内的自动光圈是一个测平均光的测光仪,它的光圈可以自动控制。摄像机是通过镜头测量被摄物的,所测到的被摄物要拍摄画面,自动光圈可以避免测到画面以外的东西。但也不能完全依赖它。和其他测光一样,自动光圈提供给人们的只是一个参考数值。摄像中不要依赖自动光圈,有时因为背景太亮,进来的光线强,亮和暗的反差大,但测到的却是平均值,这时自动光圈指出的景物曝光并不正确。在光线均匀的情况下,可以用自动曝光。若明暗分明,自动光圈提供的数值是不准确的。有时自动光圈和手动光圈在曝光上差两级。使用自动光圈,必须要在同一个场面,且亮度分配比较平均,反差不大的情况下才适用。明暗分明,反差较大,自动光圈就不太适用。

4.5.5 光量的计算

1. 光的计量单位

1) 光通量

光源发出光的能量叫光通量,或叫光源强度,通常用 lm(流明)表示。

1lm 等于发光强度为 1 国际烛光的光源,在单位立体角内所发出的光通量。所谓"单位立体角"是一个顶点位于球心,底部在球面上的锥体,其底面积等于球半径的平方。或者说,把一支烛光照射到离蜡烛 1m 远的 $1m^2$ 的球面积上的光通量。

2) 照度

物体被光照的程度,通常用 lx(勒克斯)表示。

所谓照度,就是在物体的单位面积上,所得到的光通量。$1m^2$ 的面积得到的光通量是 1lm 时,它的照度就是 1lx。或者说,1lm 的光通量照到 $1m^2$ 的面积上,其照度就是 1lx。

2. 光的计量

1) 照度的计算

计算光的照度,必须掌握两个数据。

(1) 每个灯具的光源照度参数。
(2) 测量出灯与被照物的距离,计算：
$$照度＝光强/被照物的距离的平方$$

由此可见,同一灯具,同样的功率,从 6m 移到 12m,照明距离增加了一倍,照度减少为原来的 2500lx/625lx＝1/4。

2) 曝光量

曝光量等于照度与曝光时间的乘积,即曝光量等于光圈系数值与曝光时间的乘积。

在电视摄像中,采光和用光是一种艺术创作。采光指的是运用自然光,用光通常指的是各种人造光源。

采光和用光的主要内容是把握光种和光位。

光种和光位是两个不同的概念。光种指的是光在摄像中的作用,光位指的是光的投射方向。

摄像师拍摄电视画面,采光和用光是不可忽视的重要环节。所以,照明是电视摄像的重要条件,也是摄像师必须掌握的基本技能。

在光线运用中,有两点特别重要：一是光源的投射方向；二是光比,即明暗反差。掌握了这两点,一般是不会违背用光原则的。

习题

1. 简述光源的分类及其特点。
2. 什么是三点布光法？
3. 简述室内摄影的布光特点。
4. 举例说明自然光和人造光的类型及应用。

第 5 章 电视摄像艺术

 学习目标

1. 了解电视画面的框架结构。
2. 掌握电视画面的取景与构图。
3. 掌握运动摄像的特点和优势。
4. 掌握摄像意识和蒙太奇意识。

 5.1 电视画面

5.1.1 电视画面概论

电视画面是从电影画面借用来的。画面这个词,原为绘画艺术用语,一幅画称一个画面。因为电影最初是无声影片,它和绘画有许多相近之处。例如都是平面艺术,都是通过二维平面(长、宽)再现三维空间的视觉艺术。人们习惯于把一个电影镜头称为一个电影画面。电影是动的艺术,不仅是空间艺术,也是时间艺术;不仅能表现运动、空间,而且能表现时间,因此,电影画面具有时空运动特性。最初的电影从绘画中借鉴很多技法,所以早期电影有"活动绘画"之称。

用拍电影的方法摄录电视剧,这是我国电视剧发展的独特道路。大部分电视剧都是采用拍电影的方式摄录而成的,这种电视剧不是本来面貌的电视剧。所谓本来面貌的电视剧是指《渴望》那样的"室内剧",其特点是多机拍摄、现场切换(编辑)、声音同期录音。由于电视剧和电影有密切关系,在创作上使用的艺术手段又是相同的,因此,电影艺术上的一些术语,在电视上完全可以通用,概念上也基本相同。电影画面的定义是:"一段连续放映的影片中的形象,看来是由一台摄像机不间断拍摄下来的,无论这段内容多长都称为一个镜头"(即一个画面)(斯坦利·梭罗门《电影观念》第 19 页)。这个定义也适用于电视画面。

目前,我国的电视界关于电视画面众说纷纭。有人认为电视画面就是电视图像,这从技术上讲是对的。从造型上来讲,图像只是画面的视觉媒介,是电视画面的构成元素,画面和图像的含义又不完全一样。电视画面是一个片段,是指在特定的时间内,用固定的或运动的方式,用一台摄录机或其他手段不间断地摄录或制作出来的,在电视节目中起着一定作用,并具有承上启下的作用。从编辑角度来讲,电视画面是指两个编辑点(出点和入点)之间的一个片段。有的画面是多次开机或关机完成的(如停机再拍、动画片、木偶片),只要看起来是一次连续拍摄的就是一个画面。电视画面是电视语言的基本因素,也是摄像造型的基本单位。一个画面的时间可以长到几分钟,也可以短到几秒钟,甚至可以短到不到一秒钟只有几个画幅。例如闪电、炮击,三五帧即可构成一个画面。一集电视剧一般是由许多内容、长短、景别不相同的画面组成的。一集电视剧,只有一个画面的现象是不存在的,就是多机拍摄、现场切换方式也不可能只有一个画面。多机拍摄时,两个切换点之间的片断就是一个画面。用一台摄像机现场直播可能会出现用一个镜头画面把整个节目传送或录制下来,这种情况只起传送或记录的作用,并无美学可言,不在讨论之列。

对电视剧和电影而言,一部(集)究竟由多少个镜头组成,没有具体规定。一般来讲,大约由 300~500 个镜头画面组成。但也有例外,如影片《一个国家的诞生》由 1500 个镜头组成,国产影片《他在特区》只用了 182 个镜头。一个长镜头(不间断摄录的),根据需要,可以断开,在其中插入另一镜头,这时摄录的一个镜头在剪辑(编辑)中便成了两个镜头(画面)。如图 5-1 所示,视频中是两位老者下棋的长镜头,随后加入茶碗的特写,如图 5-2 所示,一个镜头在剪辑中变成了两个镜头。

图 5-1

每个镜头画面在整个电视节目之中,应该起一定的作用。在一个节目中,任何作用多余的画面应该舍弃。一个电视画面本身并不是完整的艺术作品,而一幅摄影作品能单独表达一个主题,成为一个完整的作品。电视画面,在构成电视节目时,要具有承上启下的作用。明确这点,对摄像来讲十分重要,因为摄像人员是电视画面的体现者,在节目制作的过程中,经常出现拍了许多画面,因不具备承上启下作用而编辑不进去,成了无用的素材。

图 5-2

5.1.2 框架结构

电视屏幕的外部形状是具有明显边缘的平面体,其四周边缘的两条水平线长于两条垂直线,抽象地看就像一个倒放的长方体,像一个立式横向的矩形框架,因此,称为框架结构。

框架对于电视画面来说不仅是一种存在形式,在电视画面造型过程中还起着界定、平衡、间隔、创造比例等直接影响画面内容和观众心理的作用。

(1) 通过框架结构对被摄景物作不同范围的截取,构成不同的视觉样式,形成电视景别。景别反映了被摄主体在画面中呈现的范围。通过对不同景别的调度,一方面可以在画面中突出某些细节,另一方面又能去掉不需要表现的景物,将有价值的形象保留在画内,并使留在框架内的景物具有意义。景别的变化产生视点变化的画面效果。

(2) 框架构成了被摄景物在画面中的相对位置及景物与框架之间的不同格局。电视画面内景物的位置是在与框架四边的对比中界定的。电视画面中,具体的人或物在画面中的位置,不是由他们在环境中所处的真实位置所决定的,是由画面框架与他们的组合关系所决定的,也就是摄像机的拍摄位置决定画面的形象表现。

(3) 框架结构决定了被摄物体在画面中是否平衡。框架为电视画面提供了一个稳定的视点,视觉活动是参照这一框架进行的,画面内物体的平衡都是在与框架的对比中形成的。

(4) 框架形成画内物体相对运动或静止的趋势。电视画面通过被摄物在画面中迅速地出画入画来加强动感,利用框架与活动物体之间的动静对比和位置变化来强化动感。

由于框架结构的存在,电视画面框架与画内被摄景物具有明显的、多样的、微妙的对应关系,并随着两者对应关系的变化而不断地满足着人的心理需求。

5.1.3 平面造型

平面造型是立体造型的基础,可以说,平面造型是形态造型的基本。无论是抽象还是具体形态都可以用点、线、面、体来表达，它们是平面造型的基本元素，也就是平面造型所研究的内容。

1. 点

平面设计的造型中点必须有形态、大小、位置等视觉特征。点越小，点的感觉越强。多个点单向接近具有线化的感觉；多点靠拢具有面化的感觉；线的交叉，其交叉点上具有点的感觉。

2. 线

视觉造型中的线有长度、粗细、方向等特征。包括直线、曲线、平行线、交叉线、闭合线、抛物线、虚线、渐弱和渐强的光线、密集排列的面化的线。

3. 面

面是被填充的轮廓形式，相对形态大于点。连续密集的线形成虚化面，涂黑的线形成实心面。面的造型丰富，有直角面、曲形面、自由形面等。

4. 数据造型

数据造型是以数学、推理思维为原理的造型方法，是一种逻辑性的形态造型，体现出强烈节奏的秩序美。

1) 形的分割

(1) 等形分割。连续分割后的各单元形态完全相同。

(2) 等量分割。分割后两个相等形不一定相等。

(3) 等比分割。以 0.618 的黄金比进行分割后的形。

2) 形的排列

(1) 数列排列。以等差、等比、调和等数列比例进行的排列。

(2) 网格排列。以各种网格构造成骨骼进行的排列。

3) 形的组合

组合是以上述逻辑性的分割、排列原理为基础，对多个单元进行各种组合变化。

组合有重叠、渐变、聚散、变异、对称、正负。

上面所说的数据造型就是最简单的物体摆放了，总结来说就是分和拆。

5. 情态造型

所谓情态就是靠人的感觉、知觉形态造型的方法，是客观现象累积回放出来的对形态的一种感觉。

(1) 立体感。立体感是还原真实感的一种有效表达，是在平面空间里虚拟三维空间的一种方法。

(2) 错觉感。错觉是生理性的视错觉感。错觉感是一个比较难掌握的情态，不是在于难懂，而是在于运用上面，简单的错觉具有像正立和倒立而形成的不同图案，图中有图、空间错位。

(3) 动态感。动态感具有视觉冲击力,其图像意味着与现代快节奏的时尚文化不谋而合。线条的远近和图形的错位就可以简单地表现出动态感。

(4) 光效感。光效给人炫目、迷惑、释放的感觉,它可以让人心情在短时间内愉悦,也可以在瞬间郁闷起来,是一种奇妙的心理感觉。

(5) 透明感。透明是用透明与半透明材料或通过影像技术带来的朦胧感觉,透明像面纱一样神秘,也是最常用的平面处理风格之一。

5.1.4 电视画面的组成

电视画面的组成可以分解为几种要素:主体、陪体、前景、后景、环境等。构图处理取决于画面主体的表现,以及主体与陪体等的相互关系处理是否得当。围绕着突出主体进行创造性地选择、配置,从而使得画面主次分明、层次清晰,形成严谨而又流畅、优美而又经典的画面语言。

实际拍摄中应善于调动陪体、前景、后景、背景、环境等因素,围绕主体在二维空间的电视画面中表现出三维空间的现实生活。这就要求能够对主体、陪体等做出艺术的安排和处理,积累一些构图表现上的布局技巧,将自然界和生活中变化着的具有三维空间的物像在屏幕上呈现出最佳的结构关系。因此,下面将对画面的结构分而析之,对主体、陪体等逐一加以阐述。

1. 主体

主体即电视画面中所要表现的主要对象。画面主体既是反映内容与主题的主要载体,也是画面构图的结构中心。一个没有主题立意的电视画面,或那些主题立意含混不清的画面,只能让观众迷惑不解。因此,要明确画面的主体,并通过构图设计和构图配置处理好主体与陪体等的相互关系,既能很好地反映主题,又能在结构上分清主次、合理构图。

电视是通过画面形象来进行创作的,而这些形象又来源于广阔而繁复的现实生活。作为画面的视觉重点,主体具有极大的包容性,它可以是某一个被摄对象,也可能是一组被摄对象;主体可能是人,也可以是物。例如,拍摄一个会场时,如镜头推至某一位领导的中景画面,那么他就是画面的主体;若镜头表现的是主席台上众位领导的大全景画面,则众多领导人物构成了画面的主体。

主体一方面在内容上占有统帅的地位,另一方面也在构图形式上起到了主导作用。这两者之间是相互制约、相互影响的。主体不明确,主题思想的表现也就无从谈起;主体处理得不成功,主题思想的表达也要受到影响。在实际拍摄过程中,拍摄内容和表现主题不同,构思立意和创作意图不同,对主体选择和安排也自然有所差异。利用一切摄影造型的表现手段和艺术技巧使主体得以突出,给观众以鲜明深刻的视觉印象和审美感受,从而更好地传达主题思想和创作意图。因此,无论是拍摄新闻、纪录片、电视剧、音乐电视,画面主体总是拍摄者取景、构图、调焦、曝光的主要对象和主要依据。构图时首先考虑主体在画面中的位置安排和大小比例,然后再决定安排其余的视觉形象——如陪体、环境、空白等的形象大小、数量多少和位置所在。通常将画面主体的表现方法分为以下两种。

(1) 直接表现法。直接表现主体即运用一切可能因素,在画面中给主体以最大的面积、最佳的照明、最醒目的位置,将主体以引人注目、一目了然的结构形式直接突出呈现在观众面前。例如,构图时将主体处理成中景、近景、特写等景别,或是采用跟镜头的方式始终将主体摆在画面的结构中心,或是把主体安排在光线最佳的照明区。

(2) 间接突出法。间接突出主体一般以远景表现主体,主体在画面中面积并不大,侧重于通过环境的烘托和气氛的渲染来间接地映衬和强调主体。例如,表现交通警察在繁闹的都市指挥交通的内容,就可以处理成远景画面,在川流不息的车流中,一个挺直的身躯在有条不紊地打着手势,引导车辆行驶,这时对主体的表现并不注重近距离观察音容笑貌,而是通过画面主体的工作环境和动作姿态来表现主体。

在电视画面中,一个镜头可以始终表现某一个具体的主体,也可以通过焦点虚实的转换,镜头的推、拉、摇、移,人物的调度等手法,不断变换画面的主体形象。此外,在一个镜头中,通过运动摄影等手段,可对同一主体使用直接、间接两种表现方法。

2. 陪体

陪体是指与画面主体有紧密联系,在画面中与主体构成特定关系或辅助主体表现主题思想的对象。陪体是相对于主体而言的,它也是画面的组成成分和构图的重要对象,陪体在画面中的出现,目的是要陪衬、烘托、突出、解释、说明主体。

在电视画面中,人与人之间、人与物之间、物与物之间都存在主体与陪体的关系。例如,拍摄银行职员点钞的内容,银行职员就是画面的主体,而被清点的钞票就是陪体。如果镜头中始终不出现钞票,观众就难以了解主体在干些什么。要拍摄飞机起飞的内容,那么缓缓加速、提升、腾空而起的飞机就是画面的主体,而长长的跑道就是陪体。在拍摄现场进行构图处理时,不仅要把主要精力用在画面主体的艺术表现上,还必须根据主体的情况,选择陪体的内容进行取舍和布局。陪体在画面中能够起到以下一些作用。

(1) 对主体起到补充说明的作用,帮助主体说明画面内涵。例如新闻事件现场的地域标记、季节特征等,可以帮助主体使得报道内容表现得更加完整和真实。

(2) 陪体可以渲染、烘托画面的主体形象,发挥其"陪衬"的作用,使主体的表现更为鲜明充分。例如通过光影、色彩手段来渲染主体所处环境的氛围等。

(3) 陪体对构图的均衡和画面的美化也有重要的作用。例如通过陪体的画面配置丰富影调层次、均衡色彩构图、加强画面的纵深感和空间感、活跃画面、增强艺术表现力等。

照片是瞬间成像的固定画面,一张照片的主体和陪体一般必须同时出现,否则就会无意义。而作为活动的连续画面,电视画面的主体和陪体可以同时出现,也可以不同时出现,在场面调度中还可以颠倒主体、陪体的关系,以适应内容表达的需要。

(1) 主体和陪体在画面中同时出现。这种情况下,主体和陪体同处于一个画面之中,共同完成传递信息、表达内容、反映主题的任务。但是,画面构图中作陪体处理的对象,就应处于与主体相应的次要位置,使其既能与主体构成呼应关系,又不至于分散观众的视觉注意力,更切忌喧宾夺主。

(2) 主体和陪体不同时出现。这在电视画面中是经常出现的,它可以具体划分为主体先出现和陪体先出现两种不同情况。

① 主体先于陪体出现在画面上。此时,主体首先呈现在观众眼前,虽然陪体不在画面之中,但可以根据主体的呼应情况得到假想和推测。例如,画面中首先出现的是神情庄重、

行军礼的军人,他们注目上方,仪容整肃,然后,镜头缓缓向上摇起,画面中出现了正在升起的五星红旗。这样的镜头,主体(军人)先于陪体(国旗)出现,不但立意非常明确,而且镜头运动与内容和情绪上的昂扬肃穆十分吻合。

② 陪体先于主体出现在画面上。陪体先在画面上出现,而不见主体,这是电影、电视镜头的特有现象。在连续的、运动的电视画面中,完全可以根据内容表达和创作意图的需要,用变化的、连续的画面语言来艺术地表现主体和陪体。当陪体先呈现于画面之中,它相当于该画面中暂时的主体,但是,随着镜头的运动和内容的转化,与其具有情节呼应关系的真正主体崭露头角的时候,主体、陪体关系也就在画面语言中得以诠释,原先的陪体便会在变化了的构图关系中显现出陪体的性质和作用。

例如,镜头中首先出现的是道路旁边夹道欢迎的人群,他们手捧花束,兴高采烈地注视着画面的右侧,即画框以外尚未出现的主体。然后,镜头渐渐拉开,只见国家领导人的车正缓缓向左驶来,他频频向欢迎的群众挥手致意。在这个镜头中,一开始在画面中出现的人群是主体,但当领导人出现之后,人群就成了画面中的陪体,起到了陪体的作用。

陪体在构图处理时虽然有种种不同的方式和技巧,但是一定要把握分寸,不能使其超过了主体形象而反客为主。陪体始终应当与主体紧密地配合,达到突出主体的目的。

3. 前景

在电视画面中,位于主体之前,或是靠近镜头位置的人物、景物,统称为前景。前景有时可能是陪体,但在大多数情况下是环境的组成部分。

(1) 前景可以帮助主体直接表达主题、交代内容。画面的前景非常引人注意,往往起到先声夺人的效果。例如,拍摄街边的一位老人摆桌设案,利用晚年的闲暇代人书写家信的内容。倘若画面中只出现这位戴着老花镜、端坐于木桌之后的老者(主体),观众就很难理解他的意欲,说不准还会误认为是个算命老先生。但是,如果在取景和构图时,将那块写有"代写书信,不取分文"的告示牌安置在画面的前景位置上,就能让观众一目了然地看懂画面内容。

(2) 前景可以表现时间概念、季节特征,有助于表现拍摄现场的气氛。例如,用花朵、柳絮、枫叶、冰柱等做画面的前景,可以给观众以鲜明的季节印象。

(3) 前景有助于强化画面的纵深感和空间感。虽然电视画面是一个二维平面,但是由于人眼观察景物具有近大远小的透视特性,因此在构图过程中有意识地选择一些前景,能够在画面中模拟和表现出三维立体空间的透视感和距离感,给观众以生活的真实感。

(4) 前景可以用来均衡构图和美化画面。例如在拍摄街市外景时,可以用路边的围栏、广告牌、路灯等做前景,以保证画面具有均衡的视觉效果。

(5) 前景还可以用来与主体形成某种蕴含特定意味的对应关系,以加强画面效果。例如,画面的前景中是写有"请勿随地乱扔垃圾"字样的垃圾桶,不远处却有些年轻人(主体)在嗑瓜子和乱吐瓜子壳;前景是满地丰收的玉米棒子,画面的主体是正坐在小凳上满面笑容地搓着玉米的老农民。

(6) 在运动拍摄中,前景能增强节奏感和韵律感。例如,当电视摄影师在行进的汽车上拍摄城市林立的建筑时,选择那些路灯作为前景从画框中一一划过,能够给观众的视觉带来一种音符般的节律感。

前景在画面中的安排,根据画面内容和构图的需要,可以将前景安置在画面框架的上下

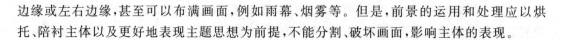

边缘或左右边缘,甚至可以布满画面,例如雨幕、烟雾等。但是,前景的运用和处理应以烘托、陪衬主体以及更好地表现主题思想为前提,不能分割、破坏画面,影响主体的表现。

4. 后景

后景与前景相对应,是指那些位于主体之后的人物或景物。一般来说,在电视画面中的后景多为环境的组成部分,或是构成生活氛围的实物对象。

后景在画面中也有着不容忽视的地位和作用。从内容上说,后景可以表明主体所处的环境、位置及现场氛围,并帮助主体揭示画面的内容和主题。从结构形式上说,它可以使画面产生多层景物的造型效果和透视感,增强画面的空间纵深感。

由于后景处于主体之后,对形成画面的"图-底关系"能产生很大的影响,所以当选择和处理后景时,应注意以下几点要求。

(1) 后景的影调、色调应与主体形成一定的对比,应尽量避免主体与后景的影调、色调相近或雷同,使得观众收视时难以一目了然地辨清主体形象。

(2) 主体的后景应坚持减法原则,要利用各种技术手段和艺术手段简化背景,力求后景的线形简洁、明快,以尽可能简洁的背景衬托主体;否则,画面就会景物繁复,层次混乱,破坏了主体的表现和主要内容的传达。

(3) 后景的清晰度和趣味性不应超过画面主体,如果后景的色明度、趣味性、线形结构等影响和干扰了主体形象的线形结构而又难以避开,就应该利用景深手段使其虚化残缺不全,以削弱其在观众眼中的视觉印象,将观众的注意力引导到主体上来。

5. 环境

环境是指画面主体对象周围的人物、景物和空间。环境包括前景、后景及背景,是组成画面的重要因素之一。

环境在画面中除了能够陪衬、突出主体,还能够起到以下一些作用:表明主体的活动地域、时代特征、季节特点、地方特色;刻画主要人物的性格以及表现特定的气氛;加强画面的空间感和纵深感等。例如,当拍摄农村生活场景时,可以选择瓜果棚架、花草、庄稼等作为前景,后景中拍进一些农家小院、田野等;拍摄都市风光时,可以利用街心喷泉、街边路灯、公共车站等作为前景,以高大楼群、人行天桥、大型电子广告牌等现代城市设施做后景。

背景是指画面中位于主体背后的景物。背景是环境的组成部分,它可以是山峦、大地、天空、建筑,也可以是一面墙壁、一块布幕或一扇窗户。背景能够表现人物和事件所处的时、空环境,造成一定的画面气氛、情调,并帮助主体阐释画面的内容。

背景可以理解为在画面中距离摄像机镜头最远的景或物,它与画面主体构成了"图"与"底"的关系。著名画家达·芬奇曾在画论中提到:"在亮的背景上见到的暗物体,显得比原来小;衬着颜色较暗的背景的亮物体,显得体形较大。"这形象、直观地说明了背景是影响主体表现的有机成分。构图时应注意主体与背景明暗、深浅、动静及虚实的关系,以便相互构成对比映衬,使得主体能在与背景的"图-底关系"中脱颖而出,给观众以鲜明深刻的视觉印象。例如,记者报道体育比赛的成绩时,可以用电子比分牌或比赛成绩翻牌做背景,这样可以令主持人或记者的报道开门见山、一目了然。再如,在取景和构图时,要注意暗(亮)主体选择亮(暗)背景,深色(浅色)主体选择浅色(深色)背景等,也是为了突出主体。

表现好画面的主体,要想取得满意的构图,很重要的一个环节是处理好环境因素,既要让环境发挥其补充说明、客观交代和阐释内容等作用,也要注意对进入画面的环境严加选择,那些与主体无关的杂乱景物一概要删除出画面;否则,环境因素所形成的"包围圈"就要吞没主体,最终妨碍所拍画面的内容与主题思想的表现。

5.2 取景与构图

5.2.1 取景

1. 镜头的分切

在电视摄像中,拍摄技术和艺术是很难截然分开的,分切镜头或说分镜头,既是技术的体现,又是艺术的体现。它的目的在于更好地反映现实生活,增强镜头的表现力,达到创作的目的。

最初的原始电影是没有分镜头的。1895年12月28日,在电影诞生的那一天,法国的路易·卢米埃尔第一次向世人展示他的电影时,一部电影只有一个全景镜头。之后在相对长的时间里,路易·卢米埃尔及同行所拍摄的异国风光、故事片段、滑稽表演、官场纪录等,也都是从头到尾一口气拍在一个镜头里,就是一个片子只有一个镜头。当然,这种电影是很短的。这样短的影片,只能说是技术的成功,还谈不上技术的成熟,更不好用艺术标准来衡量。电影鼻祖卢米埃尔和爱迪生早期的电影,每部只有一分钟左右。后来,具有创新精神的电影人,像格里菲斯、梅里爱在实践中才发现,可以把摄像机移近被摄体,把某些情节、人物拍成中、近景,以便让人看得更清楚,也可以把摄像机往后移,离被摄物体远些,拍出更宽广的场景。当时没有变焦镜头,只能靠改变摄像机和被摄体之间的距离来达到改变景别的目的。于是,原来只有一个镜头的电影片,便被分切成许多镜头。原来只有一个全景的电影,变为由许多个用不同视距拍成的远、全、中、近景等景别所组成的电影,这就大大提高了电影的表现力,单纯用于纪录片的原始电影,从此才进入了电影艺术的创作和发展阶段。

分切,就是将时间延续上的长镜头,分割为若干个景别不同的画面的技术和艺术处理过程。分切的意义不仅在于它打破了一个视距的束缚,使电影增加了景别,更重要的是打破了时间和空间的限制,使电影可以交替地表现同一时间内不同空间的几条线索的发展以及同一空间内的两条线索的发展,从而形成了电影自己特有的表现手法。

由此可见,分切镜头使电影从只能表现同一时间和同一空间的束缚下解放出来,变成能自由地表现一切的艺术。

电视从其他艺术中借鉴了可用的思维和方法,分切镜头、划分景别就是其中的内容,并且把它高频率地运用到创作中。电视拍摄者在每一次摄影创作之前,都在进行镜头的分切构思,甚至写好分镜头稿本。

分镜头不仅仅是电影和电视工作者表达思想的艺术构思形式,实际上也是人们观察社会的思维方式和生活中的视觉行为在电影、电视中的反映。例如某人在人行道上散步,偶然见到马路的转弯处聚集了许多人,他便下意识地扫视一下周围的环境(大全景);接着,他想看个究竟,向前走去(全景);当走到人群中后,他看到人们的神情有点惊讶(中、近景),再把视线投到地面,哟!一位中年妇女躺在地上,头下面是血(近景、特写);之后,转移视线,旁边是汽车的轮子,呀!汽车压死了人;再看看车,原来是四路公共汽车(中景),怀着沉痛的心情,他离开了围观的人群,但不时将目光聚焦在那儿——一辆120急救车驶来(全景)……

一个人几乎每天都要做多次分镜头,早晨从睡梦中醒来,张开眼睛看东西,便开始分镜头。一般都是先仔细看看时钟,几点了?然后看看衣服,今天穿哪一件?再看看自己的包,想想该拿的东西拿全了没有?等等,而不会目不转睛地只盯在某一点上,只用一个景别长时间地观看他眼前的事物,总是看了全景便要看全景中的某个部分。人们在生活中的"分镜头"天天、时时都在发生,只是没有意识到而已。

由此看来,电影、电视中的分镜头,是生活的再现。

2. 景别的划分

景别是拍摄画面呈现出来的景物范围的大小,不同的景别范围表现出不同的画面内容,反映出拍摄意图和创作艺术,引起观众的不同感受和心理反应。

景别的区分是以镜头所包容的面积大小和被摄景物在画面上所占的大小作为划分的标准。景别的划分标准,通常有以下几种。

1) 远景

远景是景别中视距最远、表现空间范围最大的一种景别。它是从离被摄对象远处拍摄,表现的范围相当广阔,场面十分宏大,通常用来表现自然景观,交代事件发生的地域及四周的环境,侧重于整体气势。

远景适合于表现较为开阔的场面和环境空间,视野相对小一些;而大远景则侧重于表现更为辽阔、深远的背景和一望无际的自然景观,视野更为开阔。

不论远景或是大远景的画面,它都没有具体的拍摄目标,没有明显的主体,而主要以大自然为表现对象。远景总是以自然的气势取胜,表现地理特征、地理位置、环境气氛。

2) 全景

全景表现的是事物的整体全貌,画面内具有明显的内容中心和结构主体,有具体的拍摄目标,重视画面内的主体形象的完整和视觉的中心地位,让观众一看到画面就知道所反映的主体,从而理解所表达的主题。

全景只表现事物或人物的整体面貌,一般不包括它周围的环境。大全景镜头也称环境镜头,它表现的是被摄景物的全貌以及它所处的环境。大全景画面主要考虑环境与主体的某种联系,注意主体特征、轮廓线条、主体与周围环境的呼应关系,以达到内容上的丰富和结构上的完整。由于大全景画面把被摄人物和物体的全貌完整地表现出来,同时又拍摄了较大的空间环境画面,因而能使观众对画面中人物或物体所处的环境有所认识,造成一个系统的、完整的印象。

3) 中景

中景是表现某一人物、物体或其他拍摄对象局部的画面,画面摄取的是人物、物体或其他对象富有表现力的情节和动作性强的那个部分,画面中出现的主体约占人物或物体的2/3。与全景比较,中景与被摄景物的距离较近,画面不可能取其全貌,只能选择人物或物体的主要部分,而将次要部分淡化或者省略。因此,中景常常把表现动作情节当作构图的主要目标,大量用来拍摄人物、动物、交通工具、其他物体的运动。即使是静的东西,也总是拍摄该对象最有趣味、最吸引人注意的部分。由于画面的绝大部分面积给了主体,因此,在中景中,环境自然降到次要的位置,甚至可有可无。

4) 近景

在电视画面中,近景主要是表现人物的情绪、神情、幅度不大的动作或物体细腻的质感。

近景表现的是人物腰部以上部分。与中景相比,近景画面所包含的空间范围进一步缩小,组成画面的环境、空白等构成元素被主体挤出画面。

近景有助于缩短观众与被摄主体之间的心理距离,使观众详尽地观看和仔细的分析,更好地理解画面传递的信息、作者的创作意图以及画面所表达的深层含义。

5) 特写

特写镜头是用整幅画面突出表现对象的某一局部、某一重要部位、某一要提请观众注意的地方,诸如时间、地点、数字、装置等,从细微处揭示对象的内部特征。揭示人物心理的话,绝大多数情况下是脸部的表情,可以通过眼、嘴、唇、手、脚的微小变化和特征来表现。

用特写拍摄的内容本身就具有一种强调和突出的意味。一般来说,凡是用特写来表现的事物,能够揭示一些事物的奥妙、内心的活动和内在的动感,往往用来交代问题的关键或内容的核心。特写给观众的视觉冲击是最为强烈的,观众看到特写很容易自然而然地去探求和思索它的用意,容易激发联想和思考,产生其他景别无法达到的预期效果。

表现人物感情的特写镜头,能把人物心灵深处的思想感情揭示出来,富有寓意性和抒情性,使人感到许多话语不能表达的深层次含义。许多电视节目在需要强调的地方,都用特写镜头加以提醒。

各种景别都有自己的表现力,各有所长,各有所短,不能互相替代。只有理解景别的划分和它的表现力,才能在拍摄过程中灵活运用景别。

5.2.2 构图

1. 何谓构图

构图原本是绘画艺术中使用的名词,用到摄影中也是合适的、贴切的。电视从其他艺术门类中汲取了丰富的营养成分,其中就有构图。

如果说绘画构图是加法的话,作画者不断地往空白纸上增添新的内容,包括增添绘画人物、物体和色彩笔画,那么,摄影构图就是减法。从这个意义上说,摄影构图是一个选择的过程,摄影艺术是选择的艺术。

构图实际上指的是摄影画面的形式构建,其主要内容就是如何将线条、光线、色调、影调等基本元素,组织安排在一个有框架的平面上,建立起一个可供观看的整体,这是对摄影构图的传统理解。

如果我们深入地认识一下构图,会发现构图其实处处体现"选择",选择主题、选择主体、选择光线、选择拍摄时机。它包括五个过程:认识过程、思维过程、组织过程、反映过程、体验过程。

构图是一个认识过程,首先要了解清楚你面前的人或事;构图是一个思维过程,它从自然存在的混乱事物中找到秩序,找出规律,找出同一性;构图是一个组织过程,它把大量的、散乱的构图要素组织成一个可以理解的整齐的、漂亮的整体。构图是对这些要素的反映过程,也是想方设法表现这些要素的过程,构图是在一幅画面里,把光线(形状)、线条、色调、影调比较充分地表现出来;构图是一个感受过程和结果,目的是向人们传递摄影家已经体会到的感觉,传递作者的感情,把你最有心得体会的东西告诉受众,例如,兴奋、欣赏、崇敬、喜欢、同情、冷淡、畏惧、仇恨等,因此,它又是一个体验过程。

美国摄影家本·克莱门茨和大卫·罗森菲德在《摄影构图学势》一书中,有一段精辟的论述:"通过构图,摄影家(作者记者)澄清了(整理了)他要表达的信息、感受,把观众的注意力引向他发现的最重要、最有趣的东西。"这是对构图最明确、最清晰、最简明、最概括的解释,它具有高度的理论意义。

简言之,构图就是为摄影所表现的内容寻找理想形式的过程,是作者对视觉要素的认识能力、组织能力和表现能力的综合体现,是将要表达的感情和表现的景物突出出来并限制在二维的空间里。

2. 构图的视觉元素

画面是摄影器具拍摄的,拍摄是有目的的,目的是通过构图(截取、选择、抛弃等元素)来实现的。

构图是用不同的元素组成的,以下是构成画面最基本的元素。

艺术形式,从一个角度看,是一种以感性直觉为基础的构成形态。摄影者构建画面形象时,重要的基础是他对线条、光线(形状)、影调、色彩(色调)等直观形式元素的感性把握,它们是构成画面的最基本、最重要的形式元素。

摄影构图的任务,就是提炼光线(形状、造型)、线条、影调、色彩(色调)。

1) 光线(形状、造型)

光线在电视画面造型过程中起着决定性的作用,对于电视摄影的重要性如同眼睛对于人的重要性一样,没有光线就构不成电视画面,这是不言而喻的。光线在技术上、造型上有着其他造型元素不可替代的作用,光线提供景物的亮度和反差范围,揭示被摄对象的形态和形状,造成物体的体积、轮廓、大小和比例的立体幻觉,突出、淡化以至隐没被摄对象的某些特点。没有光就不能获得影调,也就不能形成摄影艺术形象。摄影艺术是用光作画,有人比喻说,光线对于摄影者来说,就像画家手中的笔、雕刻家手中的刀、音乐家手中的乐器一样。

任何形状,都与光线的投射方向、强弱、光谱成分有关,因此可以说,光线和形状通常是密不可分的。

形状是视觉所能把握的物体的基本特征之一,是人的视觉、知觉与客观物体之间的最活跃的中介。

随着光线变化,景物的线条和明暗面也变化,光的色温也变化。同一景物,同一拍摄地点,同一构图,光线不同构图效果也不同。因此,光线的选择是电视摄影的关键。

2) 线条

线条是客观事物存在的一种外在形式,它制约着物体的表面形状。在平面造型艺术中,线条是最基本的造型要素。这是因为凡是事物,都可以找到不同的线条。例如方形的桌子、长方形的柜子,它们都有棱、有角、有面的分界线;圆的球、圆的柱子,它们都有弧形的线条;

树木有垂直线,河岸有曲线等。人们在长期的生活中对各种物体的外在线条有了深刻的印象和经验,所以,通过一定的线条组合,就能联想到某种物体,这就是为什么某些铅笔画、钢笔画只需要勾出寥寥几笔线条,人们就能认出它们是什么物体的形状,道理就在这里。

线条具有丰富的视觉表现能力,线条能够勾勒轮廓(剪人影、画形状),表现动作,模拟情绪的起伏,产生视觉的节奏和韵律。

(1) 线条具有指向性。线条作为一种重要的视觉语汇,作为一种象征物融入了人类的文化积淀,形成了一致的感受。水平线给人平静、安宁、静穆宽广的感觉;垂直线给人崇高、庄严、正直、向上的力量;斜线蕴藏着动感;S形线条活泼流动;折线和锯齿形的线条具有警示的内涵。这些线条的典型变化,体现在画面上,人就能识别和感受对象的运动。因此,线条是物体的骨架,线条结构好了,画面的基本骨架也就搭配起来了。

(2) 线条具有框架画框的撷取性。摄影者对生活中线条的撷取、提炼、抽象都只有同框架产生一定的对应关系时,才能被确定为摄影画面的形式元素。画框中的线条不完全等同于生活中的线条。一条弯弯曲曲的小河,如果框架中只截取其中的一段,便可以是一条直线。

铁路给人的印象是直直的,但如果从高空看沪宁铁路,不免也有曲线。航拍河流及其支脉,与用显微镜拍摄人的血脉,两者在画框中的线形结构竟然惊人的相似。

不同的线条给人以不同的视觉形象,如浓线重,淡线轻;直线刚,曲线柔;粗线强,细线弱;实线静,虚线动等。绘画理论对线条的表现力也有拟人的描述:水平线表现平稳,垂直线表现崇高,曲线表现优美,斜线富有动感等。因此说线条是具有性格的,可以作为摄影艺术的抒情手段。掌握和正确运用线条的个性有助于准确表达摄制者的创作意图。

摄影画面形象的再现也主要在于对事物富有特征的线条的再现和勾勒。

线条的提炼和运用,一定要有利于主题的表达,不要脱离内容,单纯追求线条效果。

3) 影调

影调是指画面的明暗对比、虚实差别。影调可以说是光的空间存在形式。

影调包括两个方面的含义:一方面指画面的明暗层次,例如一个物体的明暗差别大小和丰富程度;另一方面是指画面的基本调子,即基调,是指哪一种基调占画面的统治地位。

自然界的景物,在光线的作用下呈现出不同的敏感对比,表现为景物的影调。因此,影调是构成景物的最基本因素。影响影调的因素有三种:一是景物本身的层次,它是决定影调的基础;二是空间距离的远近,从空间透视效果看,近处明暗反差大,远处明暗反差小,近处较暗,远处较亮;三是光源的投射方向,顺光影调软,逆光影调硬,侧光影调为适中。

对于被摄景物来说,为了得到层次丰富的图像,图像影调应显示出的明暗等级越多越好。亮的主体衬以暗的背景,反之暗的主体衬以亮的背景;主体和背景都较明或较暗时,可以利用照明手段,勾画出中心对象的轮廓,使之与背景分开。主体与背景的明暗应力求有对比,即亮对暗或暗对亮,这样才能达到突出主体的目的。

影调除了在一幅画面中有研究的必要外,还有必要研究一部影片中的调。它也是表达一部影片的主题思想的手段,影调的明暗应根据被摄对象的特征来确定画面的基调。例如拍摄炼钢厂、煤矿、重型机械厂等,这些环境都是深色调的,劳动也粗犷有力,气魄较大,以深色调为主,合乎生活的真实。相反,如拍摄幼儿园、医院、实验室等景物,用洁白明朗的调子一般是适宜的。如果把医院拍得黑洞洞的像煤矿一样,人们会感到不舒服。拍摄不同职业的人物,也有类似的基调选择问题。如拍钢铁、煤矿工人,用低调可显示力量,也符合人物的职业特征;拍护士、儿童,用高调明朗、娴静,合乎人物特点。另外,还要根据不同性格特征及情绪气氛来确定画面的基调,如深沉、苍劲、忧郁、沉重的人物情绪,用低调适宜。

电视画面基调不是指一幅电视画面,主要是对整体而言的。一幅电视画面,有它的影调,当确定某一具体电视画面的影调时,必须考虑到它与前后画面影调的衔接。所以电视画面的基调是通过不同场面的影调给人以总体印象,而不能把它看成是一切场面、一切镜头的基本调子。例如为了烘托悲剧气氛,电视画面的基调应该是阴暗的;相反为了烘托喜剧气氛,电视画面的基调应该是明朗的,等等,这些当然是对整个情节发展而言的,不是指每个电视画面都是如此。

4)色彩

色从光来,又随光变,这是色彩的传播规律。

色彩是摄影画面结构的另一重要元素。在画面中,线条、光线(形状)的造型力量是大于色彩的,但在表现情绪方面,色彩却有力得多。线条、光线构成画面的框架,准确、可靠地再现物体形象,线和形的结合能够产生大量的不同的构图样式,而色彩作用给人的情感却快捷而富有冲击力,视觉刺激是最鲜明的。光作用于人的视觉,才使人感觉到物体的颜色。因为人的视觉神经对色彩的反应是最为敏感迅速的,因而比起被摄对象的外部轮廓与形状,色彩的表现力更强,也最鲜明。

光源中色彩的成分不同,对物体颜色有很大影响。同是红花绿叶,在不同的光线照射下,呈现出不同的色彩。日光、灯光和月光分别照在同一物体上,会产生不同的颜色。严格地说,物体没有固定不变的颜色,只有某种固定吸收和反射光谱射线的特征。在彩色电视摄影中,应该对色彩引起足够的重视。

在彩色摄影中,除了必须注意黑白摄影中的取景规律外,还要研究色彩的构图问题。色彩的构图问题包括色调的冷暖,亮度的明暗,色彩的变化、对比、和谐、渐变以及画面上的色块分布等问题。

在现实生活中,呈现在我们眼前的许多景象是具有丰富多彩的色调关系的,而且这些丰富的色调之间又有着互为联系、互相制约的多样性和统一性的关系。多样性的对比,即为色彩反差;多样性的统一,即为色彩和谐。

色彩反差和色彩和谐,实际上是一个问题的两个方面。在处理色彩的反差关系时,必须考虑到色彩的和谐;在色彩和谐的前提下,又要充分考虑色彩的多样性。换言之,色彩的反差就是色彩的对立,色彩的和谐就是色调的统一。在色彩的对立中求得统一,就是色彩的和谐。

3. 主体

主体在电视摄影中非常重要,它是画面主题思想的表达者;主体突出在画面中尤为重要。

1)用陪体衬托主体

在所有的图片或电影、电视画面上,运用最多的结构元素是主体和陪体。因此,处理好主体与陪体的关系,并用陪体衬托主体,是构图经常遇到的问题。通常来讲,给主体以较大画幅,陪体的画幅则小一些;给主体完整形象,而给陪体以部分形象;给主体以正面,而给陪体以侧面或背面。观众的视觉总是首先注意与自己相对(相向)的画面上的景物。

2) 给主体近景、特写

电视节目是由一系列画面组成的,这给作者以较大的创作自由。拍摄时,可以用几个不同景别的画面表达作者的意图。假如要用几个镜头表现主体,其中给主体的景别以近景或特写,是突出主体的又一方法。

3) 用变焦距镜头,把推摄镜头的落幅画面落到主体上

运动拍摄是电视、电影摄影的特长。在电视、电影摄影中,有推、拉、摇、跟、移的技法。推摄镜头的起幅画面的景别,必然大于落幅画面的景别;景别变小,画面中的景物必然变大;把推摄镜头的落幅画面(小景别)落到主体上,排除了画面上原来的其他成分,主体就自然突出。

4) 用摇镜头,把摇镜头的落幅画面落到主体上

在电视摄影实践中,在摇镜头的起幅画面上,虽然暂时没有拍摄人要表现的主体,但随着摇镜头的过渡,主体慢慢进入画面,随着摇镜头慢慢停止下来,主体便被锁定在落幅画面上,假如再稍作延长,主体定然突出。

5) 把主体的运动尽量表现充分

观众对眼前景物的观察是有选择的,首先进入视觉的是活动的东西,活动的幅度越大,越容易刺激和吸引观众的眼球。根据这一规律,要想突出主体,就应该选择主体活动最显著的时候拍摄,让活动的主体先占领观众的视野。

6) 表现主体(人物形象)的特征气质

假如画面的主体是人物形象,要突出这个人物,除了上述种种方法外,注意抓取人物的外貌特征或内在气质,也是一种补充的手段。例如他与众不同的衣着打扮,形象姿态;或者用镜头和话筒同时录取他特有的言谈举止、声音特色,以此给观众留下比较深刻的印象。

4. 陪体

陪体是画面上与主体构成一定情节,帮助表述主体的特征和内涵的对象。

在电视画面中,除主体外,陪体是运用最多的结构元素。它在画面中通常起着三个作用。

首先,从构图角度看,陪体可以起到均衡轻重、美化画面的作用。可以在画幅大小、数量多少、色彩艳淡、影调明暗、运动幅度等方面进行对比,在对比和主体形成差别,从而突出主体。例如在红色的建筑物旁边点缀一些翠竹,这幅画面立刻在色彩、画幅比例等方面显得和谐优美。

其次,从表现内容看,陪体可以帮助主体阐发主题,帮助观众理解主体的特征、神情动作和内在含义等。例如,电视画面是表现跳高运动员,那么横杆就是陪体,而且是不可缺少的陪体。缺少横杆就会使人产生猜疑,甚至出现错误的判断。

再次,从营造气氛看,陪体可以渲染环境,烘托气氛。例如一位戏剧演员在舞台上演出,演员就是主体,观众就是陪体。假如画面仅有演员在舞台上开腔放声,手舞足蹈,而缺少了陪体——观众,演员这个主体的形象就不那么突出,不那么典型。但如果观众座无虚席、鸦雀无声,此时,不仅表现出演员演艺的高超,同时表现出剧场秩序良好的环境氛围。

画面上有陪体可以使视觉语言更准确生动。陪体的位置以对主体起陪衬烘托作用为原

则,不能喧宾夺主,不能削弱主体。陪体在形态、色调等方面要和主体协调,神情动作要与主体配合,线条的朝向要与主体呼应。总之,陪体应与主体紧密配合,凡是妨碍突出主体的现象都是陪体要避免的。

陪体的处理也有直接和间接之分。直接处理即陪体直接出现在画面上,但是为了突出主体,陪体在画面上常常是不完整的,只需留下能够说明问题的那一部分就够了。陪体全然出现往往会削弱主体。间接处理即陪体不直接出现在画面上,画面上只出现陪体媒介物的间接陪体。由于存在间接陪体,所以陪体虽然没有直接出现在画面上,却一定会出现在人们的想象中,陪体媒介引导人们的想象思路达到作者所希望达到的目的。所以陪体的间接处理重要之点在于巧妙地安排好引导想象的媒介。

陪体的间接处理是构图的一种艺术手法,可丰富和扩大画面的生活容量,诱导观众的想象,加深画面的意境。电视摄影有时需要含蓄的手法代替一览无余的直露。这就要求电视拍摄者学会利用间接处理的手法,从而加强画面的表现力和感染力。

5.3 运动形式

电影画面是由画格组成的,电视画面则是由帧画面组成的。由于视觉暂留原理的作用,这些画格在运动中产生了活动影像。一个电视画面指的是从摄像机开机到关机,所拍摄到的在一段时间内连续的空间图像。因此从电视最直接的外在表现方式——画面中可以清楚地看到,电影的基本构成因素——画面是运动的产物。没有运动就没有电视画面;没有运动的画面就不能称其为电影或电视。

5.3.1 电视摄影构图中的运动因素

电视摄影构图所涉及的运动因素主要有以下两个方面。

(1) 电视摄影面对的拍摄对象是运动着的客观世界,取景器里看到的以及要记录的就是这个不断变化和运动着的世界万物。这些运动着的被拍摄对象有着自己的空间位置、运动方向、速度和节奏。它们被拍摄下来,在银幕或屏幕上放映,观众看到了被摄对象动作的再现,即银幕影像的运动。这可以称为电视画面的"内部运动"。从广义上来讲,"内部运动"包括电影或电视画框内一切运动的物体。但是,在电视摄影作品里,人往往是主要表现对象。因此,人的动作是决定影片动作再现的首要因素,也是构成"内部运动"的主要因素。在电视摄影中,对"内部运动"起影响作用的因素是电视摄影中的场面调度。场面调度包括人物调度和镜头调度,而直接影响"内部运动"的是人物调度。因为人物调度是场面调度的核心与支柱,它决定了给观众看什么。镜头调度则确定让观众从哪个角度来看。

(2) 由于被摄对象是运动的,因此对摄像机的要求不能是固定不变的。这就引出了电视摄影构图涉及的第二个运动因素,即"外部运动"。它指的是摄像机机位在拍摄一个画面或一个镜头的过程中,机位的变化和运动。我们知道摄像机拍摄的物体,是从摄影师的视点看到的,放映到银幕上就成了观众的视点所看到的了。它再现了现实生活中人们观察事物的角度和位置。生活中人们对某一件事情感兴趣,或为了看清楚某一事物,往往会来回走动,寻找最佳位置,这是生活中视点的自然移动。电视摄影为了模拟人们在现实生活中观察事物的自然状态,尽可能地丰富其视点,扩大视野的广度就要采取机器运动的方式拍摄。总之是在根据剧情的需要或被拍摄对象的具体情况,不断地变换机位,以追求最合适、最新奇的视点。机位的运动造成画面视点的多变性,是电视画面"外部运动"的一个重要特点。这种被称为运动摄影的形式,是电视摄影的重要造型手段,也是最能体现电视摄影中运动特点的摄影形式。

5.3.2 运动摄影的主要形式

这里所说的运动摄影是指摄像机在拍摄过程中的运动,是相对于固定摄影而言的。固定摄影是指拍摄过程中,机位始终处于固定不变的状态。运动摄影是画面的"外部运动",是通过改变机位和变换视点来获得特殊效果的一种独特的电视语言。

运动摄影的主要形式分为"推"镜头、"拉"镜头、"摇"镜头、"移"镜头、"跟"镜头、"升降"镜头等。摄像机用以上各种方式伴随被摄体的运动而运动。

随着技术的发展,出现了"变焦镜头"。变焦镜头在电视摄影中的应用,是模拟推拍和拉拍,其效果无疑也是视线在运动中的变化。它只改变视角大小,不改变从摄影点到被摄体间的距离。画面景别的逐渐缩小与扩大,相当于人在固定的位置上看某一物体,开始看它的全貌,而后渐渐集中视线看它的某一局部。镜头的起幅与落幅的视角不同,画面中景物的空间结构、景深范围也就不同,和人在现实中的感受差别较大。由于变焦距镜头拍摄的画面的景别变化是靠调节焦距长短来完成的,摄像机与被摄体间的实际距离不变,因此,变焦距镜头运动的感觉,更适合反映静态中的人受主观意识支配时视线的变化,不适合表现动态中人的主观视线。

另外,利用人们的错觉,也可以造成运动摄影的效果,如摄像机和被摄体不动,用移动背景的方法来造成移动摄影的效果。再如,运用长焦距镜头,拍摄远距离物体,被摄体与摄像机保持不变的距离进行推拍,也可以产生移动摄影的效果。

5.3.3 运动摄影的特点与效果

运动摄影的突出特点就是:一个镜头内,场景的更换、景别的变化不经外部的剪接,不靠被摄体本身的调度,主要由连续不断地运动着的画面来体现。因此,它所表达的时间的推移、空间的转换,完全与客观的时间和空间相吻合,增强了画面再现现实的逼真性。随着镜头的连续运动,画面中表现的主要对象与前后景物之间的关系也同时不间断地发生变化,它既增强了画面的动感,又加快了影片的速度和节奏。

运动拍摄可以产生不同的视觉效果。如摄像机缓慢运动拍摄,可以创造抒情、舒缓或沉闷、拖沓的节奏;摄像机快速运动拍摄,即便是拍摄静止的对象,也能造成强烈的节奏。若摄像机运动的方向与被摄体运动方向相反,节奏会更加强烈。

运动摄影总是以多场景、多景别、多视点、多构图的面貌出现。因此,它比一般的固定镜头长,包含的内容容量大,传递的信息多。它突破了画面固定的画幅界限,扩展了视野范围,增强了造型的运动感,丰富并确定了电视造型的独特语言,成为电视艺术的重要标志之一。

5.3.4 运动摄影对其他画面元素带来的影响

运动摄影为电影、电视带来独特的造型语言,也给传统的定点摄影的构图形式和造型元素带来了变化,并提出了新的要求。运动摄影首先改变的是画面的构图。构图的元素如景别、角度、光线、色彩等,都会因为机位的转移,在运动中不断变化。

摄像机对被摄物体的接近或远离,会改变一个画面过程的景别,这种景别的连贯变化,可以为表达不同的主观目的服务。例如,从全景推到近景的过程,就好比在生活中,一个人从远处看某一物体,为了看清它而向它靠近。这种连贯的景别变化,就比从全景直接切换到近景更自然、流畅,更符合人的视觉感受。机位的运动还可以改变视线的方向和角度。从仰拍变为俯拍,从一个方向转到另一个方向,以及围着被摄体做360°旋转拍摄。机位运动带来的视角变化往往可以使观众看到现实生活中难以看到的事物,甚至是在现实中不可能具有的视角和不可能看到的事物。

运动摄影还可以改变画面景物的透视关系,常用的透视方法有线条透视、空气透视、影调透视、色彩透视、焦点透视和运动透视等。就电影来说,只要摄像机在运动中拍摄,在一个连续的画面中,随着机位与被摄体距离的变化和角度、方向的变换,这些透视方法各自的透视关系都会随之发生变化。这里要着重强调的是运动透视,它是电视摄影所独有的。当摄像机固定,被摄体以同等速度做横向运动时,距离摄像机越近,使人感到运动速度越快;距离摄像机越远,感到运动速度越慢。当被摄体做纵深运动,由远而近时,物体在画面中所占的面积不仅会由小变大,而且速度也显得由慢变快。反之,当被摄体由近而远时,它在画面中所占的面积不仅会由大变小,而且速度也会显得由快变慢。

当摄像机匀速横向运动,被摄对象处于静止状态,离摄像机近的被摄物会出现与摄像机运动方向相反的运动。而且离摄像机越近,其运动速度越快,越远则越慢。最远处会出现与摄像机同方向的缓慢运动。若被摄对象本身是动体,摄像机伴随其运动,被摄体离摄像机越近,后景会向反方向移动得越快,影像会越感到模糊。反之,离摄像机越远,后景向反方向移动得越慢,影像会清晰起来,最远处的主体后景会与摄像机呈同一方向缓慢移动。这与生活中坐火车向窗外看时,所具有的视觉效果是一样的。当摄像机作纵深运动,被摄体处于静止状态,两侧景物会呈反方向运动,离摄像机越近者,其速度显得越快;若伴随动体做纵深方向的运动,动体是清晰的,两侧景物的透视变化与前面所说的相同。

运动摄影还使画面的构图形式产生变化。在静态构图时摄像机与被摄对象均处在相对固定的位置,一个镜头内的视觉元素和构图组合基本没有变化,保持一种构图形式。但是,当摄像机用运动的方式来拍摄时,画面的构图形式就会发生变化。这就是所谓的动态构图。此时摄像机或被摄对象处于不断运动状态,使视觉元素和画面构图组合产生连续或间断的变化。这种在一个连贯的画面中,构图不断变化,多种构图交替出现的形式,被称作多构图,它与动态构图往往并存。多构图的产生,在于摄像机与被摄对象的相互运动,这种运动可以改变景别、方向、角度,改变主体与前景、后景的关系,还可以改变景物在画面中的位置,使观众在一个连续的时间里,看到用不同的视点和视角所看到的东西。多构图可以不经外部的剪接,以内部的蒙太奇造型形式,在一个镜头内交代多种含义,传达多种信息,大大加强电视摄影的表现力。因此,在电视摄影中要有动态构图的观念,也就是要用运动的观念去构思画面中的人物、景物、线条、光线、色彩、景别等,并充分考虑它们的变化。

运动摄影,还会使造型的重要手段——光线和色彩在连续的画面里处在变化之中。在一个场景中,如果光线的方向、亮度、色调固定之后,随着摄像机的运动,物体的光照效果就会改变。例如,画面的起幅,景物是处于顺光状态,随着机位的运动,落幅就会逐渐成为侧光或逆光状态。机器从室外运动到室内,色调和影调也会随之发生变化。运动摄影造成的构图光线和色彩的变化,可以直接影响画面传递的信息和所表达的情绪,这不仅对拍摄提出了更高要求,也为艺术创作提供了新的可能。

在电视创作中,除了摄影本身具有不同的运动形态,场面调度、镜头剪接和蒙太奇的组合,都具有各自的运动形式,因不属本书论题之内,故不再论述。

通过以上分析,可以看出电视摄影的魅力就在于它可以表现被摄体的运动,并能在运动中表现被摄体。电视摄影中所体现的运动形式主要表现在两个层面。

一是"内部运动"形式,二是"外部运动"形式。"内部运动"是被拍摄对象在画面内的运动,是画面内容,它是靠画面内容自身的运动来吸引观众的视觉注意力的,是决定画面视觉运动效果的核心。而"外部运动"则是一种拍摄技巧,一种表现形式,它是为表现被摄对象服务的。由于被摄对象的多样性、变化性,就使运动摄影也有无穷的变化和多样性。画面的核心是画面内主体产生的意义,人们视觉关注更多的是画面的内部运动,尽管"外部运动"自身造成的画面动感具有很强的视觉吸引力,但它毕竟只是一种造型的手段。何时选择运动摄影,选择何种运动摄影方法,都应该取决于表现被摄对象的需要,取决于表达何种叙事风格的需要。

总之,电视摄影的运动形式是多方面的,既表现在内部,又表现在外部,它以真实运动的客观世界为依据,以模拟和再现它们为目的,并以记录连续时间中的空间景物,表现多维时空中的活动图像为特性。因此,作为时空艺术的表现形式,运动成为电视摄影的显著特征。

5.4 摄像的意识

5.4.1 镜头的调度意识

根据人物在场景中的位置安排,合理地处理摄像机的数量、位置、镜头所涵盖的画面范围、角度和运动方式等,形成不同角度的画面造型。

1. 镜头配置

(1) 使镜头成组。同一场景中要拍够三个以上的镜头素材才能满足"成组"的要求。

(2) 成组镜头必须由多机位、多角度拍摄的镜头构成。一般先拍一个全景,然后再选择其他的拍摄主体和拍摄角度来一一拍摄。

2. 机位分布

(1) 三角形布局。进行镜头调度时,摄像机的位置可以安排在这个三角形的三个顶端上,形成一个相互联系的三角形机位布局,这就是镜头调度的三角形原理。

(2) 拍摄一个场景时,至少要从两个摄像机视点来拍,而且必须在某一视点上拍下整个场面。

3. 注意的问题

(1) 电视摄像时应具有时序意识。镜头间时序意识:拍摄时要考虑到蒙太奇因素,还要考虑到构图、光影结构、色彩结构等方面在前后镜头间的蒙太奇搭配。

镜头内时序意识:拍摄时要懂得如何在一个镜头内渐次呈现事物的各个侧面,不仅能清晰地给观众再现客观现实,而且能给观众真实、可信的现场感。

(2) 电视摄像时应具有场面调度意识。轴线规律:机位布置在轴线的同一侧,才能获得各个镜头画面的方位感和方向感的一致性。

机位设置:选择在轴线一侧、底边与轴线平行的三角形的三个顶角上。

(3) 电视摄像时应具有声画关系意识。人物的语言节奏与语调,要与画面中人物的表情情绪和谐统一。

(4) 声音的现场感应与画面所表现环境一致。要制作出一部好的专题片需要很多的条件,例如好的选题、精彩的拍摄、感人的细节、准确的解说、优美的配音、流畅的剪辑等。

下面从拍摄的角度探讨一下如何为一部好的专题片获得素材。

(1) 注重真实。电视专题片要求"真实地再现真人真事",真实性是它的本质特性。在专题片的拍摄中,拍摄者应根据事先确定的主线进行取舍,选择一些与主题密切相关的事件,抓住富有揭示意义和价值的镜头,对一些必要的事件进行深入的拍摄,用画面反映拍摄对象的内部世界,表现事物的独特个性。从拍摄角度出发,应该注重两个方面的真实,即主观真实和客观真实。

主观真实,主要是指专题片作者对现实和人生的思考与观察方式,是作者在片子中流露的情感。专题片在传递信息的同时,也在表达作者的态度和观点。但是所流露出的情感必须是发自肺腑的真情实感,是被拍摄的内容所感动的情感的真实表现,只有带着真实的情感才能够拍摄出更加真实、感人的画面。

客观真实,就是说,专题片中传递的信息必须是真实的,时间、地点、人物,以及事情的来龙去脉必须准确无误。在专题片《沙与海》中,作者在拍摄沙漠中的牧民刘泽远时,多次运用近景和特写镜头给老刘那张"像刀刻的一样"的脸来张速写,那脸上布满了长长短短深深浅浅的皱纹,在风沙中毫无光泽,这张脸显然是经过风吹日晒和沙子打磨过的;而在拍摄黄海井蛙岛上的渔民刘丕成一家的时候,则突出脸上的古铜色的光芒。这种对比,完全符合当事人的身份和生活经历,因此具有可信性。

真实是电视专题节目的生命,电视专题片所反映的生活内容必须以客观事实为其直接原型,同时应尽可能在保持原有生活内容感性真实的基础上努力表达出蕴涵在生活内容中的本质真实。尽管电视专题片在表现手段和方法上有较多的艺术创造,但无论是纪实的或是表现的,长镜头的或是蒙太奇的,现场声的或是解说词的,都只是创作者对现实的物质存在进行艺术描述时所采用的组织类型和方法。在表现、描绘实际生活和实际生活中的人物及其相互关系上,不应失去它的根本属性——真实性。因此在拍摄的过程当中应牢记拍摄真实的素材,讲述真实环境中的真人真事。

(2) 注意细节。所谓细节,是指在电视屏幕上构成人物性格、事件发展、社会情境、自然景观的最小组成单位。社会情境和人物性格的完整屏幕体现,往往是由许多富有生命力的细节所组成的。细节在叙事、写人、描景、抒情等各方面都有不凡的表现力。电视专题片的创作,应该调动电视的一切技术和艺术手段,通过富有生命力的细节,竭力渲染情绪,追索生活底蕴;以充满诗情画意的、深沉含蓄的生活细节,来触动观众的心灵。

电视专题片所记录的人和事,只有通过栩栩如生的人物形象、色彩鲜明的画面、生动感人的生活场景才能达到表情、表意的效果,如果一部电视专题片只是干巴巴地说教,就不会吸引观众的视线,也就收不到应有的效果。而要表现出栩栩如生的人物形象和生动感人的生活场景,就需要注意表现细节。典型的细节能够以小见大,起到画龙点睛的作用,从而给观众留下深刻的印象。细节虽然是局部的,但细节的积累却具有宏观的、惊人的效果。

电视专题片吸引观众,表现环境特征和人物性格主要是靠细节,以至于一部专题节目中如果没有让人印象深刻的细节,那么,这部片子的拍摄就不能算是成功的。在专题片的拍摄中细节具有对揭示主题最大的视觉价值,发挥着刻画人物性格、揭示人物心态、传达情感的力量、构筑全部作品、展示人物关系等作用。

电视专题片的拍摄过程中要对拍摄的文字稿本进行详细分析,事先做好拍摄计划,制订好拍摄的分镜头稿本,确定片子所需要的细节镜头大概有多少,对在拍摄时如何拍摄出需要的细节镜头要做到心中有数;拍摄的过程中要认真落实确定的拍摄脚本,注意拍摄神情细节、动作细节、物件细节、环境细节、声音细节等,同时要注意观察,随时捕捉生动感人的细节。拍摄过程中要格外注意以下两个方面。

首先要注重选择典型的、具有感染力的细节。所谓典型细节,就是最有代表性、最能说明问题本质的细节,典型细节一般有蕴藏力和折射力,具有普遍性和代表性,一经运用,就能使作品的内容更突出、更鲜明、更深刻。其次要围绕主题选择细节。细节刻画是专题片中纪实美的重要体现。一个细节能否运用,先要放在主题背景下加以考察,要选择那些能说明主题、深化主题的细节。

(3) 重视过程及偶发事件。电视专题片中最重要、最生动的部分就是事件的过程,没有过程,就没有了魅力。观众想要看到的是一个完整的过程而不只是一个简单的结果,尤其事件类专题片对整个过程的展示就更加重要。拍摄过程可以从以下几个方面着手。

对拍摄的内容要十分熟悉,对拍摄什么,如何去拍摄,拍摄者在开机前一定要做到心中有数,只有这样才能向观众交代清楚所要表现的东西,才能够让观众看得清、看得懂。

对过程的拍摄要打好提前量,拍过程的关键是要赶在事件发生的前面,而不要等事情发生过了再去拍。拍摄时要做到提前开机,延后关机,特殊情况下保持开机。

对过程的展现要条理清楚,拍摄时要交代好因果关系,对事件的讲述要条理清楚、符合逻辑,要让观众能够看得懂。

合理使用长镜头。长镜头是现代电视纪实的一种拍摄方法,它是指在一个统一的时空里不间断地展现一个完整的动作或事件。长镜头记录的是现实生活的原形,平实质朴,让观众有一种生活的亲近和参与感;长镜头保持了时间和空间上的连续,在这一过程中,人物的行为、动作、交流能形成一定的环境氛围,能够展示人物的生存状态。由于镜头不断,所以长镜头有比较强的真实感;同时延续时间较长,因此能够比较完整地记录生活的原生态。在拍摄过程中合理地使用长镜头,对专题片的创作有很大的帮助。

在保证过程完整的情况下要力求简洁,强调拍摄过程并不是说无论什么素材都去拍摄,应当在保证全面的情况下最大限度地减少拍摄的时间,这样既省时、省力又节约成本,同时也为后期的工作减轻了不小的压力。

在拍摄过程中还有一点要格外关注,那就是对偶发事件的拍摄。在拍摄过程中随时会出现编导事先估计不到的意外情况,环境中常常会出现新的东西,这些事先根本无法预料,而这些新的东西往往是最可贵的,有可能会成为一部片子中的精彩内容。在"科讯杯"DV作品大赛中,获得"最佳高清作品奖"的作品《长征路上的故事》很好地记录下了浮桥在拍摄过程中被水冲断,摄像人员和摄像机被大水冲走这一偶发事件,最后拍摄者针对这一偶发事件展开拍摄,并最终形成作品,收到了很好的效果。

除了要拍摄好有利的偶发事件外,还要处理好一些不利的偶发事件。在专题节目的拍摄中,常常会遇到现场情况突然发生变化使得预先制订的拍摄方案无法进行的尴尬情况,这就要求在拍摄过程中要有随机应变的能力,遇事沉着冷静,随时能够掌控大局。

(4) 合理记录同期声。所谓同期声,在视听艺术中是指拍摄画面的同时记录下来的原始声音。它包括画面人物所说的话,画面中客观物体发出的原始声响等。而同期声之所以在电视专题片中具有举足轻重的地位,正是由于它自身的一些基本特征所决定的。这些基本特征有以下几点。

同期声具有特殊的形象性,它与画面的形象性是迥然不同的。电视专题片的拍摄中通过对现场声音的真实记录,建立了声音形象。这一声音形象,拓宽了画面空间的结构,渲染了画面的热烈氛围,使画面充满活力和生机,使画面所要表现的内容更加具体可感,而且往往起到一种画外空间的效果,音有尽而意无穷,使画面体现出一种意境美。通过同期声,画面所具有的时代性、民族性、地域性可以得到充分的体现。因为同期声所表达的在空间上始终是现场的,在时间上始终是现在时态(现在进行时态)。例如,在观看第二次世界大战时期的电视专题片时,那真实的战争场面,形象真切的大炮声、飞机声,马上就可以把观众的意识拉回到当时那个年代。

同期声具有特殊的审美感染力。很多电视专题片,特定的画面,通过同期声的注释,就产生了一种强烈感染力的美学效应。同期声对一部电视专题片的成败,起着非常重要的作用。

同期声可以从不同的角度、不同的侧面、不同的层次来诠释现场画面,它同现场画面各种不同的配置,可以体现电视专题片各个不同侧重点的主旨。同期声的这种灵活性、随意性,从某种程度上说,正是它的优势和魅力。因此,同一个现场画面,甚至可以用完全矛盾的同期声去阐释,从而显现出不同的效果。一个现场画面,就它本身独立地看,它的画面要素和内涵也同样具有某种确定性和具体性,但它与配上同期声之后所产生的效果比较起来,更多的却是具有多重的指向性。因此,同期声的另一个优势就是它能使画面的内容进一步具体化和确定化,从而让观众更易于理解感受画面的内涵,进而较好地实现预先设计的创作意图。

同期声的运用可以增加画面的逼真程度,使观众找到感觉的多面性,恢复所有感觉印象的相互渗透性;用声音(音响)的连贯性弥补了画面的不连贯性。另外,同期声还可以缩短电视专题片与观众的心理距离,增进两者之间的情感交流。

在拍摄素材的同时一定要注意录制同期声,录制同期声时可以从录前准备和现场录制两个方面入手。录前准备需要在录制前制订一个好的录制方案。这首先要了解节目内容、节目录制现场的自然环境、声学环境、节目所表现的主题等。其次要分析拾音对象的声音构成，抓住声音主体，兼顾其他。现场录制过程中首先要正确使用话筒，这需要根据同期声声源的特点选择不同特性的话筒，同时在使用的过程中要正确把握话筒的拾音距离，不要出现声音过小或者过高。其次，同期录音时，对拍摄现场的声音要有选择性地拾取，只有那些与画面内容相符合，为节目内容的表达所需要的声音才需要拾取。面对环境噪声，可以通过一些技术手段来减少。此外，在具体的同期声录制现场中，除了要求语言的拾取要清晰以外，还要注意及时和被摄者沟通，尽量使讲话的人不产生被拍摄的紧张，保持原来的自然状态。画面拍摄要服从语言的完整性，切忌话说到一半就停机，要充分考虑到同期声剪辑的需要。

（5）注重素材的全面性。一部专题片需要大量的素材，为了避免在后期编辑的时候出现"无米下锅"的困难局面，在拍摄时就一定要尽可能全面地拍摄素材，做到在不求他人帮助的情况下，自己拍摄的素材就可以足够地完成计划的片子。当然，强调素材的全面并不是看到什么拍摄什么，没有目的地胡乱拍摄。要有选择地拍摄，确保拍摄一个镜头就是成功的，每一个镜头后期都可以使用。

在拍摄人物类的专题片时，如果有解说词，在拍摄之前摄像人员一定要熟读解说词，领悟其整体、部分甚至每个句子、词组和每个词的意思，从而更好地根据解说词拍摄画面，在实际的拍摄中捕捉、猎取反映电视专题片的生动画面。如果解说词没有或者很少，就需要深入生活、深入群众去感悟和构思，全方位地拍摄素材。

拍摄事件类专题片时，要交代事件的前因后果，因此，素材的全面就更加重要，拍摄的素材要条理清楚，根据主题拍摄的素材交代事件的来龙去脉，每个镜头应当和主题相呼应、相协调，而不是毫无关系。

拍摄风光类的专题片时，要全方位地展示主题，既要突出地域特色又要力求新颖，既要气势磅礴又要细致入微，既要紧跟时代又要注重历史。用唯美的画面来吸引和感染观众，这就需要我们深入了解拍摄地点的特色，熟悉地域、自然条件和社会环境，认真观察该地区的自然风貌和人文景观、独特的风土人情和风俗习惯、独特的历史内涵和文化形态等，然后用全面的素材，让人观后耳目一新。

其实无论拍摄哪一类型的专题片，要确保素材的全面性都是需要的，用最有效的方式把信息传达给观众，然后为这种方式拍摄和收集素材。如涉及"统计数字和增长速度"方面的内容，采用数据、图表就可以将许多文字表达不清的内容，用简单明了、形象直观的图形数据表达出来，不仅形象化，还丰富了片子的画面形式，这时候需要拍摄和收集数据图表类的素材；涉及为自己的主题提供论据的时候，一些法律条文、政策法规、合同文件等材料则有很好的效果；还有一些专题片中经常会提到过去的一些重要场景、重要人物、重要事件，但由于当时条件的限制，没有视频资料，或当时的视频资料信号质量差，这时就需要借助照片来弥补缺憾了。总之，为了更好地制作一部专题片我们要开动脑筋，需千方百计地拍摄和收集全面的、高质量素材。

5.4.2 蒙太奇意识

蒙太奇（法语：Montage）是音译的外来语，原为建筑学术语，意为构成、装配。经常用于艺术领域，可解释为有含义的时空拼贴剪辑手法。蒙太奇最早被延伸到电影艺术中，后来逐渐在视觉艺术等领域被广泛运用。

蒙太奇一般包括画面剪辑和画面合成两方面。画面剪辑是由许多画面或图样并列或叠化而成的一个统一图像作品；画面合成是制作这种组合方式的艺术或过程。电视将一系列在不同地点、不同距离、角度，以不同方法拍摄的镜头排列组合起来，叙述情节，刻画人物。

1. 蒙太奇的分类和作用

蒙太奇原指影像与影像之间的关系，有声影片和彩色影片出现之后，在影像与声音（人声、音响、音乐）、声音与声音、彩色与彩色、光影与光影之间，蒙太奇的运用又有了更加广阔的天地。蒙太奇的名目众多，迄今尚无明确的文法规范和分类，但电影界一般倾向分为叙事的、抒情的和理性的（包括象征的、对比的和隐喻的）三类。第二次世界大战后，法国电影理论家巴赞对蒙太奇的作用提出异议，认为蒙太奇是把导演的观点强加于观众，限制了影片的多义性，主张运用景深镜头和场面调度连续拍摄的长镜头摄制影片，认为这样才能保持剧情空间的完整性和真正的时间流程。但是蒙太奇的作用是无法否定的，电影艺术家们始终兼用蒙太奇和长镜头的方法从事电影创作。也有人认为长镜头实际上是利用摄像机动作和演员的调度，改变镜头的范围和内容，并称之为"内部蒙太奇"。蒙太奇大的方面可以分为表现蒙太奇和叙事蒙太奇，其中又可细分为心理蒙太奇、抒情蒙太奇、平行蒙太奇、交叉蒙太奇、重复蒙太奇等。

简要地说，蒙太奇就是根据影片所要表达的内容和观众的心理顺序，将一部影片分别拍摄成许多镜头，然后再按照原定的构思组接起来，即蒙太奇就是把分切的镜头组接起来的手段。由此可知，蒙太奇就是将摄像机拍摄下来的镜头，按照生活逻辑、推理顺序、作者的观点倾向及其美学原则联结起来的手段。首先，它是使用摄像机的手段，然后是使用剪辑的手段。当然，电视的蒙太奇，主要是通过导演、摄像师和剪辑师的再创造来实现的。电视编剧为影片设计蓝图，电视的导演在这个蓝图的基础上运用蒙太奇进行再创造，最后由摄像师运用影片的造型表现力具体体现出来。

在电视的制作中，导演按照剧本的主题思想，拍成许多镜头，然后再按原定的创作构思，把这些不同的镜头有机地、艺术地组织、剪辑在一起，使之产生连贯、对比、联想、衬托悬念等联系以及快慢不同的节奏，从而有选择地组成一部反映一定的社会生活和思想感情、为广大观众所理解和喜爱的影片，这些构成形式与构成方式，就叫蒙太奇。

综上所述，可见电视的基本元素是镜头，而连接镜头的主要方式、手段是蒙太奇，而且可以说，蒙太奇是电视艺术独特的表现手段。镜头就是从不同的角度，以不同的焦距，用不同的时间一次拍摄下来，并经过不同处理的一段画面。实际上，从镜头的摄制开始，就已经在使用蒙太奇手法了。以镜头来说，从不同的角度拍摄，自然有着不同的艺术效果，如正拍、仰拍、俯拍、侧拍、逆光、滤光等，其效果显然不同。以不同焦距拍摄的镜头来说，效果也不一样，例如远景、全景、中景、近景、特写、大特写等，其效果也不一样。再者，经过不同的处理以后的镜头，也会产生不同的艺术效果。由于空格、缩格、升格等手法的运用，还带来种种不同的特定的艺术效果。再者，由于拍摄时所用的时间不同，又产生了长镜头和短镜头，镜头的长短也会造成不同的效果。

同时，在连接镜头场面和段落时，根据不同的变化幅度、不同的节奏和不同的情绪需要，可以选择使用不同的连接方法，如淡、化、划、切、推、拉等。总而言之，拍摄什么样的镜头，就将什么样的镜头排列在一起。用什么样的方法连接排列在一起的镜头,影片摄制者解决这一系列问题的方法和手段,就是蒙太奇。如果说画面和音响是电影导演与观众交流的"语汇",那么,把画面、音响构成镜头和用镜头的组接来构成影片的规律所运用的蒙太奇手段就是导演的"语法"了。对于一个电视导演来说,掌握了这些基本原理并不等于精通了"语法",蒙太奇在每一部影片中的特定内容和美学追求中往往呈现着千姿百态的面貌。蒙太奇对于观众来说,是从分切到分切。对于导演来说,蒙太奇则先是由组合到分切,然后又由分切到组合。分切的最小单位是镜头,因此导演应写出分镜头剧本。说到底,蒙太奇是导演用来讲故事的一种方法。听的人总希望故事讲得顺畅、生动,富有感染力又能调动起观众的联想,引起观众的兴趣,这些要求完全适用于蒙太奇。

现在,一部当代的故事影片,一般要由 500~1000 个左右的镜头组成。其中,每一个镜头的景别、角度、长度、运动形式,以及画面与音响组合的方式,都包含着蒙太奇的因素。可以说,从镜头开始就已经在使用蒙太奇了。与此同时,在对镜头的角度、焦距、长短的处理中,就已经包含着摄制者的意志、情绪、褒贬等。

在镜头间的排列、组合和连接中,摄制者的主观意图就体现得更加清楚。因为每一个镜头都不是孤立存在的,它对形态必然和与它相连的上下镜头发生关系,而不同的关系就产生出连贯、跳跃、加强、减弱、排比、反衬等不同的艺术效果。另一方面,镜头的组接不仅起着生动叙述镜头内容的作用,而且会产生各个孤立的镜头本身未必能表达的新含义来。格里菲斯在电影史上第一次把蒙太奇用于表现的尝试,就是将一个困在荒岛上的男人的镜头和一个等待在家中的妻子的面部特写组接在一起的实验,经过如此"组接",观众感到了"等待"和"离愁",产生了一种新的、特殊的想象。又如,把一组短镜头排列在一起,用快切的方法来连接,其艺术效果与把一组的镜头排列在一起,用"淡"或"化"的方法来连接就大不一样了。

再如,把以下 A、B、C 三个镜头,以不同的次序连接起来,就会出现不同的内容与意义。
A. 一个人在笑;B. 一把手枪直指着;C. 同一个人脸上露出惊惧的样子。
这三个特写镜头,给观众什么样的印象呢?
如果用 A—B—C 次序连接,会使观众感到那个人是个懦夫、胆小鬼。现在,镜头不变,我们只要把上述的镜头的顺序改变一下,则会得出与此相反的结论。
C. 一个人的脸上露出惊惧的样子;B. 一把手枪直指着;A. 同一个人在笑。
这样用 C—B—A 的次序连接,则这个人的脸上露出了惊惧的样子,是因为有一把手枪指着他。可是,当他考虑了一下,觉得没有什么了不起,于是,他笑了——在死神面前笑了。因此,他给观众的印象是一个勇敢的人。

如此这样,改变一个场面中镜头的次序,而不用改变每个镜头本身,就完全改变了一个场面的意义,得出与之截然相反的结论,得到完全不同的效果。

这种连贯起来的组织与排列,就是运用独特的蒙太奇手段。从上面的例子,可以看出这种排列和组合的结构的重要性,它是把材料组织在一起表达影片的思想的重要手段。同时,由于排列组合的不同,也就产生了正、反、深、浅、强、弱等不同的艺术效果。

苏联电影大师爱森斯坦认为,A 镜头加 B 镜头,不是 A 和 B 两个镜头的简单综合,而会成为 C 镜头的崭新内容和概念。他明确地指出两个蒙太奇镜头的对列不是两数之和,而更像两数之积——这一事实,今天看来仍然是正确的。它之所以更像两数之积而不是两数之和,就在于对排列的结果在质上永远有别于各个单独的组成因素。再举一个例子。妇人——这是一个画面，妇人身上的丧服——这也是一个画面；这两个画面都是可以用实物表现出来的，而由这两个画面的组接所产生的"寡妇"，则已经不是用实物所能表现出来的东西了，而是一种新的表象、新的概念、新的形象。

运用蒙太奇手法可以使镜头的衔接产生新的意义，这就大大丰富了艺术的表现力，从而增强了艺术的感染力。

总之，蒙太奇就是影片的连接法，整部片子有结构，每一章、每一大段、每一小段也要有结构，把这种连接的方法称为蒙太奇。实际上，也就是将一个个的镜头组成一个段，再把一个个的小段组成一大段，再把一个个的大段组织成为一部影片，这中间并没有什么神秘，也没有什么诀窍，合乎理性和感性的逻辑，合乎生活和视觉的逻辑，看上去顺当、合理、有节奏感、舒服，这就是蒙太奇。

1）蒙太奇的功能

通过镜头、场面、段落的分切与组接，对素材进行选择和取舍，以使表现内容主次分明，达到高度的概括和集中。

引导观众的注意力，激发观众的联想。每个镜头虽然只表现一定的内容，但组接一定顺序的镜头，能够规范和引导观众的情绪和心理，启迪观众思考。

创造独特的电视时间和空间。每个镜头都是对现实时空的记录，经过剪辑，实现对时空的再造，形成独特的电视时空。

2）蒙太奇的类型

蒙太奇具有叙事和表意两大功能，可以把蒙太奇划分为三种最基本的类型：叙事蒙太奇、表现蒙太奇和理性蒙太奇。前一种是叙事手段，后两种主要用以表意。在此基础上还可以进行第二级划分，具体如下。

（1）叙事蒙太奇。叙事蒙太奇由美国电影大师格里菲斯等人首创，是电视片中最常用的一种叙事方法。它的特征是以交代情节、展示事件为主旨，按照情节发展的时间流程、因果关系来分切组合镜头、场面和段落，从而引导观众理解剧情。这种蒙太奇组接脉络清楚，逻辑连贯，明白易懂。叙事蒙太奇又包含下述几种具体技巧。

① 平行蒙太奇。这种蒙太奇常以不同时空（或同时异地）发生的两条或两条以上的情节线并列表现，分头叙述而统一在一个完整的结构之中。格里菲斯、希区柯克都是极善于运用这种蒙太奇的大师。平行蒙太奇应用广泛，首先，因为用它处理剧情可以删减过程以利于概括集中，节省篇幅，扩大影片的信息量，并加强影片的节奏；其次，由于这种手法是几条线索平行表现，相互烘托，形成对比，易于产生强烈的艺术感染效果。如影片《南征北战》中，导演用平行蒙太奇表现敌我双方抢占摩天岭的场面，造成了紧张的节奏扣人心弦。

② 交叉蒙太奇。交叉蒙太奇又称交替蒙太奇，它将同一时间、不同地域发生的两条或数条情节线迅速而频繁地交替剪接在一起，其中一条线索的发展往往影响另外线索，各条线索相互依存，最后汇合在一起。这种剪辑技巧极易引起悬念，造成紧张、激烈的气氛，加强矛盾冲突的尖锐性，是掌握观众情绪的有力手法，惊险片、恐怖片和战争片常用此法造成追逐和惊险的场面。如《南征北战》中抢渡大沙河一段，将我军和敌军急行军奔赴大沙河以及游击队炸水坝三条线索交替剪接在一起，表现了那场惊心动魄的战斗。

③ 颠倒蒙太奇。这是一种打乱结构的蒙太奇方式，先展现故事或事件的现在状态，然后再回去介绍故事的始末，表现为事件概念上过去与现在的重新组合。它常借助叠印、划

变、画外音、旁白等转入倒叙。运用颠倒式蒙太奇,打乱的是事件顺序,但时空关系仍需交代清楚,叙事仍应符合逻辑关系,事件的回顾和推理都以这种方式进行。

④ 连续蒙太奇。这种蒙太奇不同于平行蒙太奇或交叉蒙太奇那样多线索地发展,而是沿着一条单一的情节线索,按照事件的逻辑顺序,有节奏地连续叙事。这种叙事自然流畅,朴实平顺,但由于缺乏时空与场面的变换,无法直接展示同时发生的情节,难于突出各条情节线之间的对列关系,不利于概括,易有拖沓冗长、平铺直叙之感。因此,在一部影片中绝少单独使用,多与平行、交叉蒙太奇手交混使用,相辅相成。

(2) 表现蒙太奇。表现蒙太奇是以镜头对列为基础,通过相连镜头在形式或内容上相互对照、冲击,从而产生单个镜头本身所不具有的丰富含义,以表达某种情绪或思想,其目的在于激发观众的联想,启迪观众的思考。

① 抒情蒙太奇。一种在保证叙事和描写的连贯性的同时,表现超越剧情之上的思想和情感。让·米特里指出:它的本意既是叙述故事,亦是绘声绘色的渲染,并且更偏重于后者。意义重大的事件被分解成一系列近景或特写,从不同的侧面和角度捕捉事物的本质含义,渲染事物的特征。最常见、最易被观众感受到的抒情蒙太奇,往往在一段叙事场面之后,恰当地切入象征情绪情感的空镜头。如苏联影片《乡村女教师》中,瓦尔瓦拉和马尔蒂诺夫相爱了,马尔蒂诺夫试探地问她是否永远等待他,她一往情深地答道:"永远!"紧接着画面中切入两个盛开的花枝的镜头,它本与剧情并无直接关系,但却恰当地抒发了作者与人物的情感。

② 心理蒙太奇。这是通过人物心理描写的重要手段。它通过画面镜头组接或声画有机结合,形象生动地展示出人物的内心世界,常用于表现人物的梦境、回忆、闪念、幻觉、遐想、思索等精神活动。这种蒙太奇在剪接技巧上多用交叉、穿插等手法,其特点是画面和声音形象的片断性、叙述的连贯性和节奏的跳跃性,声画形象带有剧中人强烈的主观性。

③ 隐喻蒙太奇。通过镜头或场面的类比,含蓄而形象地表达创作者的某种寓意。这种手法往往将不同事物之间某种相似的特征突现出来,以引起观众的联想,领会导演的寓意和领略事件的情绪色彩。如普多夫金在《母亲》一片中将工人示威游行的镜头与春天冰河水解冻的镜头组接在一起,用以比喻革命运动势不可挡。隐喻蒙太奇将巨大的概括力和极度简洁的表现手法相结合,往往具有强烈的情绪感染力。不过,运用这种手法应当谨慎,隐喻与叙述应有机结合,避免生硬牵强。

④ 对比蒙太奇。类似文学中的对比描写,即通过镜头或场面之间在内容(如贫与富、苦与乐、生与死、高尚与卑下、胜利与失败等)或形式(如景别大小、色彩冷暖、声音强弱、动静等)的强烈对比,产生相互冲突的作用,以表达创作者的某种寓意或强化所表现的内容和思想。

(3) 理性蒙太奇。让·米特里给理性蒙太奇下的定义是:它是通过画面之间的关系,而不是通过单纯的一环接一环的连贯性叙事表情达意。理性蒙太奇与连贯性叙事的区别在于,即使它的画面属于实际经历过的事实,按这种蒙太奇组合在一起的事实总是主观影像。这类蒙太奇是前苏联学派主要代表人物爱森斯坦创立,主要包含以下几种。

① 杂耍蒙太奇。爱森斯坦给杂耍蒙太奇的定义是:杂耍是一个特殊的时刻,其间一切元素都是为了促使把导演打算传达给观众的思想灌输到他们的意识中,使观众进入引起这一思想的精神状况或心理状态中,以造成情感的冲击。这种手法在内容上可以随意选择,不

受原剧情约束,促使造成最终能说明主题的效果。与表现蒙太奇相比,这是一种更注重理性、更抽象的蒙太奇形式。为了表达某种抽象的理性观念,往往硬摇进某些与剧情完全不相干的镜头,例如影片《十月》中表现孟什维克代表居心叵测的发言时,插入了弹竖琴的手的镜头,以说明其"老调重弹,迷惑听众"。对于爱森斯坦来说,蒙太奇的重要性不限于特殊方式造成的艺术效果,而是表达意图的风格,传输思想的方式;通过两个镜头的撞击确立一个思想,一系列思想造成一种情感状态;最后,借助这种被激发起来的情感,使观众对导演打算传输给他们的思想产生共鸣。这样,观众不由自主地卷入这个过程中,心甘情愿地去附和这一过程的总的倾向、总的含义。这就是这位伟大导演的原则。1928 年以后,爱森斯坦进一步把杂耍蒙太奇推进为"电影辩证形式",以视觉形象的象征性和内在含义的逻辑性为根本,忽略了被表现的内容,以致陷入纯理论的迷津,同时也带来创作的失误。后人吸取了他的教训,现代电影中杂耍蒙太奇使用较为慎重。

② 反射蒙太奇。它不像杂耍蒙太奇那样为表达抽象概念随意生硬地插入与剧情内容毫无相关的象征画面,而是所描述的事物和用来做比喻的事物同处一个空间,它们互为依存:或是为了与该事件形成对照,或是为了确定组接在一起的事物之间的反应,或是为了通过反射联想揭示剧情中包含的类似事件,以此作用于观众的感官和意识。例如《十月》中,克伦斯基在部长们簇拥下来到冬宫,一个仰拍镜头表现他头顶上方的一根画柱,柱头上有一个雕饰,它仿佛是罩在克伦斯基头上的光坏,使独裁者显得无上尊荣。这个镜头之所以不显生硬,是因为爱森斯坦利用的是实实在在的布景中的一个雕饰,存在于真实的戏剧空间中的一件实物,他进行了加工处理,但没有把与剧情不相干的物像吸引。

③ 思想蒙太奇。这是维尔托夫创造的,方法是利用新闻影片中的文献资料重加编排表达一个思想。这种蒙太奇形式是一种抽象的形式,因为它只表现一系列思想和被理智所激发的情感。观众冷眼旁观,在银幕和他们之间造成一定的"间离效果",其参与完全是理性的。罗姆所导演的《普通法西斯》是典型之作。

2. 蒙太奇手法的运用

当不同的镜头组接在一起时,往往又会产生各个镜头单独存在时所不具有的含义。例如,卓别林把工人群众赶进厂门的镜头,与被驱赶的羊群的镜头衔接在一起;普多夫金把春天冰河融化的镜头,与工人示威游行的镜头衔接在一起,就使原来的镜头表现出新的含义。爱森斯坦认为,将对列镜头衔接在一起时,其效果"不是两数之和,而是两数之积"。凭借蒙太奇的作用,电影享有时空的极大自由,甚至可以构成与实际生活中的时间、空间并不一致的电影时间和电影空间。蒙太奇可以产生演员动作和摄像机动作之外的第三种动作,从而影响影片的节奏,这就是蒙太奇的魅力。

 习题

1. 简述电视画面的结构。
2. 简述不同景别的特点。
3. 举例简述蒙太奇的分类。

第 6 章 电视画面编辑

学习目标

1. 了解景别的组合效果和运用方法。
2. 掌握电视画面组接的原则。
3. 了解视频制作软件的分类。
4. 熟悉非线性编辑系统。

6.1 视觉语言语法

6.1.1 视觉语言

1. 概念

"社会人"之间的交流也可称为"传达"。传达是通过"语言"用如下两种方式实现的,一种是人们之间通过"有声语言"面对面(或借助声频、音频等物质手段)交流,可以称为"听觉传达";另外一种就是"视觉传达",它通过各种文字、标志、图形、产品外形、色彩、材料肌理等视觉语言来实现交流。

2. 视觉语言的法则

视觉语言之所以被称为"语言",就是因为点、线、面、色彩、肌理等基本造型语汇,按照一定的方式所组成的"图像文本"包含一定的含义,能传达一定的信息,这与文字所连缀而成的"语言文本"具有一样的传达意义。但是,图像又是一种不同于文字符号的特殊语言。在文字符号中,一个词不仅是一个符号,它还有独立的意义,而孤立的造型语,如线条、色彩、肌理等却不代表任何意义,只有当它们按照对称、对比、均衡、协调、节奏、韵律等造型法则构造出一种全新的创造物时,也就是把它们结合到整体形象之中的时候,才具有表现某种意义的作用。如同"语言文本"中的修辞学,这些造型法则关系到电视节目制作造型语言观念的传达,起着设计和组织语言及符号的作用,并使视觉语言能为观众所理解和接受,它体现了设计要素之间的逻辑关系并成为沟通设计师与消费者或潜在消费者之间的一个桥梁。

3. 视觉语言的应用

在电视节目制作中，用文字语言的概念，把整体作品（产品）所传达的信息称为作品（产品）语义或设计语义。因此，视觉语言既包含了基本视觉造型语汇，又包含了起类似语法和修辞作用的造型法则，以及由此产生的设计语义。广义上讲，人类的设计艺术史是从人类有意识地用信息符号记录自己的思想与活动，装饰生活环境以及所使用的物品而开始的。现代电视节目制作依然是继承和创新信息符号，并使它们更有效地实现信息传达。在当今信息社会，传媒源源不断地将海量的信息抛给受众，信息的增多给人们提供知识和娱乐的同时，也引起人们的浮躁、游移不定，没有人能够把如此多的信息进行全面的读解，人们只能在信息的海洋中寻找那些更形象、更生动的内容进行消费，使得大量信息"传而不达"，造成了大量物质与精神的浪费。如何使信息实现传达，关键在于对视觉语言的准确把握及应用。另一方面，在经济全球化的今天，各国文化相互融合。随着我国经济的强盛，民族的自豪感、自尊心增强，传统文化得到人们的重视，出现了现代艺术与传统艺术的折中、中西方艺术的折中，从而产生新的设计文化以适应现代的生活。

中国传统文化在中国人的心中有着难以割舍的情结，我们的祖先为我们留下了灿烂的五千年文字与图形元素，继承发展这些元素，与现代生活融合，创造新的视觉文化，成为设计师们的历史使命。文化是人类物质文明和精神文明的总和设计，文化是人类文化的重要组成部分，必然有其发展的普遍规律，这种规律体现在对视觉语言的运用之中。人类学以及考古学的发现与研究表明，文字产生于图形，在图形无法满足人们传达信息，尤其是一些抽象信息的时候，图形逐渐符号化便形成了文字。文字作为约定俗成的信息符号系统，由于其简便而更能携带大量信息，能把有声语言固定而消除了时空的限制，相对准确地传递了"言语者"所要表达的信息，被使用者广泛认可，因此文字一产生就成为人类信息传达的最主要手段。在现实生活中，我们大部分的思维都是按照文字思考系统进行的，即使是视觉语言信息也不例外，电视剧是按着一定的剧本（语言文本）拍摄的；新闻图片也是按照一定的语言习惯编发的；设计师们也经常会陷入文字游戏的樊篱，用哲学、观念、玄理、主义等文字思考系统的东西，来衡量画面上的形体、色彩、构图、层次、明暗、质感等各项视觉元素之形式组合是否合乎所谓的"主义"。我们是如此习惯于这一思考系统，甚至在本书中想说明来自非语言的视觉信息也不得不采用"视觉语言"这样一个词汇来表达。既然是语言，那么从语义学的角度来考察，就有其所指（语义）和能指（形、声）。解构主义大师雅克·德里达认为，语言的所指和能指是永远难以弥合的。因此，文本的语义在创作阶段与接受阶段的偏差永远存在，文本一旦脱离作者，其所指就发生了偏离。单纯以"语言文本"或者"图像文本"的形式传播信息都会出现偏差。在信息传达设计中，为了尽量减少偏差，出现了"图文并茂"的现象。例如，书籍设计中的文字与插图，产品设计中的产品与产品说明书，文字与图像语言有机地结合在了一起。

不同的生活造就不同的思维模式。人和人之间在思维方式上的差异形成了思维方式物化后的差异，也就是设计文化差异。人创造了文化，又被文化所创造。中西文化的思维方式差异表现在诸多方面，例如抽象和具体的差异，反映到生活态度上则可以理解为西方人更加实用，而中国人则多少更偏重一些精神感受。例如，把英语单词和中文文字加以比较，这一点就很明显。中国文字造词比较注重形象，而英语则更多地注重考虑实用价值。另外英语重形合,汉语重意合,西方人重理性,重逻辑思维,而中国人重悟性,注重辩证思维。尽管中西文化存在差异,在全球化语境下,由于生活习惯的趋同,视觉语言的传达已经超越了国家界限,尤其是图形语言。文字产生在图像无法独立承担起信息传达的时候,由此我们可以认为文字的发明是人类在不得已的情况下进行的创造活动,而从人类的认知本能来说,图像更符合人们的认知习惯,或者说是最具有人性化的一种形式。随着电子工业、信息数字化工程的发展,给图像的大量传播提供了广阔的道路,以前只有通过文字才能表达的概念,现在可以通过图像——这一更加视觉化的语言来传达了,而接收者也更乐于以这种方式来接受。因此在信息传达过程中,更应注重语言的图形化,以美为手段,抓住消费者的目光,从而实现传达。

6.1.2 合理安排景别

景别是画面中表现出来的视域范围,不同视域的镜头形成不同的景别,通常的界定是以画面内截取成年人的身体部分的多少作为划分标准,由此划分出远景、全景、中景、近景和特写。

在剪辑中,合理安排景别十分重要。

首先,不同的景别代表着不同的画面结构方式,其大小、远近、长短的变化造成了不同的造型效果和视觉节奏。

在节目创作中,剪辑者总是根据不同表达目的来控制画面中的运动、景别、色彩等构成因素的变化幅度,因为这些因素的变化幅度大小会影响观众视觉间断感的强弱,这是对镜头素材进行必要的剪裁或筛选的前提。

其次,不同的景别是对被摄对象不同目的的解析,会传达不同性质的信息,所以,景别意味着一种叙述方式,也被视为蒙太奇语言中的一个单位。

了解不同景别的视觉效果和组合效果,更能正确把握景别的变化。

1. 景别的视觉效果

(1) 在相同的时间长度中,景别越小,时间感越长,即小景别的剪辑长度短于大景别。

由于在小景别中,镜头画面内的容量相对于大景别而言较少,观众看清内容所需时间相应也短。例如,观众看一个 2s 的特写,可能觉得正合适,但是如果是 2s 的全景,结果就会感觉镜头一闪而过,时间似乎变得很短,什么也没看清,因此在一个全景镜头的长度一般总比特写长。

应当指出的是,在表达某种思想深意或情绪时,景别的长度安排首先取决于内容思想的表达,而不是视觉效果。例如,表现一个人焦急等待的心情,墙上时钟的特写可能就被放大,用来强化嘀嗒的时钟声和时间的缓慢;一个曾经健美的年轻人身患绝症不能行走,而镜头却长久停留在窗台上,洗得发白的运动鞋的特写上(电视片《一座雕塑的诞生》)。

(2) 同一运动主体在相同的运动速度下,景别越小,动感越强。

鲁道夫·阿恩海姆在《艺术与视知觉》一书中曾经提到:德国心理学家布朗做过一个实验,让一排人穿过一个长方形的框架,当框架和人的尺寸都增加了一倍时,这些人穿越的速度看上去就像是减少了一半;为了使速度看似与原来相当,则必须使他们穿越的速度增加一倍。经过实践验证,心理学家得出结论:视觉所见物体速度与物体大小相关,在客观速度不变情况下,如果物体场所变小,其速度看上去就会增大。

这一结论同样被影视屏幕上的运动效果所证实,同样运动速度的动作在小景别中,运动速度似乎更快,换言之,动感更强烈。

在表现快节奏或强动感的广告和电视片中,选用小景别来表现动作是剪辑中的一条基本法则,例如,要表现足球场上的激烈角逐,必定需要选用带球、铲球、奔跑的脚等特写,否则单靠全景、中景,是不足以制造强动感效果的。

同样的道理,在用特写等小景别来拍摄较细小的动作时,如人的手势,常常需要放慢速度,以免一闪而过,但是,有时候,在有些电视片,尤其是广告或宣传片的片断处理上,会故意利用这种近景中动作局部的模糊效果,来制造某种悬念或者强化动感印象。

2. 景别的组合效果和运用

在剪接镜头时,景别选择的具体方式没有规律,由于景别的不同表现功能及视点变化会导致不同的叙述和审美效果,一个有经验的剪辑师在连接一组镜头时,往往会重视利用景别变化来为巧妙叙事和调节视觉节奏服务。其中,一些景别组合的规律是值得借鉴的。

(1) 同一主体(或相似主体)在角度不变或变化不大的情况下,前后镜头的景别变化过小或过大,都会致使视觉跳动感强烈。

最明显的例子是在一些新闻节目中经常可以看到这样的情形,记者采访某人,而被采访者的回答一旦被删减,同时又未插入其他画面(诸如记者反应、相关内容画面等),那么被访者的画面就会跳动,其原理就是,当声音被删减时,相应的画面也被删减,一段镜头一旦被剪断,重新连接时,如果景别无变化,则视觉跳动感强烈。

弱化这种跳动感,一般的做法是插入其他镜头,或者改变景别,或者改变拍摄角度,例如,说话人由中景变为近景(或全景),由正面形象变成稍侧的形象。这样做,是因为镜头内容的改变,或者景别、角度的改变,都会在一定程度上使观众的视觉注意力发生变化,相应地弱化了镜头间断的不适。

为了后期剪辑的便利,在前期拍摄类似采访段落时,摄像师应该尽可能在保证采访内容的基础上,多拍一些不同角度不同景别的镜头、反应镜头及相关的环境镜头,以便后期的剪辑。另一种情况是,景别变化太大,例如由远景、大全景直接跳接特写,也会引起视觉的强烈跳动感。因此,一般情况下,剪辑中应该避免同一主体前后镜头的相似景别连接或者景别变化过大。

视觉上机械的流畅不能取代内容思想的流畅和艺术的创造。有些时候,为了特殊的艺术和思想表达需要,编导者故意反规则而行之,反而能够产生最恰当的艺术表现力,这样的事例并不少见。

例如,电影《有话好好说》的开场部分,手持摄像机贴近拍摄,镜头晃动明显,构图不对称、影调不统一,人物运动方向杂乱,特别是剪辑上,故意选择不恰当的剪辑点,相同景别跳切严重,总之,几乎违反了一切保持视觉流畅、稳定的拍摄和剪辑的规则。但是,在轻松、幽默的音乐衬托下,整个不符合"剪辑规则"的开场段落最终却很好地表现了躁动无序的现代都市情态。

类似的情形也常见于一些表现现代快节奏的剪辑中,将一个连贯的动作中途剪断,似乎动作被突然中断又接着延续,视觉刺激,动感强烈。这样的剪辑不符合视觉规律,容易导致时觉疲劳,不易长时间使用。

(2) 运用不同景别的镜头组合,可以实现清晰有层次描述事件的目的。

不同的景别有不同的表现力和描述重点,因此,在叙述段落中,常常可以利用景别视点的变化,满足观众观看的心理逻辑需要。

例如,一对父子在湖光山色中行舟,全景中,观众能够看清湖光山色的环境和人物划船的大体面貌,在中景中,人们进一步可以看见划船者是一对父子,甚至父子年龄、服饰、彼此间的关系等,在父亲的近景中,沧桑黝黑的面庞显示了其生活境遇,从全景到中景,再到特写,从环境到人物关系、细节,基本上比较清楚地描述了动作过程,观众也得到了全面的感性认识。

人们在观察日常某场面时总是习惯性地扫视环境,然后再逐渐将注意力集中在值得关注的几个关键部分,甚至好奇地希望看到相应的细部表情或特定局部,待动作或事件高潮过后,又会放松地环顾四周场面环境,在剪辑中,剪辑者就是利用人们认识事物的心理来选择镜头内容及其景别方式。

这种由外及里、景别由大到小的镜头安排方式,是一种最常见的平铺直叙的方式。有时,为了制造悬念,还常常在段落的一开场,就安排特写等小景别,然后逐步拉开,渐次告诉观众相关内容。由于小景别大多不包含空间关系,只是展示事物局部,因此比较容易引起悬念。这种由小到大的安排方式也是叙述段落中处理景别的通常做法。

不同景别的安排构成了不同的蒙太奇叙述方式,在叙事剪接中,镜头景别的变化要明显,目的明确,这样容易产生平稳、流畅的视觉效果,而且可以使观众多角度、多层次地了解事物状况。

(3) 利用镜头连接中景别的积累或对比效应,营造情绪氛围。

一定形式的有规律的景别变化,可以产生一种因积累或对比效应而引发的特殊视觉感受,并且由此影响观众的心理情绪。在这里,景别的运用不是为了有层次地描述事件,而是突出视觉效果,是通过景别外在形式上的变化来制造视觉刺激或强化一种意味。

通常采用两种景别的处理方式。

一种是同类景别的镜头组合,用来造成一种积累效应,在相似性的积累中,同样的内容元素或意味被加强,从而激发人们的感悟。例如,表现体育比赛前的准备,那么各种各样做准备活动的镜头被连续组接在一起,而且以相同景别的方式最有利于保证视觉的连贯和主题的强化。

另一种是两极景别的对比连接,例如大远景与近景特写的组接,形式的对比反差容易加剧视觉的震惊感。当镜头切换较缓时,两极景别有序交替比较适合肃穆的气氛,例如,表现国旗与太阳一起升起,就可以将一组地平线上旭日东升、巍峨的长城群山、雄伟的天安门广场等颇具气势的大远景和国旗班护旗、升旗的各种局部特写交叉组接,互为映衬,对照中见庄严;反之,镜头快速转换则易产生激烈、动荡或活泼的情绪气氛,所以,创作者常常利用两极景别的这一特点来强化动态表现。在张艺谋导演的《申奥宣传片》中大量利用了两极景别交差组合的方式来表现中国人对体育的热爱。

在上下段落连接中,景别的反差常常被视为段落间隔的有效手段,例如,前一段在远景中结束,下一段从特写开始,形式上明显的反差为内容的转换划分了清楚的界限。

总之，在选择镜头时，景别是重要的考虑依据。不同景别，由于视点空间和内容重点不同，因此镜头长度也相应不同，同时无论景别组合会有多少效果，实质上对于景别的考虑基本上是基于两点，即对于内容意义的表现作用和视觉空间的感受效果。

应注意的是，景别组合不是机械的，要根据不同情况来处理景别关系，例如，在叙事剪接中，如果用相似景别来表现同一动作内容，这样的镜头连接不仅容易视觉跳动感明显，而且画面信息量重复，剪辑啰嗦。但是，一旦这是一个值得重点表现的动作，并且被注入情绪色彩，那么用不同角度、相同或不同景别的镜头反复表现同一动作，就可以使该动作段落营造出某种情绪，这是延时剪辑的一种，所以要"因地制宜"地运用原理。同样，如果镜头景别合适，画面内容不贴切，那么宁愿首先选择内容合适的镜头，避免以形式牵制内容。

6.1.3 镜头组接规律

影视节目都是由一系列的镜头按照一定的排列次序组接起来的。这些镜头能够延续下来，使观众能从影片中看出它们融合为一个完整的统一体，那是因为镜头的发展和变化要服从一定的规律。

1. 镜头的组接必须符合观众的思想方式和影视表现规律

镜头的组接要符合生活的逻辑、思维的逻辑，不符合逻辑观众就看不懂。影视节目要表达的主题与中心思想一定要明确，在这个基础上我们才能根据观众的心理要求，即思维逻辑选用哪些镜头，确定如何将它们组合在一起。

2. 镜头组接的影调和色彩的统一

影调是以黑的画面而言。黑的画面上的景物，不论原来是什么颜色，都是由许多深浅不同的黑白层次组成软硬不同的影调来表现的。对于彩色画面来说，除了一个影调问题还有一个色彩问题。无论是黑白还是彩色画面组接都应该保持影调和色彩的一致性。如果把明暗或者色彩对比强烈的两个镜头组接在一起(除了特殊的需要外)，就会使人感到生硬和不连贯，影响内容的通畅表达。

3. 镜头组接节奏

影视节目的题材、样式、风格以及情节的环境气氛、人物的情绪、情节的起伏跌宕等是影视节目节奏的总依据。影片节奏除了通过演员的表演、镜头的转换和运动、音乐的配合、场景的时间与空间变化等因素体现以外，还需要运用组接手段，严格掌握镜头的尺寸和数量，整理调整镜头顺序，删除多余的枝节才能完成。也可以说，组接节奏是教学片总节奏的最后一个组成部分。

处理影片节目的任何一个情节或一组画面，都要从影片表达的内容出发来处理节奏问题。如果在一个宁静祥和的环境里用了快节奏的镜头转换，就会使得观众觉得突兀跳跃，心理难以接受。然而在一些节奏强烈、激荡人心的场面中，就应该考虑到种种冲击因素，使镜头的变化速率与青年观众的心理要求一致，以增强青年观众的激动情绪达到吸引和模仿的目的。

4. 镜头的组接方法

镜头画面的组接除了采用光学原理的手段以外,还可以通过衔接规律,使镜头之间直接切换,使情节更加自然顺畅,以下我们介绍几种有效的组接方法。

(1) 连接组接。即相连的两个或者两个以上的一系列镜头表现同一主体的动作。

(2) 队列组接。即相连镜头但不是同一主体的组接,由于主体的变化,下一个镜头主体的出现,观众会联想到上下画面的关系,起到呼应、对比、隐喻烘托的作用。这往往能够创造性地揭示出一种新的含义。

(3) 黑白格的组接。这是为了造成一种特殊的视觉效果,如闪电、爆炸、照相馆中的闪光灯效果等。组接的时候,我们可以将所需要的闪亮部分用白色画格代替,在表现各种车辆相接的瞬间组接若干黑色画格,或者在合适的时候采用黑白相间的画格交叉,有助于加强影片的节奏、渲染气氛、增强悬念。

(4) 两级镜头组接。这是由特写镜头直接跳切到全景镜头或者从全景镜头直接切换到特写镜头的组接方式。这种方法能使情节的发展在动中转静或者在静中变动,给观众的直感极强,节奏上形成突如其来的变化,产生特殊的视觉和心理效果。

(5) 闪回镜头组接。用闪回镜头,如插入人物回想往事的镜头,这种组接技巧可以用来揭示人物的内心变化。

(6) 同镜头分析。即将同一个镜头分别在几个地方使用。运用该种组接技巧的时候,往往是处于这样的考虑:或者是因为所需要的画面素材不够;或者是有意重复某一镜头,用来表现某一人物的情愫和追忆;或者是为了强调某一画面所特有的象征性的含义以引发观众的思考;或者为了造成首尾相互接应,从而达到艺术结构上给人完整而严谨的感觉。

(7) 拼接。有些时候,虽然我们在户外拍摄多次,拍摄的时间也相当长,但可以用的镜头却是很短,达不到我们所需要的长度和节奏。在这种情况下,如果有同样或相似内容的镜头的话,我们就可以把它们当中可用的部分组接,以达到节目画面必需的长度。

(8) 插入镜头组接。即在一个镜头中间切换,插入另一个表现不同主体的镜头。如一个人正在马路上走着或者坐在汽车里向外看,突然插入一个代表人物主观视线的镜头(主观镜头),以表现该人物意外地看到了什么以及直观感想和引起联想的镜头。

(9) 动作组接。即借助人物、动物、交通工具等动作和动势的可衔接性以及动作的连贯性、相似性,作为镜头的转换手段。

(10) 特写镜头组接。即上个镜头以某一人物的某一局部(头或眼睛)或某个物件的特写画面结束,然后从这一特写画面开始,逐渐扩大视野,以展示另一情节的环境。目的是在观众注意力集中在某一个人的表情或者某一事物的时候,在不知不觉中就转换了场景和叙述内容,而不会产生画面陡然跳动的不适之感。

(11) 景物镜头的组接。即在两个镜头之间借助景物镜头作为过渡,其中有以景为主、物为陪衬的镜头,可以展示不同的地理环境和景物风貌,也表示时间和季节的变换,也是以景抒情的表现手法。在另一方面,是以物为主、景为陪衬的镜头,这种镜头可以作为镜头转换的手段。

6.1.4 运动的组接

电视画面中的影像是活动的,这种活动主要由画面中主体的运动和摄像机拍摄时镜头的运动而产生,另外,镜头剪接的频率(即单位时间内镜头变换的多少)也是影视作品画面的运动因素。由于镜头存在着不同的状态,有运动,有静止,因此在镜头的组接时,也必须遵守一定的规律。

1. 根据画面主体运动状态组接镜头

画面主体运动,指固定镜头中画面主体的运动状态。其剪接方式有以下几种。

(1) 静接静。就是静止的主体接静止的主体。这是影视剪辑中经常遇到的。例如,硕大的苹果接繁茂的果树。巍峨的教学楼接带大钟的楼塔等,都是静止主体画面接静止主体画面。

(2) 动接动。就是运动的主体连接运动的主体。它可分为同一主体的动作连接和不同主体的动作连接。

① 同一主体的动作连接。就是指同一主体在运动过程中,不同动作的连接组合。例如,一个人走进教室,然后坐下,就是同一主体的两个不同的动作,把它们组接在一起,就是同一主体的动作连接。而对于同一主体的动作连接,在选择剪辑点时,要考虑到动作的完整,动作的连贯,还要考虑避免视觉的跳动。同时动作的完整和连贯,要遵循生活的规律和节目的需要。要避免视觉跳动,就要考虑机位和角度的变化。

② 不同主体的动作连接。就是指不同的主体在运动过程中,他们之间动作的连接组合。由于运动的主体的不同,不同主体的动作在连接组合时,要注意以下方面。

首先,依据主体运动的动势组接镜头。所谓动势,就是指动作发展的趋势。在不同主体的动作连接时,要注意前后镜头主体运动走向的自然连接。向一个方向运动的主体,组接时要注意前后镜头主体运动方向的一致性。例如前一个镜头是表现汽车由画面左向画面右运动,下一个镜头中的汽车也应该是由画左向画右运动。做抛物线运动的主体,要注意运动主体前后动作的连贯性。例如,高山滑雪的飞起可以切换到高台跳水的落下。只要根据主体运动的动势组接镜头,就能够保持视线的连续和组接的自然平顺。

其次,根据动作形态的相似形组接镜头。例如,滑冰运动员的旋转动作,可以接另一个旋转动作。舞蹈演员练功时的跃起动作,可以接另一个跃起动作等。

再次,依据主体在画面位置上的同一性组接镜头。例如跟拍街上熙熙攘攘的人群,无论主体向哪个方向运动,都让他保持在画面中间,这样就能够得到流畅的视觉效果。

(3) 动接静。在组接镜头的时候,一般都是采取静接静和动接动的原则。但在具体剪辑时,也会遇到动静和静动之间的组接。动静在组接时,应注意前一个镜头的剪辑点,应选择在一个动作瞬间停歇处或者某一个动作全部完成以后,这样才能保证画面间不跳动和顺畅。

(4) 静接动。静动的组接,考虑的是后一个镜头。后一个镜头的剪辑点应该选择在动作即将开始的瞬间。

2. 镜头外部运动与镜头组接

镜头的外部运动是指运用推、拉、摇、移、跟等运动摄像技巧拍摄的镜头。这种拍摄技巧引起的运动,称为镜头的外部运动。

(1) 静接静。其实就是指固定镜头接固定镜头。固定镜头就是摄像机焦距、机位固定不变所拍摄到的镜头。由于固定镜头里的主体有的是运动的,有的是静止的,那么静止的就按照静止的接法,运动的就按照运动的接法。

(2) 动接动。就是运动镜头接运动镜头。只要是运动镜头组接,不论镜头里的主体是运动的,还是静止的,都可以视为动接动。运动镜头一般由三个部分组成:起幅、运动过程和落幅。起幅,是镜头运动前的短暂停歇,相当于较短的固定镜头。运动镜头就是推、拉、摇、移、跟等运动过程。落幅,就是镜头运动结束后的停歇。掌握好起幅和落幅,对后期剪辑保持镜头的顺畅具有很重要的意义。根据镜头运动方式的不同,可以分为以下几种组接方式。

① 前后两个镜头的运动方向一致或相近。在这样的情况下,不必停顿,即不需要保留前后两个落幅,可以直接切换。例如,表现某风景区的美丽风光,摇的镜头在运动中组接,一个摇镜头紧跟另一个摇镜头,就可以使风光如长卷一样。但应该注意,这样的组接,要保持方向的一致性。

② 前后两个镜头的运动方向相反。这样的镜头要用起幅和落幅,否则有跳动感。

③ 表现繁乱复杂的环境或两个镜头主体之间的对立、呼应、面对面奔跑等关系。这种情况,可以运用交叉运动的组接方式,即将两个相反运动的镜头组接在一起。例如,表现车水马龙的大街,就可以把两个相反运动的车辆的镜头组接在一起。动接动注意上述方面外,还应该注意两个镜头之间运动速度的接近。如果一个很快,一个很慢,接在一起,就会让人很不舒服。

(3) 静接动与动接静。静接动,指固定镜头后面接一个运动镜头。动接静,指运动镜头后面接一个固定镜头。静接动与动接静的组接,要注意起幅和落幅的运用。利用固定镜头内主体运动的动势,寻找恰当的剪接点,把镜头的运动与固定镜头内主体的运动协调起来。例如,一个人在大街上奔跑,是一个固定镜头。那么下一个镜头,也可以接一个跟拍镜头。这就是利用固定镜头内主体运动的动势与运动镜头组接的方法。利用前后两个画面内主体的呼应关系,来表现运动镜头与固定镜头之间的联系。例如,一个画面是表现一个汽车飞驶的跟拍运动镜头,下一个镜头就可以接驾驶员紧握方向盘的固定镜头。

 ## 6.2 电视画面组接的原则

电视画面的组接,必须遵循一定的原则。

6.2.1 一致性原则

一致性原则也称为逻辑性原则。这个逻辑包括三个方面,即生活逻辑、观众欣赏的心理逻辑和艺术表现的逻辑。所谓"生活逻辑"是指事物本身发展变化的逻辑。这是生活本身的规律,也是画面组接最基本的依据。具体来说,"生活逻辑"又有四个方面的内涵:一是情节发展的逻辑。新闻事件的发生和发展有其严密的逻辑链条,而电视新闻的前期拍摄是分镜头进行的,某种程度上是对这种逻辑链条的破坏,后期的编辑就是要把被破坏的这种逻辑链条修复过来,因此画面的组接只有紧紧围绕事件发展的逻辑主线进行,才能还原新闻事件的本来面目。二是要保持前后主体动作的连贯性。三是准确表现人物事件存在的逻辑关系,例如因果关系、对应关系、冲突关系、平行关系等。四是时空转换的逻辑性。事件的发展总是与时空联系在一起,因此画面的组接必须对时空结构进行合理准确的处理,不能因组接手段而影响实际时空的可信度。要注意在整体的时空结构中,时空可以交错、倒置,但在具体的段落组接上,必须保持时间的连续性和空间的连贯性。

"观众欣赏的心理逻辑"强调的是画面的组接要能让观众看清楚画面的内容,电视新闻的关键信息一定要交代清楚,通过延长和延续画面的长度来满足观众情感共鸣时的需求。

"艺术表现的逻辑"是指除了叙述电视新闻的事实之外,画面的组接往往还带有编者某种艺术表现的需要,或者要表达某种情绪和情感。例如象征、隐喻等蒙太奇表意功能的体现,如视觉节奏的运用等,都需要编者在画面组接时加以考虑。

6.2.2 匹配性原则

"匹配"是指上下镜头在进行组接时应具有流畅的、一致的或是对应的关系,借此保持视觉的连贯,从而符合人们的日常视觉心理体验。这种"匹配"是通过任务的位置、视线、运动方向、动作、色彩、影调、景别等各种要素及剪接点的选择来体现的。

1. 位置的匹配

它指上下镜头的同一主体在同角度或同方向变化景别时,要保持在上下画面中大致相似的位置上,而具有相对关系的不同主题应该处于相反位置上,以使内容间建立明确的逻辑关系。

2. 方向的匹配

电视作品中的运动方向有两种,一种是动态的方向,主体在运动;一种是静态的方向,主体是静止的。屏幕上的运动方向包含不变的、相向的或相反的和垂直的三种。

3. 色彩、影调的匹配

在选择镜头和连接镜头时,还需要考虑影调、色彩的统一和匹配,在总体上保持色彩、影调的一致,使画面风格统一。

6.2.3 循序渐进原则

一般来说,拍摄一个场面的时候,"景"的发展不宜过分剧烈,否则就不容易连接起来。相反,"景"的变化不大,同时拍摄角度变换亦不大,拍出的镜头也不容易组接。由于以上的原因,我们在拍摄的时候,"景"的发展变化需要采取循序渐进的方法。循序渐进地变换不同视觉距离的镜头,可以造成顺畅的连接,形成了各种蒙太奇句型。

(1) 前进式句型。这种叙述句型是指景物由远景、全景向近景、特写过渡。用来表现由低沉到高昂向上的情绪和剧情的发展。

(2) 后退式句型。这种叙述句型是由近到远,表示由高昂到低沉、压抑的情绪,在影片中表现由细节扩展到全部。

(3) 环行句型。这种叙述句型是把前进式和后退式的句型结合在一起使用。由全景—中景—近景—特写,再由特写—近景—中景—远景,或者我们也可反过来运用。表现情绪由低沉到高昂,再由高昂转向低沉。这类的句型一般在影视故事片中较为常用。

在镜头组接的时候,如果遇到同一机位,同景别又是同主体的画面是不能组接的。因为这样拍摄出来的镜头景物变化小,一副副画面看起来雷同,接在一起好像同一镜头不停地重复。另一方面,这种机位、景物变化不大的两个镜头接在一起,只要画面中的景物稍有变化,就会在人的视觉中产生跳动,好像一个长镜头断了好多次,有"拉洋片""走马灯"的感觉,破坏了画面的连续性。

如果我们遇到这样的情况,除了把这些镜头从头开始重拍以外,对于其他同机位、同景物的时间持续长的影视片来说,采用重拍的方法就显得浪费时间和财力了。最好的办法是采用过渡镜头。如从不同角度拍摄再组接,让表演者的位置、动作变化后再组接。这样组接后的画面就不会产生跳动、断续和错位的感觉。

6.2.4　轴线原则

主体物在进出画面时,我们拍摄需要注意拍摄的总方向,从轴线一侧拍,否则两个画面接在一起主体物就要"撞车"。所谓"轴线原则"是指拍摄的画面不能有"跳轴"现象。在拍摄的时候,如果摄像机的位置始终在主体运动轴线的同一侧,那么构成画面的运动方向、放置方向都是一致的,否则就是"跳轴"了,跳轴的画面除了特殊的需要以外是无法组接的。

6.2.5　动静画面组接原则

如果画面中同一主体或不同主体的动作是连贯的,可以动作接动作,达到顺畅、简捷过渡的目的,我们称为"动接动"。如果两个画面中的主体运动是不连贯的,或者它们中间有停顿时,那么这两个镜头的组接,必须在前一个画面主体做完一个完整动作停下来后,接上一个从静止到开始的运动镜头,这就是"静接静"。"静接静"组接时,前一个镜头结尾停止的片刻称为"落幅",后一镜头运动前静止的片刻称为"起幅",起幅与落幅时间间隔为一两秒钟。运动镜头和固定镜头组接,同样需要遵循这个规律。如果一个固定镜头要接一个摇镜头,则摇镜头开始要有起幅;相反一个摇镜头接一个固定镜头,那么摇镜头要有"落幅",否则画面就会给人一种跳动的视觉感。为了特殊效果,也有静接动或动接静的镜头。

6.2.6　画面时间原则

我们在拍摄影视节目的时候,每个镜头的停滞时间长短,先要根据表达的内容难易程度和观众的接受能力来决定,再要考虑到画面构图等因素。如由于画面选择景物不同,包含在画面的内容也不同。远景、中景等镜头大的画面包含的内容较多,观众需要看清楚这些画面上的内容,所需要的时间就相对长些,而对于近景、特写等镜头小的画面,所包含的内容较少,观众只需要短时间即可看清,所以画面停留时间可短些。另外,一幅或者一组画面中的其他因素,也对画面长短起到制约作用。如同一个画面亮度大的部分比亮度暗的部分能引起人们的注意。因此如果该幅画面要表现亮的部分时,长度应该短些;如果要表现暗部分的时候,则长度应该长一些。在同一幅画面中,动的部分比静的部分先引起人们的视觉注意。因此如果重点要表现动的部分时,画面要短些;表现静的部分时,则画面持续长度应该稍微长一些。

6.3 转场方法

电视节目的每个段落(构成电视片的最小单位是镜头,一个个镜头连接在一起形成的镜头序列)都具有某个单一的、相对完整的意思,如表现一个动作过程,表现一种相关关系,表现一种含义等。它是电视片中一个完整的叙事层次,就像戏剧中的幕,小说中的章节一样,一个个段落连接在一起,就形成了完整的电视片。因此,段落是电视片最基本的结构形式,电视片在内容上的结构层次是通过段落表现出来的。而段落与段落、场景与场景之间的过渡或转换,称为转场。电视片经常需要进行场面转换,为了更好地保持逻辑性、条理性、艺术性、视觉性,在场面与场面之间的转换中,需要一定的手法。转场的方法多种多样,但通常可以分为两类:一类是用特技的手段作转场;另一类是用镜头的自然过渡做转场,前者也叫技巧转场,后者又叫无技巧转场。

6.3.1 技巧转场

用特技方式连接镜头,进行转场,是影视语言的基本表现手段之一。不同的特技方式会带来不同的视觉和心理感受,从而影响到影视作品内容的表达和情绪的传递。其特点是:既容易造成视觉的连贯性,又容易造成段落的分隔。

电视语言由于其特技的视觉风格丰富而明显,使之具有比电影更为丰富的表现样式和表现功能。

1. 渐隐、渐显(淡出、淡入)

渐隐,又称淡出。是一个段落最后一个镜头的光度逐渐减到零点,画面由明逐渐变暗直至完全消失。渐隐常用于段落或者全片的最后一个镜头,具有韵味,可以激发观众的情绪。

渐显,又称淡入。与淡出相反,是一个段落第一个镜头的光度由零逐渐增加,画面由全黑逐渐明亮直至清晰。常用于段落或者全片的第一个镜头,将观众引领至情节之中。

渐隐和渐显二者经常连接在一起使用。对于电视节目而言,是最为普遍的转场手段之一。它适于表现大幅度的时空变换,给观众带来余韵,具有制造视觉节奏的功能。一般情况下,正常的渐隐和渐显时间长度各为 2s。但实际运用的长度由电视片的情节、情绪和节奏来决定,可以放慢速度(缓淡),也可以加快速度。如果加快速度并加白,就变成了特殊的"闪白"效果,可以掩盖镜头剪接点,又可以增强视觉跳动。

注意事项:由于渐隐渐显一般表现的是大的时空变换,所以不宜频繁使用,否则会造成结构松散、拖沓,使观众产生厌倦。

2. 叠化

上一镜头完全消失之前,下一镜头已经开始显露,两个画面有短时间的重叠。当前一镜头完全消失时,后一镜头完全显现。叠化有如下作用:

(1) 叠化可以表现明显的空间转换和时间过渡,强调前后段落或镜头内容的关联性和自然过渡。

(2) 适于表现时间的流逝感。

(3) 一组镜头的连续叠化,可以营造氛围,传递情绪,增强视觉流动感。

(4) 叠化的时间和速度不同,所产生的情绪和效果也不同。

(5) 适于做"软过渡"镜头,用以弥补上下两个镜头组接不畅所带来的跳跃。

3. 划像

前一个画面从一个方向退出画面,后一个画面随之出现,开始另一个段落。一般用于两个内容意义差别较大的段落的转换。随着电视特技水平的进步,划像的呈现形状、方向可以演绎出几百种样式。

划像造成时空的快速转变,可以在较短时间内展现多种内容,节奏紧凑、明快。需要注意的是人为的痕迹明显,在纪实风格的电视片中使用需要慎重。

4. 定格

定格,又称"静帧",指对前一段的结尾画面作静态处理,使人产生瞬间的视觉停顿,接着出下一段落的画面,比较适于不同主题段落之间的转换。

定格一般具有强调作用,可以引起观众的关注、思考,还可以弥补由于镜头表现不足而造成的后期剪辑困难,是一种流畅地组接镜头的手段。

5. 翻页

第一个画面像翻书一样翻过去,后一个画面随之显露出来,开始另一个段落。在表现技巧上与划像比较类似,在运用时需要根据内容和主题思想的表达来决定翻页的速度、方向、方式等。

6. 变焦点

变焦点又称"虚实互换"。利用镜头的变焦点将画内的形象放置在不同的景深内,使得画面内部不同主体的虚实不同。利用变化焦点的方式,互换主体的虚实,不变换镜头就可以改变构图和景物。起到引导观众注意力的作用。

7. 多画屏分割

在屏幕上同时出现多幅同一影像或多幅不同的影像,构成多画屏,产生多空间平列、对比的艺术效果,可以使发生在不同地点的相关事物同时出现,各自表述。

多画屏技巧可以大大丰富画面内容,拓展屏幕表现空间,还可以通过画面对列来深化内涵。

8. 运用空镜头

运用空镜头转场的方式在影视作品中可以经常看到,特别是早期的电影中,当某一位英雄人物壮烈牺牲之后,经常接转苍松翠柏、高山大海等空镜头,主要是为了让观众在情绪发展到高潮之后能够回味作品的情节和意境。

9. 计算机特技

非线性电视编辑、计算机动画以及各种图像制作软件,大大拓宽了电视特技的视觉样式和表现手段。技术进步为艺术表现带来了无限丰富的可能性。在非线性编辑中,电视画面不再是一个接一个的组合,而是后期制作将各种视觉元素加以创造性地融合。应该特别重视数字特技和计算机动画对电视语言意义深远的影响,从而开拓电视画面难以估量的表现潜力。

6.3.2 无技巧转场

无技巧转场,是利用无特技技术的直接切换,利用上下镜头之间在内容、造型上的内在关联来转换时空、连接场景,使镜头连接、段落过渡自然流畅,无附加技巧痕迹。无技巧转场要注意寻找合理的转换因素和适当的造型元素,使之具有视觉的连贯性。在大段落的转换时还要顾及心理的隔断性,表达出间歇、停顿。

(1) 相同主体转场。上下两个镜头通过同一个主体进行转场,或跟随主体由一个场景转移到另一个场景,实现自然转场。

(2) 相似主体转场。上下两个镜头的主体不是同一个,而是同一类,或者在运动方向、速度、色彩等方面具有一致性,根据其形状、位置等进行转场。

(3) 主观镜头转场。即借片中人物视觉方向所拍的镜头进行转场,是按照前后两个镜头之间的逻辑关系来处理转场的手法之一。要求前后镜头在内容上有因果呼应、平行等关联。

(4) 遮挡转场。又称"挡黑镜头"转场。镜头被画面内某形象暂时挡住,包括主体迎面遮挡住镜头,或是画面内其他前景暂时挡住镜头内的其他形象。这个时刻往往是转场的时机。

遮挡在视觉上能给人以强烈的冲击,同时制造悬念,省略过场,加快叙述节奏。

(5) 特写转场。特写具有强调画面细节的特点,暂时集中人的注意力,可以在一定程度上弱化时空或段落转换时视觉的跳动感。特写常常作为转场困难的补救性手段被使用。

(6) 动作、动势转场。利用人物、主体动作的动势存在的可衔接性、相似性,作为转场的依据。前后镜头当中的动作动势相似,但时空场景已经变化。大多强调前后镜头中的内在关联性。

（7）镜头运动转场。利用摄像机运动显示空间的调度关系。如镜头从某个形象摇向天空，意味着一个段落的明确结束。

（8）承接式转场。即按照上下镜头中的逻辑关系进行的转场，也就是利用情节上的承接关系。

（9）利用声音转场。用音乐、音响、解说词、对白等，通过与画面的匹配实现转场。用完整的声音过渡到下一场景，包括声音的延续、声音提前进入、前后镜头中声音的相似部分的叠加等。也可以利用声音的呼应或前后反差，实现时空大幅度转换。

（10）两极镜头转场。两极镜头具有强烈的心理隔断性，适于用在大段落的场景转换情况，但小段落转场不宜过多使用，否则会造成节目凌乱、不流畅的感觉。

6.4 视频制作软件的分类

6.4.1 编辑软件

视频编辑软件是对视频源进行非线性编辑的软件，软件通过对加入的图片、背景音乐、特效、场景等素材与视频进行重混合，对视频源进行切割、合并，通过二次编码，生成具有不同表现力的新视频。

1. 视频编辑软件的技术原理

视频剪辑软件实现对视频的剪辑，主要有两种方式：一种是直接剪辑，不进行转换；另一种是通过转换实现。多媒体领域亦称为剪辑转换。

直接剪辑，多媒体领域统称为"切豆腐"，采取的是对片源不进行任何数据处理，而根据用户指令，对视频进行搜索，直到搜索到分割点，并将视频剪辑成多段，这种直接分割的优点在于不对视频进行数据处理，没有复杂的数据运算，而只需搜索分割点，这种分割方式能够保证较快的分割速度。

但这种分割方式也存在着致命的缺点，首先，它不进行数据处理，对导入格式的兼容性低，只能支持传输流格式，例如RM、WMV、FLV，对于必须具有完整数据才能播放的程序流格式，例如DVD，是不支持的，因为一旦直接分割，这种程序流格式便会由于数据缺失，成为被损坏的文件，而无法播放，也失去了视频剪辑的意义了。同时，直接分割的弊端还在于，不进行数据处理，即不存在质的改变，也就无法实现格式改变，这种限制的弊端突出表现在移植到手机等移动设备时。

剪辑转换，一个重要的过程是解码再编码，根据用户指令搜索到分割点，在编解码过程中，根据分割点自动停止编解码。相比于直接分割，由于存在复杂的编解码过程，因此速度相对要慢。但也正是由于分割转换的编解码过程，分割转换对导入视频也具有更高的兼容性，因其导出视频已经重新编码为完整视频，发生了质的改变。同时，分割转换包含了两个过程，即分割和转换，也就是说这一技术实现了更多的需求，尤其对于需要将视频分割同时移植到移动设备上起到了重要的作用。

2．视频编辑软件的功能特征

1）视频文件导出

作为视频编辑软件，最终生成模式必须为视频，导入视频而导出为其他模式的软件均不能称为视频编辑软件。

2）素材、特效的再加工

视频编辑软件不仅仅是对素材的简单合成，还包括了对原有素材进行再加工，实现导出视频独特展示效果，例如图片间的转场特效、MTV 字幕同步、字幕特效、简单的视频截取等。

3）生成通用视频格式

视频编辑软件的最终合成视频格式为 VCD\\SVCD\\DVD MPG 文件，是为了刻录光盘，实现家庭影碟机共享的需要。

3．常见的视频编辑软件

1）Premiere Pro

Adobe Premiere Pro 是目前比较流行的非线性编辑软件，也是全球用户量比较多的非线性视频编辑软件，是数码视频编辑的强大工具。它作为功能强大的多媒体视频、音频编辑软件，应用范围不胜枚举，制作效果美不胜收，足以协助用户更加高效地工作。Adobe Premiere Pro 以其新的合理化界面和通用高端工具，兼顾了广大视频用户的不同需求，在一个并不昂贵的视频编辑工具箱中，提供了前所未有的生产能力、控制能力和灵活性。Adobe Premiere Pro 是一个创新的非线性视频编辑应用程序，也是一个功能强大的实时视频和音频编辑工具，是视频爱好者们使用最多的视频编辑软件之一。Adobe Premiere Pro 的操作界面如图 6-1 所示。

图 6-1

2）AVS Video Editor

AVS Video Editor 是一款超强的视频编辑软件,可以将影片、图片、声音等素材合成为视频文件,并添加多达 300 个的绚丽转场、过渡、字幕、场景效果。它可以将一个视频文件的所有元件(包括音乐、动画、字幕以及视频文件)合在一起,套用其中的特殊效果滤镜,通过一系列高效率移动路径将素材送入三维空间,制作出高品质效果的视频作品。

AVS Video Editor 集视频录制、编辑、特效、覆叠、字幕、音频与输出于一体,实为简约而不简单的非线性编辑软件,几步简单的拖放操作,即可制作专业外观的视频。另外,AVS Video Editor 的视频输出功能也异常强大,支持完全的自定义输出设置。

AVS Video Editor 也可以作为简易 DVD 编辑软件使用,支持 DVD、Divx/Xvid DVD、Blu-ray 输出,并自带了很多 DVDMENU 模板,也支持 HD/Blu-Ray 视频编辑,可导入 Blu-ray、HD Video、TOD、MOD、M2TS 等格式,添加视频效果及特别设计的菜单等。还可以帮助用户整理收藏的影片,从多种外置设备中直接录入影像,并提供多种可选的效果和风格,可用图片组成数码幻灯片,支持 DVD 影像记录。AVS Video Editor 的操作界面如图 6-2 所示。

图 6-2

3）EDIUS

EDIUS 是由日本 Canopus 公司研发的优秀非线性编辑软件,专为广播和后期制作环境而设计,特别针对新闻记者进行无带化视频制播和存储。EDIUS 拥有完善的基于文件工作流程,提供了实时、多轨道、多格式混编、合成、色键、字幕和时间线输出功能。除了标准的 EDIUS 系列格式,还支持 Infinity™、JPEG 2000、DVCPRO、P2、VariCam、Ikegami GigaFlash、MXF、XDCAM 和 XDCAM EX 视频素材。同时支持所有 DV、HDV 摄像机和录像机。

EDIUS 剪辑视频界面如图 6-3 所示。

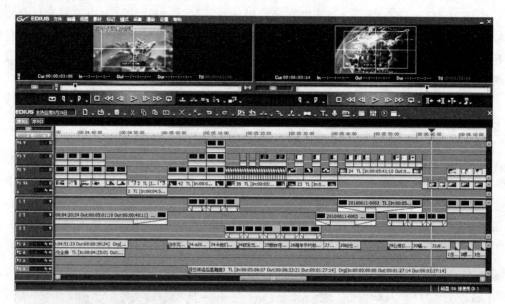

图 6-3

4）Video Paint

Video Paint 是强大的 32 位应用程序，在剪辑后的视频文件中编辑单独的画格，例如，建立动画效果，套用自定义滤镜效果，或者直接套用已有的滤镜或效果。它是一个创作与修改型的工具，能对视频文件中的每一帧进行创作和加工，使视频效果达到一种亦真亦幻的效果。它提供大量的绘图工具和修改工具，可以对源图像进行随心所欲的加工；而且有超级复制命令，能对多帧图像进行编辑，大大方便了视频图像的加工处理。

5）Ulead Media Studio Pro

Ulead Media Studio Pro 是由著名的 Ulead 公司出品的一款 Video 视频制作软件，包括视频捕捉、视频编辑、视频输出、矢量动画、音频编辑等项功能，不但提供了同级产品中唯一囊括影片捕捉、剪辑、绘图、动画及音频编辑五大模块的强大功能，更支持最新 DV 与 IEEE 1394 应用及 MPEG-2 影片格式。

Ulead Media Studio Pro 主要的编辑应用程序有 Video Editor（类似 Premiere 的视频编辑软件）、Audio Editor（音效编辑）、CG Infinity、Video Paint，内容涵盖了视频编辑、影片特效、二维动画制作，是一套整合性完备、面面俱到的视频编辑套餐式软件。它在 Video Editor 和 Audio Editor 的功能和概念上与 Premiere 的相差并不大，最主要的不同在于 CG Infinity 与 Video Paint 这两个在动画制作与特效绘图方面的程序。

6）Sony Vegas

Sony Vegas 是一个专业影像编辑与声音编辑的软件，其中无限制的视轨与音轨，更是其他影音软件没有的特性。在效果上更提供了视频合成、进阶编码、转场特效、修剪及动画控制等。不论是专业人士或是个人用户，都因其简易的操作界面而能轻松上手。

Sony Vegas 具备强大的后期处理功能，可以随心所欲地对视频素材进行剪辑合成、添加特效、调整颜色、编辑字幕等操作，还包括强大的音频处理工具，可以为视频素材添加音效、录制声音、处理噪声,以及生成杜比 5.1 环绕立体声。此外,Sony Vegas 还可以将编辑好的视频迅速输出为各种格式的影片、直接发布于网络、刻录成光盘或回录到磁带中。Sony Vegas 提供了全面的 HDV、SD/HD-SDI 采集、剪辑、回录支持,通过 Black magic Deck Link 硬件板卡实现专业 SDI 采集支持;真 14bit 模拟 4∶4∶4 HDTV 和 SD 监视器输出;支持 DVI/VGA/1394 外接监视器上屏;支持广播级 AAF、BWF 输入输出;提供 VST 音频插件支持等。

7) 视频编辑专家

视频编辑专家其实是对图片、视频、音频等素材进行重组编码工作的多媒体软件。它不仅仅是对素材的简单合成,还包括了对原有素材进行再加工,实现导出视频独特展示效果,例如图片间的转场特效、MTV 字幕同步、字幕特效、简单的视频截取等。

8) 狸窝全能视频转换器

狸窝全能视频转换器是一款简单易用却功能强大的音视频编辑器。利用全能视频转换器的视频编辑功能,DIY 自己拍摄或收集的视频。在视频转换设置中,可以对输入的视频文件进行可视化编辑,支持将添加的视频文件进行视频截取、视频剪切、视频合并、视频水印、视频字幕、视频合并、三维效果、不同视频合并成一个文件输出、调节视频亮度及对比度等功能。

同时它的视音频转换与编辑功能也十分强大,几乎支持所有流行的视频格式任意相互转换。支持转换的视频格式如 RMVB、3GP、MP4、AVI、FLV 等。可编辑转换为手机、iPod、iPhone、PSP、MP4 等移动设备支持的音视频格式。

9) 会声会影

会声会影是一个功能强大的视频编辑软件,具有图像抓取和编修功能,可以抓取和转换 MV、DV、V8、TV 及实时记录抓取画面文件,并提供超过 100 多种的编制功能与效果,可导出多种常见的视频格式,甚至可以直接制作成 DVD 和 VCD 光盘。

会声会影的特点是:操作简单,适合家庭日常使用,有完整的影片编辑流程解决方案,从拍摄到分享,新增处理速度加倍。

它不仅符合家庭或个人所需的影片剪辑功能,甚至可以挑战专业级的影片剪辑软件,适合普通大众使用,操作简单易懂,界面简洁明快。该软件具有成批转换功能与捕获格式完整的特点,虽然无法与 EDIUS、Adobe Premiere、Adobe After Effects 和 Sony Vegas 等专业视频处理软件媲美,但以简单易用、功能丰富的特点赢得了良好的口碑,在国内的普及度较高。

6.4.2 后期效果软件

影视制作分为前期和后期。前期主要工作包括策划、拍摄等工序,当前期工作结束后,得到的是大量的素材和半成品,将它们有机地通过艺术手段结合起来就是后期合成工作。

影视后期特效技能简称影视特技,是对现实生活中不可能完成的拍摄以及难以完成或花费大量资金而得不偿失的拍摄用计算机或工作站对其进行数字化处理,从而达到预计的视觉效果。

影视特技编辑以渲染、实拍与三维结合、三维特效、影视后期合成为主,以通过不同的手段应对影视特效及后期合成的各种制作要求。

1. 常见的视频编辑软件

1) AE

AE 全称为 After Effects，是 Adobe 公司开发的一个视频剪辑及设计软件，适用于从事设计和视频特技的机构，包括电视台、动画制作公司、个人后期制作工作室以及多媒体工作室。AE 属于图层型后期软件，是用于高端视频特效系统的专业特效合成软件，隶属美国 Adobe 公司。Adobe After Effects 最新版本为 Adobe After Effects CC。After Effects 制作字幕特效如图 6-4 所示。

图 6-4

Adobe After Effects 软件图形视频处理功能强大，可以高效且精确地创建无数种引人注目的动态图形和震撼人心的视觉效果。利用与其他 Adobe 软件无与伦比的紧密集成与高度灵活的二维和三维合成，以及数百种预设的效果和动画，为电影、视频、DVD 和 Macromedia Flash 作品增添令人耳目一新的效果。After Effects 还可以使用多达几百种的插件修饰增强图像效果和动画控制，并同其他 Adobe 软件和三维软件结合，支持从 4×4～$30\,000\times30\,000$ 像素分辨率，包括高清晰度电视（HDTV），可以实现电影和静态画面无缝的合成，关键帧支持具有所有层属性的动画，可以自动处理关键帧之间的变化，可以执行一个合成在不同尺寸大小上的多种渲染，或者执行一组任何数量的不同合成的渲染等。同时它借鉴了许多优秀软件的成功之处，将视频特效合成上升到了新的高度。

Photoshop 中层的引入，使 AE 可以对多层的合成图像进行控制，制作出天衣无缝的合成效果；关键帧、路径的引入，使用户对控制高级的二维动画游刃有余；高效的视频处理系统，确保了高质量视频的输出；令人眼花缭乱的特技系统使 AE 能实现使用者的一切创意。

AE 同样保留有 Adobe 优秀的软件相互兼容性。它可以非常方便地调入 Photoshop、Illustrator 的层文件，Premiere 的项目文件也可以近乎完美地再现于 AE 中，甚至还可以调入 Premiere 的 EDL 文件。新版本还能将二维和三维动画在一个合成中灵活地混合起来。

使用三维的层切换可以随时把一个层转化为三维的;二维和三维的层都可以水平或垂直移动;三维层可以在三维空间里进行动画操作,同时保持与灯光、阴影和相机的交互影响。并且 AE 支持大部分的音频、视频、图文格式,甚至还能将记录三维通道的文件调入进行更改。

2) Combustion C

Combustion C 是 Discreet 公司于 NAB2000 展会上正式发布的渲染包装系统。结合贝尔集团推出的 Edit 非线性编辑渲染包装系统在中国发布,Combustion 与 Edit 系统的集成,使贝尔集团提出的"非线性编辑系统:集编辑、渲染包装、三维动画为一体"的系统理念得到更加完美的诠释。视频艺术家们将拥有制作眩目视频效果的强大工具。

基于 PC 或苹果计算机平台的 Combustion 三维视频特效软件是为视觉特效创建而设计的一整套尖端工具,包含矢量绘画、粒子、视频效果处理、轨迹动画以及三维效果合成等五大工具模块。软件提供了大量强大且独特的工具,包括动态图片、三维合成、颜色矫正、图像稳定、矢量绘制和旋转文字特效短格式编辑与表现 Flash 输出等功能;另外还提供了运动图形和合成艺术新的创建能力,增强了其绘画工具与 3ds Max 软件中的交互操作功能,可以通过 Cleaner 编码记录软件使其与 Flint、Flame、Inferno、Fire 和 Smoke 同时工作。

作为一套以渲染包装为主要特征的高档系统,Combustion 摄取了 Discreet 的 Inferno、Flame 和 Flint 获奖系统的抠像、颜色纠正和动态跟踪等技术,将许多以前只在 SGI 工作站上才有的许多制作功能移植到 Windows 10,不但制作手段和制作过程同 SGI 工作站完全相同,而且可以同高档工作站共享制作参数,成功移植,使用户可在桌面平台上制作高档的视觉效果。

Combustion 除了具有以上强大特性以外,对于文本、图形、动画、声音等也有非常优秀的处理手段,特别是对于三维动画的处理和多层图像合成,在提供三维灯光、三维摄像机、三维容积效果等方面都有优异的表现。

3) SOFTIMAGE

SOFTIMAGE 公司是加拿大 Avid 公司旗下的子公司。

SOFTIMAGE 3D 是一个综合运行于 SGI 工作站和 Windows 10 平台的高端三维动画制作系统,它被世界级的动画师成功运用在电影、电视和交互制作的市场中。它具有由动画师亲自设计的方便且高效的工作界面、加入的动画工具和快速高质量的图像生成,是专业动画设计师的重要工具。用 SOFTIMAGE 3D 创建和制作的作品占据了娱乐业和影视业的主要市场,《泰坦尼克号》《失落的世界》《第五元素》等电影中的很多镜头都是用 SOFTIMAGE 3D 制作完成的,创造了惊人的视觉效果。SOFTIMAGE 3D 制作的昆虫 3D 效果如图 6-5 所示。

4) ZBrush

ZBrush 是一个数字雕刻和绘画软件。在一个简洁的界面中,ZBrush 以实用的思路开发出的功能组合,在激发艺术家创作力的同时,ZBrush 产生了一种用户感受,在操作时会感到非常的顺畅。ZBrush 能够雕刻高达 10 亿多边形的模型,所以限制取决于艺术家自身的想象力。

ZBrush 将三维动画中最复杂、最耗费精力的角色建模和贴图工作,变成了小朋友玩泥巴那样简单有趣。设计师可以通过手写板或者鼠标来控制 ZBrush 的立体笔刷工具,自由自在地随意雕刻自己头脑中的形象。至于拓扑结构、网格分布一类的烦琐问题都交由 ZBrush 在后台自动完成。细腻的笔刷轻易塑造出皱纹、发丝、青春痘、雀斑之类的皮肤细

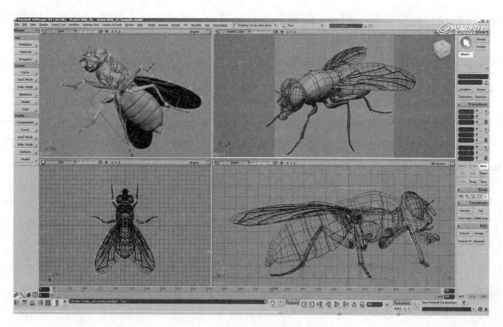

图 6-5

节,包括这些微小细节的凹凸模型和材质,轻松塑造出各种数字生物的造型和肌理。ZBrush 成为专业动画制作领域里面最重要的建模材质的辅助工具。用 ZBrush 制作的卡通形象如图 6-6 所示。

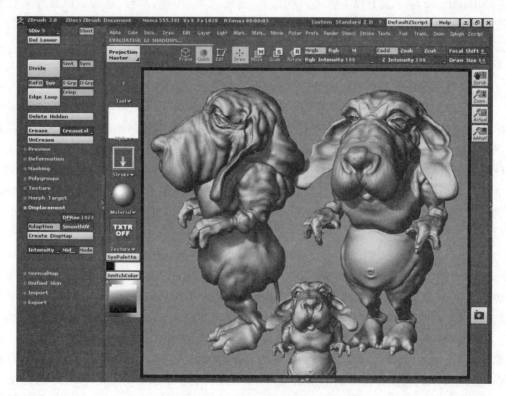

图 6-6

2．如何选择后期制作软件

市场上流行的影视后期制作软件很多,例如,After Effects(简称 AE)、Vegas、Combustion、VideoStudio、Premiere、EDIUS、DFsion、Shake、AvidXpress 等,令人应接不暇。另外,影视技术更新也很快,如何选用合适的软件确实让人头痛。

首先,影视后期制作分为视频合成和非线性编辑两部分,两者缺一不可。视频合成用于对众多不同元素进行艺术性组合和加工,实现特效、剪辑和片头动画;而非线性编辑可以实现对数字化的媒体随机访问,不按时间顺序记录或重放编辑。AE 擅长视频合成,支持从 4×4～30 000×30 000 像素分辨率,可以精确定位到一个像素点的千分之六,特效控制等功能非常强大。而 Premiere 在非线性编辑领域同样具有突出优势。由于 AE 和 Premiere 来自同一个公司,协调性极好。

其次,必须紧跟市场的发展需求,因此,应尽量选用最流行、潜力最大的软件。国产的 VideoStudio 简单易用,但是功能较弱;Vegas 功能不俗,但在易用性、扩展性方面明显不如 Adobe 风格的软件。众所周知,Adobe 解决方案早已成为数码成像领域的金科玉律,例如,Photoshop、Flash、Dreamweaver、Acrobat 等均为业界标准。作为 Adobe 旗下的软件,AE 和 Premiere 同样具有 IT 人员所熟知的 Adobe 风格界面,减低了学习难度。同时,它们在导入 Photoshop、Illustrator 等图像文件时,具有得天独厚的兼容性优势。

因此,综合考虑,建议初学者采用 AE＋Premiere 模式开展影视后期制作的学习。

绝大部分影视后期制作的教材都是偏重某个软件,不少教师也仅仅停留在教材的层次。其实,仅有合成软件和非线性编辑软件是不够的,教学过程中还需要选择一些易学易用的相关软件,为影视后期制作提供高质量的图像和音频。常用的辅助教学软件有图像处理软件 Photoshop,该软件是影视后期制作的基础,还有音频处理软件 GoldWave。与 Sony Sound Forge、Adobe Audition 相比,GoldWave 并不先进,但它小巧、实用,具备录音、播放、转换、编辑等功能,内含丰富的音频处理特效,对常用的音频处理(如降噪等)提供很好的支持。GoldWave 的另外一个显著优点是易用性好。

6.4.3 动画软件

影视动画涉及影视特效创意、前期拍摄、影视三维动画、特效后期合成、影视剧特效动画等。随着计算机在影视领域的延伸和制作软件的增加,三维数字影像技术缩小了影视拍摄的局限性,在视觉效果上弥补了拍摄的不足,在一定程度上计算机制作的费用远比实拍所产生的费用要低得多,同时为剧组因预算费用、外景地天气、季节变化而节省时间。制作影视特效动画的计算机设备硬件均为三维数字工作站,它们能把影视三维动画从简单的影视特效到复杂的影视三维场景都能表现得淋漓尽致。

动漫设计软件分为三维动漫软件、二维动漫软件和网页动漫软件。

三维动漫软件包括 3ds Max、Maya、Lightwave 等。

二维动漫软件包括 animo、RETAS PRO 等。

网页动漫软件包括 Flash 等。

1．三维动漫软件

1）3ds Max

3D Studio Max,常简称为 3ds Max 或 MAX,是 Discreet 公司开发的(后被 Autodesk 公司合并)基于 PC 系统的三维动画渲染和制作软件,其前身是基于 DOS 操作系统的 3D Studio 系列软件。在 Windows 10 出现以前,工业级的 CG 制作被 SGI 图形工作站所垄断。3D Studio Max ＋ Windows 10 组合的出现立即降低了 CG 制作的门槛,首先开始运用在计算机游戏中的动画制作,后更进一步开始参与影视片的特效制作,如《X 战警Ⅱ》《最后的武士》等。在 Discreet 3ds Max 7 后,正式更名为 Autodesk 3ds Max。

该软件早期名为 3ds,因为类似 DOS 年代,需要记忆大量的命令,由于使用不便,后改为 Max,图形化的操作界面,使用更为方便,并逐步完善了灯光、材质渲染、模型和动画制作,广泛应用于广告、影视、工业设计、建筑设计、三维动画、多媒体制作、游戏、辅助教学以及工程可视化等领域。使用 3ds Max 制作图形的效果如图 6-7 所示。

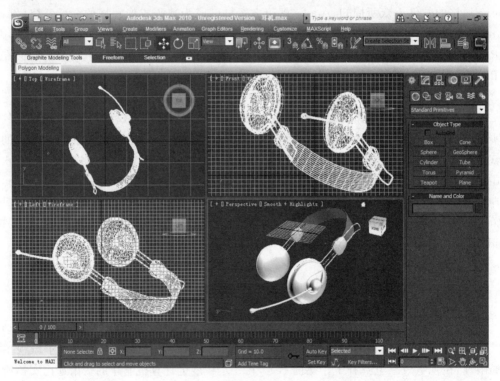

图 6-7

2）Maya

Maya 是世界上最为优秀的三维动画的制作软件之一,是相当高级而且复杂的三维电脑动画软件,被广泛用于电影、电视、广告、电脑游戏和电视游戏等的数位特效创作。2005 年 10 月 4 日,生产 3D Studio Max 的 Autodesk 软件公司宣布正式以 82 亿美元收购生产 Maya 的 Alias,所以 Maya 现在是 Autodesk 的软件产品。

Maya 不仅包括一般三维和视觉效果制作的功能,而且还结合了最先进的建模、数字化布料模拟、毛发渲染和运动匹配技术。Maya 因其强大的功能在三维动画界造成巨大的影响,已经渗入到电影、广播电视、公司演示、游戏可视化等各个领域,且成为三维动画软件中的佼佼者。Maya 在电影特效制作中应用相当广泛,著名的《星球大战前传》就是采用 Maya 制作特效的,此外还有《蜘蛛人》《指环王》《侏罗纪公园》《海底总动员》《哈利波特》,甚至包括《头文字 D》在内的大批电影作品也采用 Maya 进行了动画制作。逼真的角色动画、丰富的画笔,接近完美的毛发、衣服效果,不仅使影视广告公司对 Maya 情有独钟,许多喜爱三维动画制作,并有志向影视电脑特技方向发展的朋友也被 Maya 的强大功能所吸引。使用 Maya 软件制作的动画形象如图 6-8 所示。

图 6-8

3) Lightwave

由美国 NewTek 公司开发的 LightWave 3D 是一款高性价比的三维动画制作软件,它的功能非常强大,是业界为数不多的几款重量级三维动画软件之一。LightWave 3D 从有趣的 AMIGA 开始,发展到今天的版本,已经成为一款功能非常强大的三维动画软件,被广泛应用在电影、电视、游戏、网页、广告、印刷、动画等各领域。它操作简便,易学易用,在生物建模和角色动画方面功能异常强大;基于光线跟踪、光能传递等技术的渲染模块,令它的渲染品质几尽完美。它的优异性能备受影视特效制作公司和游戏开发商的青睐。火爆一时的好莱坞大片 TITANIC 中细致、逼真的船体模型、RED PLANET 中的电影特效以及《恐龙危机 2》《生化危机》等许多经典游戏均由 LightWave 3D 开发制作完成。用 LightWave 3D 制作的头像模型如图 6-9 所示。

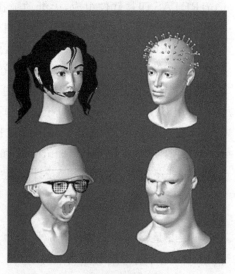

图 6-9

2．二维动画软件

1）Animo

Animo 是英国 Cambridge Animation 公司开发的运行于 SGI O2 工作站和 Windows 10 平台上的二维卡通动画制作系统,使用广泛。《埃及王子》《国王与我》《小倩》《空中大灌篮》等影片都是使用 Animo 制作效果的成功案例。

Animo 提供了灵活的颜色、模板、创建、调色板修改和颜色调整工具,这些功能在前期制作和大型影片的合成方面非常重要,能将二维与三维完美结合,从而使动画制作更具有灵活性。

它具有面向动画师设计的工作界面,扫描后的画稿保持了艺术家原始的线条,它的快速上色工具提供了自动上色和自动线条封闭功能,并和颜色模型编辑器集成在一起提供了不受数目限制的颜色和调色板,一个颜色模型可设置多个"色指定"。它具有多种特技效果处理,包括灯光、阴影、照相机镜头的推拉、背景虚化、水波等,并可与二维、三维和实拍镜头进行合成。

新版 Animo 6 对使用性和功能方面进行了大量的更新和补充,提高了 Animo 用户在从系统构造、扫描、处理和上色一直到合成和输出整个制作管线的使用效率。

2）RETAS PRO

RETAS PRO 是日本 Celsys 株式会社开发的一套应用于普通 PC 和苹果计算机的专业二维动画制作系统,它的出现迅速填补了 PC 和苹果计算机上没有专业二维动画制作系统的空白。从 1993 年 10 月 RETAS 1.0 版在日本问世以来,RETAS PRO 逐渐占领了日本动画界 80% 以上的市场份额,雄踞近几年日本动画软件销售额之冠。日本已有多家的动画制作公司使用了 RETAS PRO,其中较为著名的有 Toei、Sunrise、TokyoMovie、TMS(使用 RETAS PRO 制作了《蜘蛛人》);日本著名的动画学校——Yoyogi 动画学校以及著名的游戏制作师 Hudson、Konami 也使用了 RETAS PRO。

RETAS 在日本等国,市场占有率达 80% 以上,如《海贼王》《火影忍者》《机器猫》等一系列耳熟能详的动画名作都由其制作而成。RETAS 由 Stylos、TraceMan、PaintMan 和 CoreRETAS 四款软件组成,无纸动画和传统动画的制作流程在这款软件中都能轻松搞定,替代了传统动画制作中描线、上色、制作摄影表、特效处理、拍摄合成的全部过程。同时 RETAS PRO 不仅可以制作二维动画,而且还可以合成实景以及计算机三维图像。RETAS PRO 可广泛应用于电影、电视、游戏、光盘等多个领域。

进行无纸动画制作时,用户可先在 Stylos 上绘制线稿,之后在 PaintMan 中进行上色,最后使用 CoreRETAS 合成。传统动画的制作过程与之类似,不同之处在于完成线稿的方式。用户可以将手绘在 TraceMan 中扫描和提线,以将纸质图像转化成数字线稿,之后的上色和合成工作也将分别在 PaintMan 和 CoreRETAS 中完成。RETAS 不仅可以制作二维动画,而且还可以合成实景以及计算机三维图像。

3．网页动画软件——Flash

Flash 是一种动画创作与应用程序开发于一身的创作软件,又被称为闪客,网页设计者使用 Flash 可创作出既漂亮又可改变尺寸的导航界面以及其他奇特的效果。随着多媒体电视节目制作的发展,Flash 现在已经被广泛应用到了电视栏目后期制作中,一些电视广告或栏目片头也是使用 Flash 制作的。

Flash 广泛用于创建吸引人的应用程序,它们包含丰富的视频、声音、图形和动画。可以在 Flash 中创建原始内容或者从其他 Adobe 应用程序(如 Photoshop 或 Illustrator)导入它们,快速设计简单的动画。设计人员和开发人员可使用它来创建演示文稿、应用程序和其他允许用户交互的内容。Flash 可以包含简单的动画、视频内容、复杂演示文稿和应用程序以及介于它们之间的任何内容。通常,使用 Flash 创作的各个内容单元称为应用程序,即使它们可能只是很简单的动画,也可以通过添加图片、声音、视频和特殊效果,构建包含丰富媒体的 Flash 应用程序。

Flash 最新的零售版本为 Adobe Flash Professional CC 6(2015 年发布)。Adobe Flash Professional CC 6 为创建数字动画、交互式 Web 站点、桌面应用程序以及手机应用程序开发提供了功能全面的创作和编辑环境。

6.4.4 静态图片制作软件

随着数码相机的流行,数码照片成为越来越多普通家庭存储回忆的介质,而数码照片拍摄过程中各种各样原因引起的照片表现力不足,需要对数码照片进行修复,或需要对数码照片进行后期处理的需求不断增大,图片制作软件,正是这一时代应运而生的产物。

图片制作软件是一类对数码照片进行分析、修复、美化、合成等处理的软件,在图形图像处理领域,照片处理软件属于图像处理软件的分支,是专门针对数码照片工作的软件。

图片制作软件能够对图片进行分析、修复、美化、合成等处理。图片分析,即指通过取样和量化过程将一个以自然形式存在的图像变换为适合计算机处理的数字形式,包括图片直方图、灰度图等的显示。图片修复,即指通过图像增强或复原,改进图片的质量,包括去除噪点、修正数码照片的广角畸变、提高图片对比度、消除红眼等。图片合成,即指将多张图片进行合并。

目前,专业级的图片处理软件有 Adobe 公司出品的 Photoshop 等。Adobe Photoshop,简称 PS,是由 Adobe Systems 开发和发行的图像处理软件。Photoshop 主要处理以像素所构成的数字图像。使用其众多的编修与绘图工具,可以有效地进行图片编辑工作。PS 有很多功能,在图像、图形、文字、视频、出版等各方面都有涉及。

从功能上看,Photoshop 可分为图像编辑、图像合成、校色调色及功能特色效制作部分等。图像编辑是图像处理的基础,可以对图像做各种变换,如放大、缩小、旋转、倾斜、镜像、透视等;也可进行复制、去除斑点、修补、修饰图像的残损等。

图像合成是将几幅图片用图层操作、工具应用合成完整的、传达明确意义的图像,这是美术设计的必经之路,该软件提供的绘图工具让外来图像与创意很好地融合。

校色调色可方便、快捷地对图像的颜色进行明暗、色偏的调整和校正,也可在不同颜色间进行切换,以满足图像在不同领域(如网页设计、印刷、多媒体等方面)的应用。

在 Photoshop 中,特效制作由滤镜、通道及工具综合应用完成,包括图像的特效创意和特效字的制作,如油画、浮雕、石膏画、素描等常用的传统美术技巧都可由该软件特效完成。

平面设计是 Photoshop 应用最为广泛的领域,图书封面、海报等各种平面印刷品都需要 Photoshop 软件对图像进行处理。同时广告摄影作为一种对视觉要求非常严格的工作,其最终成品往往也要经过 Photoshop 的修改才能得到满意的效果。影像创意是 Photoshop 的特长,通过 Photoshop 的处理可以将不同的对象组合在一起,使图像发生变化。在制作建筑效果图和制作网页包括许多三维场景时,人物与配景包括场景的颜色也常常需要在 Photoshop 中增加并调整。

其他图片制作软件介绍如下。

(1) 彩影。彩影软件是梦幻科技公司推出的图像处理和相片制作软件,拥有非常智能、简单而功能强大的图像处理、修复和合成功能;具有支持高品质照片、处理速度快、资源利用合理、算法优越等一系列优点,兼备所见即所得的设计理念;具有多图像并发处理,强大的相框照、贴纸照制作,独创的绚丽场景合成,艺术合成照、蒙板照、抠图合成制作,装饰物叠加,强大的艺术字效果以及强大的辅助等功能;能够实现图像窗口并发处理,在多张图片批处理、相互对比、反复抠图等环节更大幅缩减操作复杂度,并且支持最齐全的数码暗房效果以及最完备的调整和修复功能。另外,其面向群体包括普通家庭用户、摄影爱好者、需要快速进行图片处理的专业人士、图形设计师。

(2) 光影魔术手。光影魔术手是一款图片处理软件,具有图片画质处理、数码暗房等功能。包括亮度,对比度,白平衡,曲线色阶的调整,对图片加上反转片、负片、正片负冲等各种暗房特效,还可以给图片加上各种光影自带的边框素材。光影魔术手提供了边框素材在线更新功能,并且可以给图片加上文字和水印,能够自由拼图和模板拼图;还可以对一批图片进行批量处理、批量加文字水印、批量改变图片大小等,提高了图片处理效率。

6.5 非线性编辑系统

6.5.1 简易的 DV 制作

DV(Digital Video,数字视频)是一种应用数字视频格式记录音视频数据的摄像机,即 DV 摄像机。1996 年,DV 摄像机在日本问世,最初被用来拍摄家庭影像。但是短短的几年间,随着机身性能的改进以及计算机配套设备的开发与研制,DV 已经成为当前个人影像制作甚至专业媒体都非常喜爱的一种摄像设备,世界各地的年轻人都选择 DV 进行自己的影像表达,世界各国的企业、团体都选择 DV 进行企业宣传,留住值得纪念的一刻。

根据我国在 2015 年停播模拟电视、全部改播数字电视的规划,对数字 DV 节目的需求(在数量上和质量上)将成倍提高,因此对 DV 策划和制作方面的人才的需求也更为迫切,数字视频(DV)策划制作师有很好的职业发展前景。

作为民用的高性价比产品,DV 也已经不再是人们眼中高不可攀的贵族宠物。从 4000~30 000 元的 DV 摄录机不仅成为专业影像从业人员的宝贵工具,更成为影视圈外逡巡者们争取影像话语权的得力助手。不仅索德博格用 DV 拍摄出《正面全裸》,张艺谋剧组用 DV 记录下《缘起》,我们经常可见的年轻 DV 爱好者,也在用他们手里的简陋设备,演绎着他们内心最真实的构想,实践着创造影像的梦想。

DV 泛应用于教育、培训、家庭娱乐、旅游、企业宣传、会议记录、喜庆活动等许多领域和场合。因此从事 DV 策划制作的人员需求大大增加。目前该职业的从业人员一般是熟悉摄影、多媒体技术的人员,大多数只具有摄像、非线性编辑、传统剪辑、编导或文字等某一方面的知识,缺乏完整的职业知识和技能的训练。而要完成一个好的DV作品,涉及影视制作各个方面的知识,如影视编导和DV节目策划知识、DV摄像技术和灯光技术知识、非线性编辑技术和特技制作知识、视频剪辑知识、DV制作流程和规范、DV输出和光盘刻录技术等。

对于初学者和DV爱好者来说,最重要的除了帮助他们完成构思,还需要知道的是,怎样才能完成一部DV电影的制作。

首先,必须具备的是设备和创作构思。设备包括一台DV摄像机,一台可以采集图像、装有视频编辑软件的计算机,当然,还有一些简单的附属设备;构思可以是多种多样的,先要确定拍摄的是剧情片、纪录片、实验作品、MTV还是专题片。这里主要讨论DV剧情片的拍摄,需要拟出一个比较详细的故事大纲(也叫故事梗概)。

1. 拍摄筹备阶段

1) 分镜头稿本

分镜头稿本就是将原始的文字材料设计划分为一个个小的分镜头。简单地理解,就是依据文字稿本去分出一个个可供拍摄的镜头,然后将分镜头的内容写在专用的表格上,成为可供拍摄、录制的稿本。镜头是构成画面语言的基本单位,把若干镜头合乎逻辑、有节奏地组接起来就可以构成完整的视觉形象。分镜头稿本是拍摄制作的蓝图和依据,是对文字材料应用影视画面语言进行再创作的过程。

分镜头稿本通常由导演亲自在文学剧本的基础上改写,在现场拍摄的时候,我们就不用对着文学剧本临时来想怎么拍摄,而只用查阅分镜头稿本,依照它的指示拍摄就可以了。其主要内容包括:

(1) 将文字稿本的画面内容加工成一个个具体形象,可供拍摄的镜头,并按顺序列出镜头的镜号。

(2) 确定每个镜头的景别,如远、全、中、近、特等。

(3) 规定每个镜头的拍摄方法及镜头组接的技巧(如推、拉、摇、移、跟、切、淡出、淡入等)。

(4) 用精炼、具体的语言描述出要表现的画面内容,必要时借助图形、符号表达。

(5) 相应镜头组的解说词。

(6) 相应镜头组或段落的音乐、音响效果。

依据文字稿本加工分镜头稿本,不是对文字稿本的图解和翻译,而是在文字稿本的基础上进行影视语言的再创造,虽然分镜头稿本也是用文字书写的,但它已接近电视或者说它可以在脑海里放映出来的电视,已获得某种程度可见的效果。

分镜头稿本的作用如同建筑大厦的蓝图,是为电视教材的摄制提供依据,全体摄制组人员都是依据分镜头稿本的要求分工合作,进行摄、录、编的各项工作。

以下是一个分镜头稿本格式,可以根据实际拍摄需要增减内容。

镜号	机号	景别	技巧	镜长	画面	解说	音乐	音效	备注

2) 确定演职人员

影视艺术本身是集体合作的艺术,需要各个演职部门协作完成创作。对 DV 电影的拍摄而言,人数视资金和艺术技术水平的不同可多可少。导演、演员、助理导演、摄影、摄影助理、剧务、场记、制片主任、灯光、录音、化妆、服装、道具等,都是大剧组里常见的人员。而拍摄 DV 电影,人员可以削减很多,例如导演可以兼任摄影,演员可以自己化妆等。所以,只要有导演(摄影)、演员和场记,就可以组成一个简易的 DV 摄制组了。

3) 其他准备

我们所要作的最后准备包括三个方面:一是设备器材,二是演职人员,三是日程安排。

设备器材在拍摄之前必须做仔细的检查。例如,购买的磁带是否充足,所有的电池加起来是否能支撑一天的拍摄,摄像机、脚架是否完好等。此外,剧情里需要的道具、服装也需要提前准备到位。

演职人员需要做最后的调整。演员被要求反复地阅读文学剧本,导演、摄影等需要仔细阅读分镜头稿本。通常,导演会组织一次交流会,在会议上,导演会就影片做出导演阐述,与演员交流各个角色的性格等,与摄影交流拍摄的风格。同时,导演会做拍摄动员,提出纪律和希望,对每个成员的创作欲望进行充分和积极的鼓励。所有重大的分歧都被要求在会议上尽力解决。

日程安排是最后一项重要工作。拍摄顺序主要按照地点顺序,同时兼顾天气和集中演员。因此需要把相同场景的片段集中起来,方便拍摄,避免剧组转战东西,耽搁时间和金钱。

2. DV 摄影

DV 摄像机具有体积小、功能全的特点,因此要发挥 DV 摄影的机动性和灵活性。一般可以采取固定摄影和手持摄影的方法拍摄。

拍摄 DV 保证稳定才是根本之道。在拍摄视频的时候,能够双手持机的一定要使用双手,除了右手正常持机之外,左手也要参与进来,扶住屏幕使机器稳定,如果胳膊肘能够再顶住身体提供三个支点,那么摄像机将会更加稳固。

当然,使用摄像机标准的持机方式,根据具体的环境使用方法还是有些不同,但是总体来讲,有这样几条原则:双手握住 DV,机器重心应放在腕部,同时保持身体稳定,可以找个依靠的物体(如墙壁、柱子、树木)来稳定重心;若需要移动拍摄也要保证是双手握住 DV,将机器的重心放在腕部,两肘夹紧肋部,双腿跨立,稳住身体重心。这样才能保证拍摄的视频在很大程度上是稳定的,有利于后期的观看。

DV 影片由于资金限制,通常是实景拍摄。在外景拍摄时,难免有好奇的人群驻足围观,而一个围观者进入镜头,都会造成影片"穿帮"。这时,通常要注意控制摄影的景深。景深是指摄影画面里保持前景和后景之间清晰的范围。简而言之,可以在电视里看见站在摄像机前的演员面部是清楚的,而后景是虚化的。这样,可以有效避免后景里好奇的行人和杂乱的背景。控制景深,可以把摄像机摆在离被摄物体较远的位置,把镜头推上去,把被摄物体的焦距调节清楚,这样一来,后景就自然模糊了,拍摄出的画面也主体突出。

DV 拍摄要灵活机动,善于变化,既要拍景,又要摄人,由景物的空镜头摇向人物,让人物走入空镜头画面,由人物的欣赏视线或行走方向再摇出景物,或是由全景人物推向景物结束录像,以使人、物有机地融合在一起。这样拍摄出来的录像片比较符合观看习惯。当然,在拍摄过程中,也可以有意识地穿插拍摄一些纯景物的镜头。总之要想DV画面具有吸引力,就必须多动手,多练习。

3. 后期制作阶段

1) 观看素材

观看素材是后期制作的必要过程。观看素材一般是导演和剪辑人员一起进行,在观看素材的同时,应该针对有意义的镜头或段落做一些必要的书面记录,以备剪辑之用。在观看影片的同时,还应该把前期拍摄过程中的场记表做一次仔细的整理。把本来按照拍摄日程安排的场次顺序和镜头顺序重新按照分镜头稿本的顺序整理出来,方便接下来剪辑影片时寻找画面用。

同时,还应该完成剪辑之前最后素材的收集,如影片有旁白、音乐、动效等要求,都应在剪辑前把这些素材准备完毕,使剪辑的过程尽可能地集中和便利。

2) 影片剪辑

DV制作的软件很多,比较常用的有会声会影,它是完全针对家庭娱乐、个人纪录片制作之用的简便型编辑视频软件,支持各类编码,包括音频和视频编码,是最简单好用的DV、影片剪辑软件。其虽然无法与EDIUS、Adobe Premiere、Adobe After Effects和Sony Vegas等专业视频处理软件媲美,但以简单易用、功能丰富的作风赢得了良好的口碑,在国内的普及度较高。

会声会影具有图像抓取和编修功能,可以抓取和转换MV、DV、V8、TV及实时记录抓取画面文件,并提供超过100多种的编制功能与效果,可导出多种常见的视频格式,甚至可以直接制作成DVD和VCD光盘。其成批转换功能与捕获格式完整支持,让剪辑影片更快,更有效率;画面特写镜头与对象创意覆叠,可随意做出新奇百变的创意效果;配乐大师与杜比AC3支持,让影片配乐更精准,更立体;同时会声会影提供了12类114个转场效果,可以用拖曳的方式应用,每个效果都可以做进一步的控制,不只是一般的"傻瓜功能";另外还可在影片中加入字幕、旁白或动态标题的文字功能。

它的输出方式也多种多样,它可输出传统的多媒体电影文件,如AVI、FLC动画、MPEG电影文件,也可将制作完成的视频嵌入贺卡,生成一个.exe可执行文件。通过内置的Internet发送功能,可以将视频通过电子邮件发送出去或者自动将它作为网页发布。

会声会影采用目前最流行的"在线操作指南"的步骤引导方式来处理各项视频、图像素材,它分为开始→捕获→故事板→效果→覆叠→标题→音频→完成这8大步骤,并将操作方法与相关的配合注意事项,以帮助文件显示出来,称为"会声会影指南",快速地学习每一个流程的操作方法。

会声会影主要的特点是:操作简单,界面简洁明快,适合家庭日常使用,具有完整的影片编辑流程解决方案。

Corel公司为中国用户带来的"会声会影10"简体中文版是制作DV最常用的视频编辑软件。操作如下:

(1) 打开程序。

单击"会声会影编辑器",进入主程序然后进行DV视频采集。

（2）采集视频。

把 DV 和计算机用 1394 连接,然后打开 DV 到播放挡位,但不开始播放。回到桌面,单击"捕获"按钮,设置采集生成文件的路径到一个剩余空间大于 20GB 的硬盘。在浏览窗口下面单击"操作"按钮,找到要采集的视频起点,开始播放捕获。采集完成后单击"编辑"按钮,来到编辑窗口。

（3）对视频进行进一步的编辑。在这里需要把刚才采集的视频拖曳到视频编辑轨道后,选中视频编辑,如图 6-10 所示。

图　6-10

在这里可以修剪视频,把不需要的内容删掉。还可以把视频划分为多个场景,如图 6-11 所示。

然后可以添加转场效果了,单击"效果"按钮,选取想要加入的效果类别,将选定的效果拖曳到两个场景中间就完成了。

添加字幕的时候,单击"标题"按钮,选择喜欢的标题格式,当然也可以自己设计,适当编辑好后拖曳到文字轨道,如图 6-12 所示。

接着在音乐轨道上单击"音频"按钮,在声音轨上单击右键,插入音乐文件,也可以把原来的音频分离后删除,还可以调整声音的音量,如图 6-13 所示。

最后再完整地看一遍,在细节上做些调整,然后进行刻录。

输出 DVD,单击"分享"按钮,然后选择里面的"创建光盘",然后一直单击"下一步"按钮,就可以刻录成自己的光盘了,如图 6-14 所示。

以上这些是最基本的操作,会声会影 10 提供了很多自定义选项让用户可以自由尝试,制作出不同效果不同风格的 DV 视频作品。

图 6-11

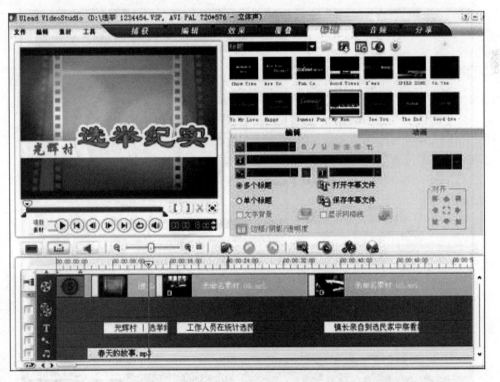

图 6-12

图 6-13

图 6-14

经过这几个步骤，DV 作品就做好了，要想制作出品质高的作品，只有多拍、多剪、多练习。

6.5.2 专业视频编辑

1. Adobe Premiere

Adobe Premiere 是一款用于影视后期编辑的软件，是数字视频领域普及程度最高的编辑软件之一。作为专业的非线性视频编辑软件，Premiere 完全可以胜任日常的视频编辑，而且由于 Premiere 并不需要特殊的硬件支持，现在很多对视频感兴趣的人在计算机都装了这一款软件。它的操作界面如图 6-15 所示。

图 6-15

Premiere 的默认操作界面主要分为素材框、监视器调板、效果调板、时间线调板和工具箱五个主要部分，在效果调板的位置，通过选择不同的选项卡，可以显示信息调板和历史调板。

Premiere 的制作流程如下：

（1）打开 Adobe Premiere，并新建项目。
（2）导入视频、配乐、图片以及所有需要用到的素材。
（3）将需要制作的视频音频等拖入时间线。
（4）给需要添加特效的视频添加特效。
（5）在时间线上进行素材的剪辑。
（6）将制作好的视频进行播放，查看并进行修改调整。
（7）导出视频，完成制作。

首先新建项目文件。现在大多数拍摄的视频尺寸都是 16:9 的，所以我们选择 DV-PAL

宽屏 48kHz(如果录制的视频为 4∶3,请选择标准 48kHz),如图 6-16 所示。

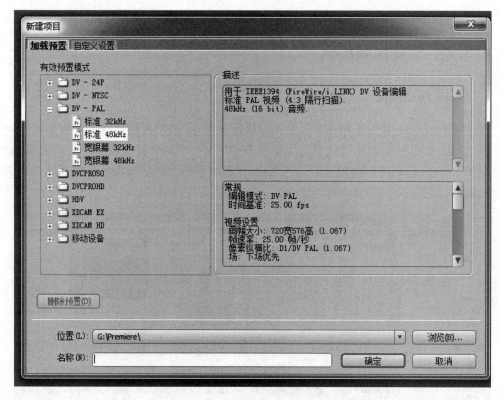

图 6-16

这是关于项目文件的参数说明(720×576 为标清模式)。

项目文件建立好了之后,则会打开 Premiere 的主界面,默认为已经新建好了一条"序列 01"的时间线,然后在时间线下面的空白处双击,就会弹出导入素材的窗口,可以直接向这个时间线里导入素材进行编辑,也可以通过选择"文件"→"新建"→"序列"来新建一个序列。

在编辑界面下,利用"文件"→"导入"选择需要的几段视频,单击打开,即可将视频导入软件中。并且按住 Shift 键不放,选择所有视频,将其直接拖曳至时间线,如图 6-17 所示。

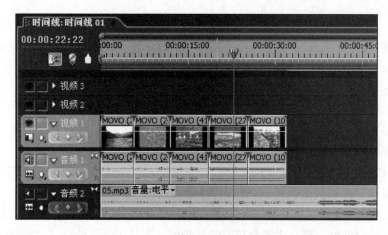

图 6-17

下面简单介绍一下工具栏。工具栏里面主要有 11 种工具,作为一般的剪辑而言,主要运用的是选择工具和剃刀工具。

选择剃刀工具 ,对准素材需要分开的部分,按下鼠标,素材会被剪开,成为两个独立的片段,然后单击选中不需要的片段,按下 Delete 键,删除不需要的片段。或对选中的片段单击右键,选择清除,也能将不需要的片段删除。

删除不需要的片段之后,可以通过鼠标拖动,将剩下的片段按照我们的需要重新组合,这样就完成了对于素材的初步编辑。

Premiere 提供了非常多的视频特效和视频的切换特效,在编辑界面左下的效果调板中,单击"视频切换特效"按钮。

将选中的特效拖动到两段素材之间,就完成了特效的添加。也可以选择"效果控制",在调板里对刚刚选中的特效的细节根据自己的喜好做进一步的调整。

接着可以导入一段音乐,将其拖入音频轨,并按照剪辑视频的方式,将音频中不需要的部分删除,单击右键,选择"音频增益",对音频片段的音量进行调整。

选择"字幕"→"新建字幕"→"默认静态字幕"命令,可以进行字幕的设置。在字幕右侧属性里,单击"字体"按钮,选择需要使用的字体,然后再输入,还可以对文字的大小、颜色、位置、效果进行设置。

对已经完成的视频进行观看、修改细节,确定无误后就可以输出了。选择"文件"→"输出"→"影片"命令。

经过上面几个步骤,一段视频就通过 Adobe Premiere 软件剪辑好了。

下面介绍一些参数的设置。

在初装 Adobe Premiere 的情况下,要对常用参数进行设置。

选择"编辑"→"参数选择"命令。选择"自动保存",有时会遇到停电、软件故障等突发情况使正在制作的视频自动关闭,可以把自动保存时间改短一点,尽可能地降低影响。可以根据自己的喜好调节标签颜色。工作磁盘的保存位置,要选择比较大的磁盘进行存储。用户界面亮度也可以根据自己的喜好调节,最好选择颜色较暗一些,不刺眼。

Premiere 有很多华丽的应用,其他的应用和特效需要不断练习、不断尝试和总结,或者查看一些相关的书籍,不断学习、练习。

2. EDIUS

启动 EDIUS,双击桌面上的 EDIUS 图标,如图 6-18 所示。第一次使用 EDIUS 的用户首先看到一个"文件夹设置"的对话框,如图 6-19 所示。单击"浏览"按钮制定一个默认的文件夹,这个对话框只会第一次启动 EDIUS 时才会出现。同时进入工作前,必须预先告知 EDIUS,视频是 PAL 还是 NTSC 制式,标清还是高清,是否使用支持的硬件等细节信息,这些被统称为"工程预设",单击"新建工程"下的"新建预置"按钮,如图 6-20 所示。

图 6-18

选择 Generic OHCI SD 50Hz;选择 720×576 50i 4∶3 48Hz 2Ch,这是比较常见的 PAL 制双声道视频格式。

在"轨道(默认)"下调节合适的轨道数量以便于屏幕的显示,如图 6-21 所示。

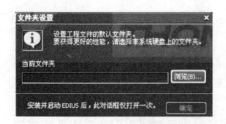
图 6-19

图 6-20

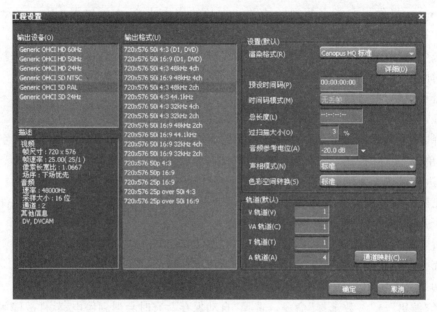
图 6-21

设置完毕后单击"确定"按钮,为第一个 EDIUS 工程预设起个名字,并选择图标文件,如图 6-22 所示。

"新建工程"的空白项目栏中出现了刚才创建的工程预设图标,单击欢迎屏幕右下角的"开始"按钮,即可正式进入 EDIUS 的工作界面了。

首先介绍一下 EDIUS 的界面。

默认状态下,屏幕上半部分会被两个视频窗口所占据:左侧窗口称为播放窗口,可以用来采集素材或者单独显示选定的素材;右侧窗口称为录制窗口,负

图 6-22

责播放时间线,所有的编辑工作都是在时间线上进行的,而时间线上的内容正是最终视频输出的内容。

屏幕的下半部分会被时间线区域所占据,后期编辑工作简单地说就是将合适的素材放置到合适的时间线位置上去。每一行称为一个轨道,轨道是用来放置素材的。时间线上方的工具栏显示了当前工程的名称,并提供了各式各样的常用工具快捷键图标,如图 6-23 所示。

轨道的左侧区域称为轨道面板,这里提供一系列对轨道的操作。

标签栏显示当前序列的名称,如果建立了多个序列,可以在这里找到其他序列的标签

图 6-23

卡，单击即可切换。

时间线显示比例：对于后期编辑人员来说，工作中最频繁的动作之一就是调节时间线的显示比例。单击按钮边向下的小箭头能打开显示比例菜单，EDIUS 提供了许多现成的显示比例可供使用。还可以按快捷键 Ctrl＋数字小键盘的＋或者－，或者按 Ctrl＋鼠标中键滚轮来随意调节显示比例。也可拖动时间线显示比例按钮顶部的小滑块来调整，如图 6-24 所示。

在时间线工具栏上找到面板工具，单击图标旁边的小三角可以打开下拉菜单列表。

有 3 种不同的面板：特效面板、信息面板和标记面板。用鼠标选择或者按快捷键 Ctrl＋H，统一打开和关闭，如图 6-25 所示。

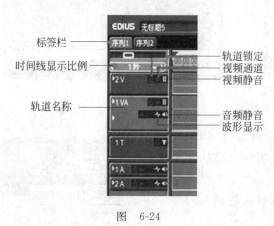

图 6-24

图 6-25

特效面板：包含了所有的视音频滤镜和转场，如图 6-26 所示。

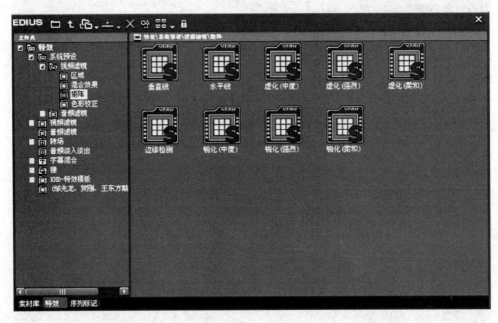

图 6-26

信息面板：显示当前选定素材的信息，如文件名、入、出点时间码等，还可以显示应用到素材上的滤镜和转场。用户可以通过双击滤镜的参数设置面板，如图 6-27 所示。

标记面板：显示用户在时间线上创建的标记信息。使用 V 创建或者删除标记点，如图 6-28 所示。

图 6-27

图 6-28

另一个重要的窗口称为素材库，可以通过时间线工具的素材库工具快捷图标打开或关闭，也可以按快捷键 Ctrl＋B，如图 6-29 所示。

素材库：就是管理素材的面板，可以载入视频、音频、字幕、序列等素材。

图 6-29

窗口下的工具栏提供了一些常用的控制工具,包括可以通过滑动播放指针,单击播放、步进、快进等按钮来浏览整个视频,如图 6-30 所示。

图 6-30

挑选一个视频开始的时间点,创建一个"入点",单击设置入点按键,或者按快捷键 Ctrl+I,如图 6-31 所示。

挑选一个视频开始的时间点,创建一个"出点",单击设置出点按键,或者按快捷键 Ctrl+O,如图 6-32 所示。

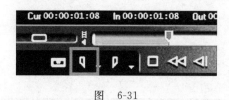

图 6-31　　　　　　　　　　　　　图 6-32

将时间线指针移动到素材需要切开的位置,使用时间线工具栏的"添加切点—选定轨道"按钮,或者按快捷键 Ctrl+C,如图 6-33 所示。

另一种方法:单击素材所在的轨道,将时间线指针移动到要裁剪的位置,然后使用下列快捷键 Ctrl+M、Ctrl+N,如图 6-34 所示。裁剪掉素材的入点到指针位置之间的部分,即去除指针以前的部分:Ctrl+N;裁剪掉素材的出点到指针位置之间的部分,即去除指针以后的部分:Ctrl+M。

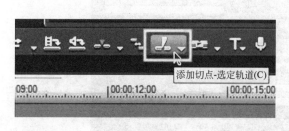

图 6-33　　　　　　　　　　　　　图 6-34

使用时间线工具栏的波纹模式工具即可打开或关闭波纹模式,或者使用快捷键 Ctrl+R,如图 6-35 所示。

关闭状态下的波纹模式图表上有一条斜线(在方框中 ），如图 6-36 所示。

图 6-35　　　　　　　　　　　　　图 6-36

当开启波纹模式后,进行拖动素材的边缘、删除素材等操作时,同一轨道上的其他素材都会随着当前素材的操作一起移动,从而保持彼此间的相对位置,如图 6-37 所示。

同步模式的开关可以在时间线工具栏的"覆盖/插入模式"按钮的下拉列表中找到,如图 6-38 所示。

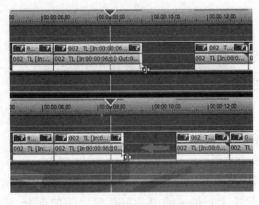

图 6-37　　　　　　　　　　　　　图 6-38

同时开启波纹模式和同步模式后,当前素材的操作将影响时间线上所有轨道,入点在操作点之后的全部素材受到影响,如图 6-39 所示。

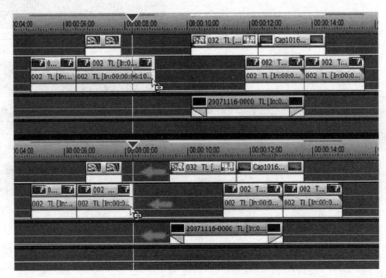

图 6-39

下面介绍素材的导入、节目的生成和视频输出的设置。

素材导入：在素材库中的空白处单击鼠标右键，选择添加文件，如图 6-40 所示。

一种简单的方法是：直接在素材库空白处双击，即可出现打开素材的对话框，如图 6-41 所示。

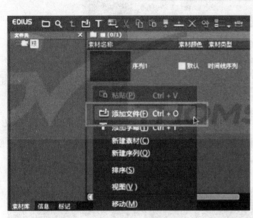

图 6-40　　　　　　　　　　　　　　　图 6-41

在这个对话框中，可以看到所有可支持的文件。EDIUS 支持导入几乎所有的主流文件格式和编码方式，包括图片序列和 SWF 文件。

视频输出：先给出 EDIUS 输出的范围，因为有时可能并不需要输出时间线上的全部内容。将时间线指针移动到短片的最开始处，单击录制窗口下的"设置入点"按钮，或者按快捷键 Ctrl＋I，设置一个入点，如图 6-42 所示。

将时间线上的指针移动到短片的结尾处，单击录制窗口下的"设置出点"按钮，或者按快捷键 Ctrl＋O，设置一个出点，如图 6-43 所示。

图 6-42　　　　　　　　　　　　　　　图 6-43

时间线上亮灰色区域表示出入点间包含的内容，深灰色表示没有选择的内容，如图 6-44 所示。

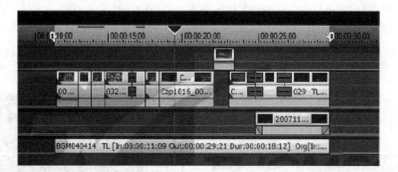

图 6-44

单击录制窗口右下角的输出按钮,在其弹出的菜单中选择"输出到文件",或者按功能键F11,打开 EDIUS 的输出列表,如图 6-45 所示。

假设打算输出一个 WMV 文件。确定对话框底部的"在入点和出点之间输出"选项处于选中状态,并在格式列表中选择 Windows Media Video,单击"确定"按钮,如图 6-46 所示。

图 6-45

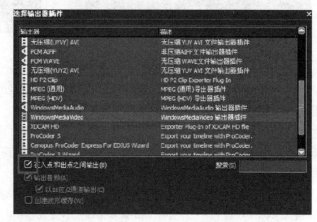

图 6-46

在随后出现的对话框里可以对输出的视频和音频参数做一些调节,固定比特率(CBR)、可变比特率(VBR)、画面大小、画面质量都可以根据自己的需要进行调整,如图 6-47 所示。

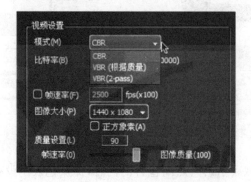

图 6-47

设置完文件名和保存路径后,单击 Save 按钮,如图 6-48 所示。

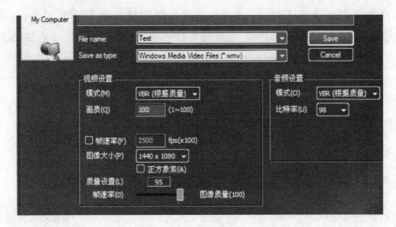

图 6-48

EDIUS 开始渲染输出工作,这个过程的时间取决于用户的工程长度、特效复杂程度以及计算机的硬件配置情况。

下面介绍 EDIUS 的轨道名称。

EDIUS 拥有 4 种类型的轨道。

(1) V 视频轨道:可以放置视频素材或字幕素材。

(2) VA 视音频轨道:可以放置视音频素材。

(3) T 字幕轨道:可以放置字幕素材或视频素材,该轨道上的素材可以使用一类叫作字幕混合的特殊效果。

(4) A 音频轨道:可以放置音频素材。

EDIUS 的轨道有以下几种操作。

(1) 轨道锁定:锁定后,该轨道上的素材无法编辑,鼠标指针旁边会有一个小锁标记。

(2) 视频通道:打开后,新添加素材时,统一将视频放置在该轨道上。

(3) 视频静音:打开后,该轨道上的视频不可见。

(4) 音频静音:打开后,该轨道上的音频静音。

(5) 波形显示:打开后,显示该轨道上的音频波形。

单击第一个小三角展开轨道,对于带有音频的素材,EDIUS 会自动为其创建波形缓存,如图 6-49 所示。

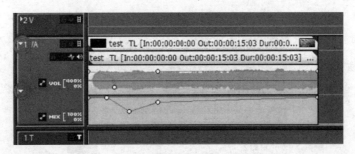

图 6-49

接下来介绍添加字幕。

EDIUS 提供了很多字幕工具可以使用，先简单地创建一个 Quick Tilter 字幕。

选中 T 轨道，单击时间线工具栏 T 工具的下拉列表，选择 Quick Titler，如图 6-50 所示。

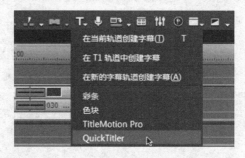

图 6-50

在 Quick Titler 的界面中输入需要的问题，例如 Happy Time，并在下方选择一个样式预设，双击应用到字幕上，如图 6-51 所示。

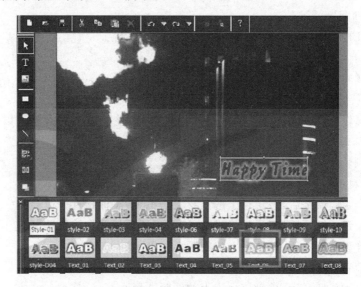

图 6-51

保存后退出 Quick Titler 的界面，返回 EDIUS，拖曳字幕文件的两端可以调整其长度，如图 6-52 所示。

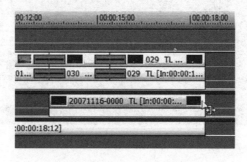

图 6-52

打开特效面板,在特效—字幕混合的列表中,选择一种字幕特效,拖曳到字幕文件的混合区域上(灰色区域),如图 6-53 所示。

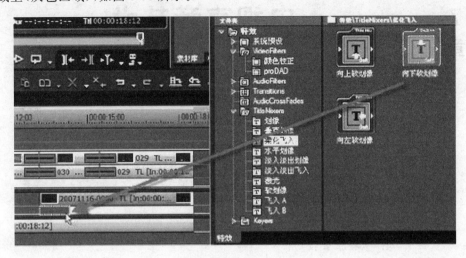

图 6-53

至此,介绍了使用 EDIUS 进行视频剪辑的操作步骤。无论选用哪一种软件进行视频编辑,正所谓"师父领进门,修行在个人",只有多学、多用、多练习,才能熟练地使用和掌握。

 习题

1. 简述电视画面组接的原则。
2. 简述转场方法。
3. 请使用会声会影简单编辑视频。
4. 请使用 EDIUS 简单编辑视频。

第 7 章 电视声音艺术

 学习目标

1. 了解声音的基本元素、类型和功能。
2. 熟悉话筒的特性与使用。
3. 熟悉录音信号。
4. 掌握录音技巧。

 ## 7.1 声音的基础

7.1.1 声音的基本元素

声音由物体振动产生，正在发声的物体叫声源，声音以声波的形式传播、而且只是声波通过固体或液体、气体传播形成的运动。声波振动内耳的听小骨，这些振动被转化为微小的电子脑波，它就是我们觉察到的声音。内耳采用的原理与麦克风捕获声波或扬声器的发音一样，它是移动的机械部分与气压波之间的关系。当然，在声波音调低、移动缓慢并足够大时，我们可以"感觉"到气压波振动身体。因此，可以用混合的身体部分觉察到声音。

声音是一种压力波，当演奏乐器、拍打一扇门或者敲击桌面时，它们的振动会引起介质——空气分子有节奏地振动，使周围的空气产生疏密变化，形成疏密相间的纵波，这就产生了声波，这种现象会一直延续到振动消失为止。

声音作为波的一种，频率和振幅就成了描述波的重要属性，频率的大小与通常所说的音高对应，而振幅影响声音的大小。声音可以被分解为不同频率、不同强度正弦波的叠加，这种变换（或分解）的过程，称为傅里叶变换（Fourier Transform）。

因此，一般的声音总是包含一定的频率范围。人耳可以听到的声音的频率范围在 20～20 000Hz。高于这个范围的波动称为超声波，而低于这一范围的称为次声波。狗和蝙蝠等动物可以听得到高达 160 000Hz 的声音，鲸和大象则可以产生频率在 15～35Hz 范围内的声音。

1. 声音的特性

（1）响度。人主观上感觉声音的大小（俗称音量），由"振幅"和人离声源的距离决定，人和声源的距离越小，振幅越大响度越大。响度的强弱以分贝（dB）表示。

（2）音调。声音的高低（高音、低音），由"频率"决定，频率越高音调越高。频率单位是赫兹（Hz），频率是每秒经过一给定点的声波数量，它的测量单位，是以一个名叫海因里奇鲁道夫·赫兹的音响奇人命名的。此人设置了一张桌子，演示频率是如何与每秒的周期相关的。1000Hz 表示每秒经过一给定点的声波有 1000 个周期，1MHz 就是每秒有 1 000 000 个周期等。

（3）音色。又称音品，波形决定了声音的音色。声音因不同物体材料的特性而具有不同特性，音色本身是一种抽象的东西，波形则是这个抽象东西的直观表现，音色不同，波形则不同。典型的音色波形有方波、锯齿波、正弦波、脉冲波等。不同的音色，通过波形完全可以分辨。

乐音，是有规则的、让人愉悦的声音。噪声，从物理学的角度看，是由发声体做无规则振动时发出的声音；从环境保护角度看，是干扰人们正常工作、学习和休息的声音，以及对人们接收的声音起干扰作用的声音。

音调、响度、音色是乐音的三个主要特征，人们就是根据它们来区分声音的。

2. 几个基本概念

（1）频率。频率是指声源在 1s 内振动的次数，记作 f，单位为 Hz。频率周期为声源振动一次所经历的时间，记作 T，单位为 s。$T=1/f$。

（2）波长。波长是指沿声波传播方向，振动一个周期所传播的距离，或在波形上相位相同的相邻两点间距离，记为 λ，单位为 m。

（3）声速。声速是指声波每秒在介质中传播的距离，记作 c，单位为 m/s。声速与传播声音的介质和温度有关。在空气中，声速（c）和温度（t）的关系可简写为 $c=331.4+0.607t$。常温下，声速约为 345m/s。频率 f、波长 λ 和声速 c 三者之间的关系是：$c=\lambda f$。

当物体在空气中振动，使周围空气发生疏、密交替变化并向外传递，且这种振动频率在 20～20 000Hz，人耳可以感觉，称为可听声，简称声音。噪声监测的就是这个范围内的声波。频率低于 20Hz 的次声和高于 20 000Hz 的超声，它们作用到人的听觉器官时不引起声音的感觉，所以不能听到。

（4）分贝。人们日常生活中遇到的声音，若以声压值表示，由于变化范围非常大，可以达六个数量级以上，同时声音功率由于人体听觉对声信号强弱刺激反应不是线性的，而是成对数比例关系，所以采用分贝来表达声学的量值。所谓分贝是指两个相同的物理量（例如 A_1 和 A_0）之比取以 10 为底的对数并乘以 10（或 20），$N=10\lg(A_1/A_0)$。分贝符号为"dB"，它是无量纲的。式中 A_0 是基准量（或参考量），A_1 是被量度量。被量度量和基准量之比取对数，这对数值称为被量度量的"级"。亦即用对数标度时，所得到的是比值，它代表被量度量比基准量高出多少"级"。

（5）声功率（W）。声功率是指单位时间内，声波通过垂直于传播方向某指定面积的声能量。在噪声监测中，声功率是指声源总声功率，单位为 W。

(6) 声强(I)。声强是指单位时间内,声波通过垂直于传播方向单位面积的声能量,单位为 W/m²。

(7) 声压(P)。声压是由于声波的存在而引起的压力增值,单位为 Pa。声波在空气中传播时形成压缩和稀疏交替变化,所以压力增值是正负交替的。但通常讲的声压是取均方根值,称为有效声压,故实际上总是正值。

(8) 响度(N)。响度是人耳判别声音由轻到重的强度等级概念,它不仅取决于声音的强度(如声压级),还与它的频率及波形有关。响度的单位为"宋",1 宋的定义是声压级为 40dB,频率为 1000Hz,来自听者正前方的平面波形声音和响度的强度。如果另一个声音听起来比 1 宋的声音大多少倍,即该声音的响度为多少宋。

3. 声音的传播

声音在不同介质中传播的速度不同。声音的传播速度和介质的反抗平衡力有关。反抗平衡力就是当物质的某个分子偏离其平衡位置时,其周围的分子把它挤回到平衡位置上,反抗平衡力越大,声音就传播得越快。水的反抗平衡力要比空气的大,而铁的反抗平衡力又比水的大。声音的传播也与温度有关,声音在热空气中的传播速度比在冷空气中的传播速度快。声音的传播还与阻力有关,在大风的天气中,声音传播的速度就慢得多。声音还会因外界物质的阻挡而发生折射,例如,人面对群山呼喊,就可以听得到自己的回声。以声音折射为例:晚上的声音传播得要比白天远,这是因为白天声音在传播的过程中遇到了上升的热空气,从而把声音快速折射到了空中;晚上冷空气下降,声音会沿着地表慢慢地传播,不容易发生折射。声音在空气中的传播速度还与压强和温度有关。声音在空气中的速度随温度的变化而变化,温度每上升/下降 5℃,声音传播的速度就会上升/下降 3m/s。

声音的传播需要物质,物理学中把这样的物质称为介质。声音的传播最关键的因素是介质,介质指的是所有固体、液体和气体,这是声音能传播的前提。所以,真空不能传声。

声音的传播速度随物质的坚韧性的增大而增加,物质的密度减小而减少。例如,声音在冰的传播速度比声音在水的传播速度快。冰的坚韧性比水的坚韧性强,但是水的密度大于冰,这减少了声音在水与冰的传播速度的差距。

7.1.2 声音的功能

人类生活在一个声音的环境中,通过声音进行交谈,表达思想感情以及开展各种活动。在电视节目制作过程中,声音同样有着非常重要的作用。

(1) 加强真实感。声音的加入,能使画面上的视觉形象更加丰富,更加接近生活的真实,能够真实地反映出特定的情景气氛和空间环境,使观众观看画面时产生完整的感受。

(2) 交待情节。利用声音弥补画面表现的不足之处,使电教片在有限的长度范围内,包含尽可能多的内容。一些不宜直接用画面来表现,而在事件的叙述中又必须反映的内容,也可以借助于声音来表现,以声音代替动作。

(3) 连接画面。声音具有一种结构的功能。它不但可以用来连接同一场面的不同镜头,也可以用来连接不同时间、不同空间的镜头,即用一个持续着的声音作为背景,可以很自然、很流畅地把一些不同场景的画面有机地贯穿为一体。这就是"声音桥梁"的作用。

(4) 烘托环境气氛。声音和光线、色彩一样,都具有影响画面基调的作用。如在电视片中,经常听到的战场的枪炮声和火车鸣叫声等,这些声音都起到了描写、烘托环境气氛的作用。由于音响效果的不同,即使在同一环境,也会给观众造成不同的感受和印象,这是因为声音补充了人们对于空间的了解。

(5) 渲染、刻画人物心理。声音在特定的情景中出现,往往具有一种情绪感染力。电视片常运用声音刻画、渲染人物的心情。

(6) 有助于静止的画面"活动"起来。听到声音就会使人联想到声源、发声体,听觉可以转化为视觉印象。用听觉的视觉化,可以使静止的画面产生动感。在一些历史教育片中,画面绝大部分用的是照片、实物等资料,当画面再现当年激烈战斗的有关资料时,配上枪炮轰鸣的效果声,逼真地再现了硝烟弥漫的战斗场面。静止的资料,由于声音的加入,起到了加强画面感染力的作用。

7.2 电视音响的艺术特性

7.2.1 声音的类型

现实世界中有各种各样的声音。从听觉医学角度来分类,我们常根据声音的周期特性将其分为周期性声音和非周期性声音。周期性声音包括纯音和复合音,这是由于它们的波形都具有一定的重复性;而非周期性声音则是由许多频率、强度和相位不同的声音无规律性地组合在一起形成,例如日常生活的噪声相比之下,非周期性声音就不受人欢迎了。

1. 纯音

纯音是含单一频率,同时声压随时间按正弦函数规律变化的声波。在自然界和日常生活中很少遇到纯音,纯音可由音叉产生,也可用电子振荡电路或音响合成器产生。

音叉(Tuning Fork)是呈"Y"形的钢质或铝合金发声器,各种音叉可因其质量和叉臂长短、粗细不同而在振动时发出不同频率的纯音。在临床耳科中应用广泛而简便的听力检查方法之一就是音叉试验,这个试验就是利用音叉发出的不同频率的纯音测试患者的听力状况。临床听力检查多用 C 调倍频程频率音叉,其振动频率分别为 $C128$、$C256$、$C512$、$C1024$ 和 $C2048\,Hz$,其中最常用的为 $C256$ 和 $C512\,Hz$。

2. 复合音

在自然界和日常生活中很少遇到纯音,绝大部分都是复合音。复合音是由频率不同、振幅不同和相位不同的正弦波叠加形成的,它也是一种周期性的振动波。常用的科学波形分析方法是傅里叶分析法,纯音和复音可以互相合成和分解。

在复合音波中频率最低的成分(分音)称基音。频率与基音成整倍数的分音称谐音(谐波),2倍或3倍基音的分音分别称二次或三次谐音。复合波之振幅是由基音的振幅和各组谐音的振幅重叠而成的。若振幅方向相同则可相加,若振幅方向相反则需要相减。

复合音是多个物理参数不同的正弦波规律性叠加形成的。任何复杂的周期性振动都可以分解为许多谐波，这称为傅里叶定律。把复杂的振动分解成各种频率成分的过程称为傅里叶分析，也称频谱分析。声音通过频谱分析仪后分解成许多振幅和频率不同的信号，将这些振幅不同的成分按频率顺序排列所描绘的图形称为频谱图。

3. 噪声

噪声又称噪音，一般是指不恰当或者不舒服的听觉刺激。噪声由许多频率、强度和相位不同的声音无规律性地组合在一起形成，其特点为非周期性的振动，它的音波波形不规则，听起来感到刺耳。一般来说，凡是妨碍人们学习、工作和休息并使人产生不舒适感觉的声音，都叫噪声，如流水声、敲打声、沙沙声、机器轰鸣声等。噪声又分为白噪声、粉红噪声和褐色噪声等，它的测量单位是分贝。

4. 电视画面中的声音种类

1) 写实声音与写意声音

写实声音通常是指在拍摄现场、拍摄过程中能直接收录到的真实的声音。这些声音的声源是现实中客观存在的，是由画面中的发声主体直接产生的，如说话的语言、现场音响效果等，在新闻节目中，多称为现场声。运用写实声音能增强画面形象的真实感。

写实声音在电视节目中出现有四种情况：同期声，在画面中可见其声源的声音；前延声，在表现其声源的画面之前出现的声音；后延声，表现声源的画面已经转换但仍然持续着的声音；画外声，只出现声音，不出现其声源的画面，如节目的解说词、记者的旁述等。

前延声是转换为同期声之前的画外声；后延声则是由同期声转换而来的画外声。

写意声音通常是指后期制作时配录到画面上的声音，如音乐或某些特殊的效果声。这些伴随画面出现的声音是通过想象、虚构产生的，观众并不能看到发音主体的声源画面出现，但它与画面所表现的场景、情节、对象又有某种内在的紧密联系，符合内容特征，能为节目增加一定的意境，启发人们产生联想，从而对节目制作者的意图心领神会。

2) 平行声音与对照声音

平行声音指声音的出现与其相对应的画面同步进行，即在画面上既出现发声主体，又同时听到其发出的声音。这种声画合一、声画共同、表现统一观念的声音，称为平行声。

对照声音是指声音的出现并不单纯重复画面中已经清楚表达的内容，是声音与画面分离，各自独立发展，形成对位关系。表面看来，这种不同步的声音画面关系并非客观存在，但却保持一种主观上的内在联系，声画互相对照，表现更深刻的内涵。这种与画面表现不同观念的声音称为对照声音。运用对照声音的方法称为声画对位法。

3) 主体声音与非主体声音

主体声音是用来表现主题思想内容，在节目中起主要作用的声音。

非主体声音是主体声之外的各种声音。就像日常所处的各种声音并存的语言环境一样，电视节目在一定的时间、空间范围内所表现的声音也是多种多样的。例如，伴随人物讲话的声音，各种环境声或自然声，这些声音有的是节目所必需的效果声，对表现主体内容起重要的作用，有的却是起干扰作用的噪声。在拍摄过程和编辑过程中，都必须分清哪些是主体声音，哪些是非主体声音，遵循录音规律中的主次律、互易律，突出主体声音，减弱或排除非主体声音。

7.2.2 声音的空间感

声音的空间感指的是人耳对声源所处空间特性的感觉。由于不同的空间，声音具有不同的空间色彩，因此声音可以协助画面表达出确切的空间感受，也可以单独运用声音表现出空间的大小。在影视作品中，声音的空间感应该与画面所展现出来的空间感相符合。在进行创作时，不论是录音师还是导演，都应该懂得运用这种空间感来表现声源所处的具体空间，创造出真实、自然、亲切的感觉。

声音的空间感，主要表现在以下几个方面。

1．环境感

环境感指影视作品中的声音空间环境。

由于在现实生活中，生活空间充满了各式各样、连续起伏的声音，因此可以说，声音具有无限的连续性。这是由于人耳与人眼具有不同的特性，人耳可以接收来自四面八方的声音。并且是不间断的。因此在进行创作时，要充分意识到这一点，应该通过选择具有典型性的环境音响去营造不同的画内或者画外空间环境，使观众知道所处画面的空间特点。

2．透视感

声音的透视感又称为声音的距离感、远近感、深度感。

声音透视感的产生是由于声音在传播的过程中直达声和反射声的比例不同，以及声音音量的大小不同，所造成的声音远近距离的感觉。在影视创作中，一般情况下应该尽量使声音景别的透视感与画面景别的透视感相符合，以传达给观众一种真实的听觉感觉。当然也有声音景别与画面景别完全相反的情况，这也是一种创作手法，以达到一种独特的视听感受。

3．方向感

方向感又称方位感。人耳通过空间定位能够判断出方向来，这是由于人耳的双耳效应，因为在不同的空间环境中，声音到达人的两只耳朵的时间、强度、音色会存在着差异，由此可以使人们分辨出声源的具体方向和所处的具体位置。影片中的声音空间感应与画面所表现的空间相一致，即观众欣赏影片时应能够听到与画面一致、从特定空间发出的声音，包括画外空间。

7.2.3 声音的艺术处理

声音除了与画面的关系外，声音与声音之间的关系也必然成为不可避免的经常存在的问题。因此，画面在解说、音响、音乐的密切配合下，才能取得完美的艺术效果。如果孤立地去处理解说、音乐效果，那很容易得不偿失，使得影片杂乱无章。这样，既不能反映现实，也不能感受真实。

事实上，人们经常在观看某种东西时，都会侧耳倾听来自别处的声音，或者由于人们被某种声音所吸引，以至于不能听到冲进耳朵的其他声音。由于这些理由，在影片中声音必须像画面一样，要经过选择，多种声音必须作统一的考虑和安排。

考虑如何使用各种声音在影片中得到统一的时候，必须认识到：影片中尽管可以容纳多种声音，但在同一时间内，只能突出一种声音。统一各种声音最主要的一点就是要尽可能地不在同一时间使用各种声音，设法使它们在影片中交错开来。

因此，在影片中的各种声音，要有目标、有变化、有重点地来运用，避免声音运用的盲目、单调和重复。当运用一种声音时，必须首先肯定用这声音来表现什么，了解这种声音表现力的范围，考虑声音的背景，消除声音的苍白无力、堆砌和不自然的转换，让声音和画面密切结合，发挥声音画面结合的表现力。

在影视后期制作中，为了使声音能配合画面生动地塑造艺术形象，真实地反映现实生活，就必须对自然界和生活中的一切声音进行有目的地选择、提炼，根据内容和导演的要求，对声音进行艺术加工处理。

声音通过艺术处理，可以产生以下几个作用。

1. 声音的环境感

运用具有典型性的声音暗示画面外的环境，使人对画面所处的环境有所感知。例如，听到海浪声，观众会感觉到该事情是发生在海边；听到车辆行驶的嘈杂声，则会感觉到事情是发生在都市。

2. 声音的距离感和特写

不同距离的声音效果，使画面的透视感和声音的透视感吻合，同时可以模拟画外声源的距离和位置，扩展画面的空间，增加声音的层次。

声音的特写，指对某一特定声音的突出表现。它可以塑造特殊的气氛，如超过实际音量的钟表走时声，象征紧张气氛下的时间推移；夸大秋虫的鸣叫，可以烘托秋夜的宁静等。

3. 声音的运动感

根据多普勒效应，任何发声体在听者面前掠过，它的声音会随两者之间相对位置的变化而引起音量和音调的变化。反过来，利用音量和音调的变化，可以使观众产生声源在移动的感觉。所以常利用这个原理来表现物体的运动情况。

4. 声音的淡入淡出

声音的淡入淡出是指声音的逐渐出现和消失，它可以用来表示画面时空的转换。在两个不同时空的镜头作转换时，由于效果声等不同，切换时会出现声音的突变现象，感觉上很不自然。如果能在切换前，将上一镜头中的声音逐渐淡出，切换后将下一镜头中的声音逐渐淡入，那么感觉上就会比较自然。

7.3 话筒的特性与使用

7.3.1 话筒的类型

话筒又称传声器，是一种电声器材，是声电转换的换能器，通过声波作用到电声元件上产生电压,再转为电能,用于各种扩音设备中。

话筒的分类有许多形式,按能量的来源可以分为无源式和有源式;按指向性可以分为全方向、8字形、心形、超指向等;按内部结构可以分为动圈式、铝带式、电容式;按传输方式可分为有线话筒和无线话筒等。

1. 按能量来源划分

(1) 无源话筒是不需要供电就可以工作的一种传声器,它包括电磁式和电压式,也可以包括用直流磁化的电容式(驻极体话筒,因为它的电压虽高,但极化电流却极小,仅仅是提供势能而已)。

(2) 有源话筒所需要的电能,是由电池或整流器供给的。话筒中的换能器件,只是使这种电能受声波振动调制,并与声振动同步输出信号而已,如炭粒话筒和电容话筒就属于这一类。

2. 按指向性(使用功能)划分

(1) 按指向性划分为:无指向性和双指向性。无指向性话筒犹如一只动作很快的压力计,振膜对作用在它上面的所有声压产生同样的反应,而不管声波是从哪个方向来的。压强式话筒就是无指向性的,也可以说是球形指向性。双指向性形成两个球形指向性。两种最基本的话筒指向性如图 7-1 所示。

(2) 压差式话筒是 8 字形指向特性,压差式换能器的振膜后面不密封,振膜的振动取决于前面和后面的瞬间声压差。很明显,从前面和后面入射的声波接收能力最强,也就是灵敏度最高;从侧面入射的声波,到达振膜的强度相等,换能器没有输出,灵敏度为零。

(3) 心形话筒指向性是一种单方向指向特性,它是压强和压差换能器的有机组合。也就是说,把一个 8 字形和一个无指向性叠加起来,就会得到心形指向性。ECM-23F 话筒的心形指向如图 7-2 所示。

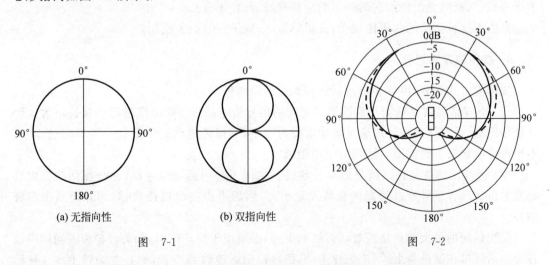

(a) 无指向性　　(b) 双指向性

图 7-1　　　　　　　　　　图 7-2

(4) 超指向话筒最突出的特点是在心形的基础上,利用干涉原理形成具有比超心形更尖锐的指向性。当把超指向话筒对准声源时,声波从前方进入,激励传声器。由侧面传来的声音,则由于传输距离的差异,在干涉管内因相位不同而相互抵消,形成了超指向传声器特有的狭窄接收角。

3. 按内部结构划分

(1) 动圈式话筒,是由一个轻质振膜背面的线圈在一块磁铁两极之间的狭窄环形缺口之间构成的。当声音到达振膜时,使振膜带动线圈在磁铁缝隙中上下运动切割磁力线,从而在线圈两端就有微弱声频电流产生。

(2) 电动式话筒,是一种最常用的一种话筒,其中有频带窄的、价格便宜的普及产品,也有供广播电台、电视台等专业使用的宽频带高级产品。不论从结构上还是从性能上来说,电动式话筒都很少受使用时间的影响,能保持长期稳定,而且,电动式话筒不易产生噪声,应用的场合比较广泛。另一个优点是,不管声压有多大,声压所引起的振膜位移畸变却很小。因此,拾取强音时几乎没有失真。

(3) 电容话筒的核心是一个电容传感器。电容的两极被空气隙隔开,空气隙就形成电容器的介质。在电容的两极间加上电压时,声振动引起电容变化,电路中电流也产生变化,将信号放大输出,就可得到质量相当好的音频信号。另外有一种驻级体式电容话筒,用驻级体的材料制作话筒振膜电极,不需要外加极化电压即可工作,简化了结构,因此这种话筒非常小巧廉价,同时还具有电容话筒的特点,被广泛应用在各种音频设备和拾音环境中。电容话筒的灵敏度高,频率响应好,音质好。

(4) 驻极体话筒,又称自极化电容话筒或预极化电容话筒。所谓驻极体,就是这种话筒所使用的振膜和驻级材料中存在着永久性电荷,可省去一般电容话筒的极化电源,所以明显地减小了它的体积和重量,并降低了造价。同时,它的频率特性很好,信噪比也比较高。

(5) 带式话筒,又称速度式话筒,它类似于电动式话筒,是用一条金属带子代替振膜。带子悬在非常强的磁极之间,在声场中,带子受声场的作用而往复运动,切割磁力线,随之在两端产生信号电压。这种话筒的阻抗很低,需要优质的变压器提高它的阻抗。带式话筒多为压差式、双指向性。因为它的频率响应特别好,低音丰富。

但由于这种话筒的体积比较大,又很娇嫩,一般录音时很少使用。

4. 按传输方式划分

按传输方式划分,可分为有线话筒和无线话筒两种。

(1) 有线话筒就是话筒与后续设备之间的信号传输是用音频电缆进行连接的。为了保证信号质量,话筒线的长度以满足场地需要为原则,平衡传输状态下最长一般不超过 50m。不平衡传输状态下更要缩短话筒的使用距离。

(2) 无线话筒就是在话筒与后续音频设备之间不是用话筒线连接,而是在话筒壳内装有发射机。声音信号通过超高频载波发送出去,然后再由接收机接收,解调并还原出声音信号。

无线话筒的最大特点是没有话筒线的束缚,很适用于移动声源,如舞台扩声或同期声录音等。话筒带在演员身上,不论怎样走动,都可以清晰地收到声音,而且混响较少。这种话筒的缺点是容易受外界无线电信号的干扰,或干扰其他音响设备。因此,无线话筒的发射频率应使用特高频段,随之而来的是发射与接收相对位置改变时,往往会出现信号跌落现象,使音质变坏,甚至无法进行接收。这一缺点必须引起使用者的特别注意。

7.3.2 话筒的性能

话筒的技术特性一般用各项技术指标来表示,了解它对使用好话筒有重要意义。近些年来,无论动圈式话筒还是电容式话筒,性能和质量都有很大的提高。下面结合常用话筒,介绍一下它们的主要技术特性。

1．灵敏度

话筒的灵敏度表示话筒的电声转换效率,是指把一定大小(0.1Pa)的声压信号加给话筒时(在一定的内阻和负载条件下)输出一个信号电压,以分贝(dB)表示。

话筒的灵敏度值的差异是比较大的,动圈式话筒的灵敏度一般在 2~5mV/Pa(-57~-54dB)。电容式话筒因内部装有预放器,所以灵敏度较高,一般在 10mV/Pa(-50dB)以上,如 SONY 公司 C-74 话筒的灵敏度达到-38dB。

2．频率特性

频率特性也称频率响应,它表示话筒拾音的频率范围,以及在此范围内对声音各频率的灵敏度,也可以说把话筒的灵敏度按各个不同的频率连续记录下来,看它在多大的频率范围内里显示出多大的灵敏度。一般来说,频率范围越宽、频响曲线越平直越好。这项指标可作为评价话筒特性的重要标准。如果频率特性从低端到高端越平坦,可以说这是一个能把原声音真实重现出来的话筒。

话筒的频率特性实际上并不是非常平坦的,即使是高级话筒,高频有的也要有所提升,低频也会有所下降。还有一种情况,频率特性一直到低端都有平坦地指向性话筒,由于近讲效应很难作为手持话筒使用,因此,不能绝对地讲只要特性平坦就是好话筒。EMC-23F 话筒的频率特性曲线如图 7-3 所示。

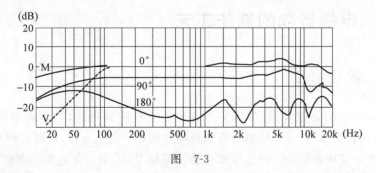

图 7-3

3．输出阻抗

话筒输出阻抗大致可分为高、低阻抗两挡。高阻多指 2~3kΩ 以上,低阻多指 1kΩ 以下。

(1) 高阻话筒比低阻话筒灵敏度高。电子管放大器的输入阻抗多为高阻,因此可以直接连接,以有效利用灵敏度高这一长处。高阻话筒的缺点是,当接线过长时,高频特性会恶化。另外，现在的放大器已改用晶体管式，输入阻抗也随着降低，所以现在高阻话筒已使用不多了。

(2) 低阻话筒的连接线即使拉得长一些，也不会改变特性，音质几乎没有变化，也很少受外界信号干扰。除常用的 600Ω 外，还有 400Ω、250Ω 甚至还有 200Ω 的。放大器输入阻抗在几千 Ω 左右，两者不存在匹配上的问题。从性能上讲，低阻话筒也较为优越，在现代电声系统中应用较广。

4. 动态范围

一个话筒的动态范围是由相对噪声级与非线性失真决定的。优质的话筒其动态范围可达 100dB 以上。

(1) 话筒的线性失真，是随着声音振幅的增长而增加，一般是在最大振幅情况下，测量它的谐波系数，通常以谐波量在 0.5% 为允许上限。也就是说，话筒产生 0.5% 的谐波失真的声压级，作为最大容许声压级。

对动圈式话筒来说，声压级超过 140dB 时，线圈的动作即达到了磁路的非线性区，因而产生了非线性失真。对电容式话筒来说，多由于预放器的过荷而引起非线性失真。优良的话筒非线性失真很小，即使在较大的声压级下拾音也不至于过载。

(2) 相对噪声水平。相对噪声水平，即话筒的噪声电压与灵敏度之比。一般灵敏度决定噪声水平。话筒的噪声来源有两个方面，一方面是话筒本身的噪声，如振膜及电子运动的热噪声等；另一方面是话筒预放器的噪声，这是指电容话筒而言。

5. 平衡与不平衡

在声频系统中，存在着对地平衡(信号线不接地)与不平衡(有一条信号线接地)两种形式。要辨别连接线是平衡式还是不平衡式，只要看话筒线的芯线是一根还是两根就可以了。屏蔽线就是芯线外面的金属网，有防止外来的交流感应和其他噪声串扰的作用。

7.4 电视音响的制作工艺

7.4.1 录音信号

音频信号(Audio)是带有语音、音乐和音效的有规律的声波，它是频率变化的信息载体。根据声波的特征，可把音频信息分类为规则音频和不规则音频，规则音频又可以分为语音、音乐和音效。规则音频是一种连续变化的模拟信号，可用一条连续的曲线来表示，称为声波。声音的三个要素是音调、音强和音色。声波或正弦波有三个重要参数：频率(ω_0)、幅度(A_n)和相位(ψ_n)，这也就决定了音频信号的特征。

1. 频率与音调

频率是指信号每秒变化的次数。人对声音频率的感觉表现为音调的高低，在音乐中称为音高。音调是由频率(ω)所决定的。音乐中音阶的划分是在频率的对数坐标($20\times\lg$)上取等分而得的：

音阶 C D E F G A B
简谱符号 1 2 3 4 5 6 7
频率(Hz) 261 293 330 349 392 440 494
频率(对数) 48.3 49.3 50.3 50.8 51.8 52.8 53.8

2．谐波与音色

$n \times \omega_0$ 称为 ω_0 的高次谐波分量，也称为泛音。音色是由混入基音的泛音所决定的，高次谐波分量越丰富，音色就越有明亮感和穿透力。不同的谐波具有不同的幅值 A_n 和相位偏移 ψ_n，由此产生各种音色效果。

3．幅度与音强

人耳对于声音细节的分辨只有在强度适中时才最灵敏。人的听觉响应与强度成对数关系。一般的人只能察觉出 3dB 的音强变化，再细分则没有太多意义。以常用音量来描述音强，用分贝($dB = 20\lg$)为单位。在处理音频信号时，绝对强度可以放大，但其相对强度更有意义，一般用动态范围定义：动态范围 $= 20 \times \lg$(信号的最大强度 / 信号的最小强度)(dB)。

4．音宽(频带宽度)

频带宽度(或称为音宽)是描述组成复合信号的频率范围。

7.4.2　录音的一些技巧

电视节目的录音制作是一项综合性的技术工作，涉及的知识面很广。它要求录音师不但具有较高的艺术修养，还需具有较全面的电声技术知识，更需要具备将艺术与技术相结合的能力；要求录音师在电声技术方面应掌握播音室的声学特性，熟知传声器、调音台、录音机、扬声器、声处理器等多种录音设备的基本原理。录音师在录音制作节目中需要反复实践不断总结经验，以便提高录音与制作水平；同时还要努力学习、掌握迅速发展起来的数字新技术。

录音与制作的基本要求如下。

要录制一个高质量的节目，除了要求录音师具备艺术与技术水平之外，还要根据节目性质选用具有适合声学特性的演播室，要求正确使用电声系统中的各个电声器件和设备，更重要的是在演播室内正确布置演播人员的位置以及正确地安放传声器的位置。

(1) 由于声音是一个声场，每一个声音都存在直达声、反射声及混响声。拾音时，要利用传声器的指向性来达到拾取声源的目的。

拾音时，传声器与声源的距离是关系录音质量的主要因素之一。声源的直达强度是随着拾音距离的增加而减弱的，而混响声强度则基本不变。应当注意的是，当拾音距离稍大时，由于空气的吸收特性，拾音点的直达声高频分量会有一定的衰减。为了弥补这种拾音的高频损失，应当使用高频略有提升的传声器或将调音台的高频略做提升。录音时传声器的拾音距离越小，重放时越会给人以亲切、舒服的感觉。所以，同一声源拾音距离不同，会使重放的声音具有不同的"气氛"。

（2）监听系统是供录音师和审听人员通过听觉感受来评价节目质量和内容的一种专业设备。专业监听系统应能为录音师和审听人员尽量地模仿出节目的最终重放效果，使其能正确判断节目最后的艺术效果。监听系统还应如实反映广播节目的质量状况，暴露出节目质量的缺陷，使录音师和审听人员容易发现节目质量存在的问题，以便采取相应的补救措施。因此，这种监听系统与欣赏用的扬声器系统有着明显的不同。

监听系统的瞬态特性比一般重放扬声器系统要求要高得多。专业监听系统必须留有足够的峰储备（10～20dB），只有这样才能在重放音乐节目信号巅峰时，不致因产生削波而影响重放音质。由于监听系统是一个整合系统，各设备与设备之间的相互连接应从整体考虑，其中包括：扬声器提供的最高准峰值直达声压级的确定、功率放大器额定输出功率与扬声器的配合以及扬声器等力学品质因数与放大器阻尼系数的配合等。

（3）在录音监听系统中计量仪表（含音量单位表、峰值节目表和相关表）是帮助录音师和审听人员能够客观地判断出广播节目质量（电平大小）和立体声节目左右声道信号相位关系的专门器件。用这些专业计量仪表客观地计量节目质量（电平大小等）和用监听系统供录音师主观判断节目质量形成互补，能够较为全面地监控节目质量。

众所周知，音量单位表（VU 表）只能指示出节目信号的准平均值，而不能指示出节目信号的峰值，所以音量单位表一般不能反映出节目信号过大引起的失真，而峰值表则可以，因此峰值表监测节目信号的峰值时比音量单位表更为优越。但峰值表并不能表示出节目信号的响度，因为人耳对声音的响度感受接近音量单位表，而不是峰值表。因此，在录制节目时，音量单位表和峰值表并用，更有利于保证节目的质量。

相关表是显示立体声节目左、右声道之间的瞬时相位关系的，其作用是用来检查立体声节目信号相位是否正确。当相关表指示为 0.5～0.7 时，表示立体声节目信号相位是正确的；当相关表指示为＋1 时，表示是单声道节目信号。因此，在录制立体声节目时，为保证节目质量，录音师除要注意观察音量单位表和峰值表外，还要严密注视相关表。

7.4.3　声音的后期制作

1. 音色的调节

在对人声的美化、修饰上，可以通过调音台上面的输入通道中的四段均衡器对音色进行频率处理，从而提高音色的艺术表现力。调音台中的四段均衡器分为以下四个频段：

（1）如果高频段频率过弱，其音色就变得色彩、韵味、个性的失落；如果高频段频率过强，音色就会变得尖噪、嘶哑、刺耳。

（2）如果中高频段的频率过弱，音色就变得暗淡、朦胧；如果中高频段的频率过强，其音色就会变得呆板。

（3）如果中低频段的频率过弱，音色会变得空虚、无力、软绵绵；如果中低频段的频率过强，音色会变得生硬、失去活力。

（4）如果低频段的频率过弱，音色将会变得单薄、苍白；如果低频段的频率过强，音色会变得浑浊不清。

要使音色有美感,就要泛音丰富、有层次,使歌声有音响美,听众听起来悦耳动听,提升量不易过强。LF(低音)过量,声音混浊不清;HF(高音)过量,声音尖噪刺耳。提升某一频段后,还需考虑对其他频段的影响,要总体地考虑歌声的清晰度和丰满度。

2. 关于降噪

我们录进计算机里的波形声音,一定会存在噪声。对各种噪声,有各种解决办法。DC Offset(直流偏移)是由一些麦克风或者声卡造成的,表现就是波形没有处于水平线正中部位,在纵向有一定偏移。它的处理方式最简单,一般的音频软件都可以很容易去除。如在 Sound Forge 里,只要在 process 菜单中选择 Dc Offset 就可以了。

3. 关于均衡

均衡可应用于以下方面。

(1) 改善音质。这是均衡的主要用途,它可使乐器的音质更好听。例如,可用高频衰减的方法来降低歌手的呲音,或者对直接录入的电吉他声进行消除镶边声的处理。

(2) 创造一种音响效果。过度的均衡会降低保真度,但却能得到一种有趣的声音效果。对人声在低频和高频区域进行急剧的衰减,可以得到类似于电话的声音。用 1kHz 的带通滤波器可以做到这种效果。

(3) 降低噪声和声染色。可以降低低频噪声,诸如低音的声染色、空调的隆隆声、话筒座的咚咚声等。只要对所录乐器的频率范围的低端进行衰减即可。

在音响器材中,声音均衡器是一种可以分别调节各种频率成分电信号放大量的电子设备,通过对各种不同频率的电信号的调节来补偿扬声器和声场的缺陷,补偿和修饰各种声源及其他特殊作用。一般调音台上的均衡器仅能对高频、中频、低频三段频率电信号分别进行调节。

4. 关于压限

音频处理中,压限是指把音频信号的动态范围缩小(动态范围即音量范围)。有时录完歌曲后发现有些地方音量很小,有些地方音量很大,如果要让音量很小的部分更容易听清,就要提高音量,但是提高音量会导致原来音量很大的地方音量过大,甚至爆音。这时应该进行压限,既可以提高音量小的部分,又可以控制音量大的部分。

简而言之,压限就是一个音量调节钮,在声音太大的时候关小一点,在声音太小的时候提升一点,使音量始终保持在一个比较平均的线上。

一般用的是 Waves4.0 的 C4 多段动态压限器。多段动态压限不同于常规意义的压限,它可以把要处理的音频按频段的不同分开进行动态的压限处理。也就是说,多段动态压限相当于多个压限器和均衡器同时工作。正是基于这一点,Waves 在处理压限方面,成了同类软(插)件中"独领风骚"的佼佼者。

5. 关于混响

混响效果的添加有着非常重要的作用,它可以使声音变得更真实、饱满而不干涩,尤其在人声的处理时,几乎不可缺少。几乎所有的音频处理软件(插件),都有设置混响的功能。

比较起来,可以使用 TC Native 这款软件制作混响效果,界面直观明了,操作简单,很容易上手。

6. 关于镶边

镶边也是常用的音频效果之一,对改善声音的平滑度有显著的效果,适量添加,将给人以轻灵、缥缈的游弋感。Ultrafunk Sonitus-fx 2a 的 Modulator(调节器)就可以很好地进行这种效果的设置。

7. 关于音量与淡出、淡入

"淡入淡出"是音乐开始时由无声到有声,音乐结束前到完全结束这一过程中音量的和谐过渡。调整一段波形的音量与设置淡入、淡出是最常用的音频效果处理,所有的音频软件都有这个功能,应该是同类操作中最简单的了。

8. 成品处理

很多时候,自己做出来的成品总觉得不尽人意,例如,声场不够宽、均衡不到位、音量太小、音色发干、整体不够丰满、缺乏穿透力等,这些大大减弱了作品的艺术感染力。使用音频软件去修饰、调整,又太烦琐和困难,有时甚至越弄越糟。T-RackS 是一款专门处理音频成品,将以上问题一次性解决掉的音乐软件,这款软件开发得相当有个性,没有菜单,全部操作用鼠标拖拉、单击即可完成。

软件的操作就像现实中操纵硬件,根据需要打开均衡器、压限器、限制器、总输出电平/声场扩展调节器等四种设备。通过各项设备的旋钮,用鼠标上下拖拉即可操纵,具体的参数值将显示在文本框中。设置完毕、试听满意后,将成品重新输出。

还有很多音频效果与处理方法,常见的有激励(Inspirit)、失真(Distortion)、哇音(Wah)、延迟(Delay)、合唱(Chorus)、声场扩展、颠倒、反相等。由于篇幅所限,在此就不做详细介绍了。

 习题

1. 声音的空间感体现在哪些方面?
2. 简述声音的功能。
3. 简述话筒的分类及其性能。

第 8 章 电视节目制作教学实训

8.1 熟悉电视节目制作的硬件系统环境

【实训目的】

了解电视节目制作硬件系统,主要包括摄像机、非线性编辑系统等。

8.1.1 摄像机

电视节目制作第一步就是使用摄像机摄取画面。

1. 摄像机及其分类

1) 摄像机

摄像机是产生视频信号的最主要的设备,它是一种把景物的光学图像信号变成电信号的装置。

2) 摄像机的发展历史

(1) 20 世纪 30 年代—60 年代初——电子管电路时期。

特点:体积庞大、耗电量大、笨重、黑白摄像。

(2) 60 年代初—70 年代末—— 晶体管和集成电路时期。

特点:体积、重量和各项性能指标取得突破性进展。

(3) 80 年代初—80 年代末——大规模集成电路时期。

特点:摄像机的调整和控制基本实现全自动化。

(4) 20 世纪 90 年代——数字和 CCD 摄像机时期。

特点:全面实现数字化,CCD 淘汰真空摄像机。

3) 摄像机的分类

(1) 按用途可分为以下几种。

① 广播用途摄像机:主要用于广播电视系统,其指标高、图像质量好、价格昂贵,一般为三片 2/3in CCD 摄像机。

② 专业用途摄像机:主要用于教育、工业、医疗等非广播领域,一般为三片 1/2in 或 1/3in CCD 摄像机。

③ 家庭用途摄像机:一般为单片 1/2in 或 1/3in CCD 摄像机。

④ 特殊用途摄像机:主要用于航天控制、商业监视、图像通信等领域。

(2) 按摄像器件的数目分为三片、二片、单片摄像机。

(3) 按摄像器件的类型分为以下几种。

① 真空管摄像机:采用电子扫描的方式读取电荷(已基本淘汰)。

② 固体摄像机:采用固体扫描技术读取电荷。

(4) 按摄像器件的尺寸分为 1in、2/3in、1/2in、1/3in、1/4in 摄像机。

(5) 按功能分为普通摄像机和摄录一体机。

(6) 按信号处理方式分为模拟摄像机、数字化处理模拟摄像机和完全数字化摄像机。

(7) 按清晰度等级分为以下几种。

① 标准清晰度摄像机:250~850TV 线。

② 高清晰度摄像机:1000TV 线以上。

(8) 按使用场所分为以下几种。

① 台式摄像机:主要供演播室和转播车使用。

② 便携式摄像机:主要供外景拍摄使用。

(9) 按存储介质分为以下几种。

① 磁带式摄像机。

② 硬盘式摄像机(2005 年 JVC 公司率先推出)。

③ 存储卡式摄像机:SD 卡、P2 卡(松下开发)等。

④ 光盘式摄像机。

2. 摄像机的工作原理

(1) 本质:进行光电转换的设备。

(2) 工作原理:利用三基色原理,通过光学系统将景物的色彩光像分解成为三幅单色光像,然后由摄影器件完成光电转换,并通过视频通道进行校正、处理、编码后形成所需要的复合信号、分量信号。

(3) 光学系统:成像、分色、改变入射光的强度和校正摄像机的光谱特性。

(4) 摄像管系统:由三片 CCD 摄像管和驱动电路组成。

(5) 视频处理系统:各摄像管输出的微弱信号经处理,使输出的图像信号符合编码要求。

(6) 编码器:RGB 三路基色信号按照彩色电视制式的要求进行处理,得到合乎标准的信号作为摄像机的输出。

3. 摄像机的构成及主要附件

(1) 镜头:镜头是由许多光学玻璃镜片、镜头和多个伺服电机等部分组成的光学装置。

(2) 机身:机身是摄像机的主体部分,机身内部包括分光系统、摄像器件、视频信号处理电路、编码器以及各种自动调整和控制电路等。对于摄录一体机来说,机身的大部分是录像机的部分,并且可以自由拆卸。

(3) 寻像器:寻像器实质上是摄像机的"取景框",它是摄像师聚焦和选景构图必不可少的部件。摄像机的寻像器完全不同于照相机的取景器,照相机的取景器一般只是纯光学件,而寻像器却是一只小小的监视器,因而它被称为"电子寻像器"。便携式摄像机的寻像器屏幕较小,一般为 1.5in;演播室摄像机的寻像器则较大,一般在 5in 左右,固定在机身顶部。

(4) 话筒:主要作用是拾取声音,如图 8-1 所示。
(5) 电池:作用是电力供应。
(6) 电缆:作用是传输。
(7) 支撑设备:主要是三脚架、云台。三脚架是由多个部件组成一个整体,支撑摄像机或照相机辅助拍摄的工具。云台在固定摄像机或照相机后,进行方向、角度的自由调整到合适程度进行拍摄的部件,如图 8-2 所示。

图 8-1　　　　　　　　　　　　　　图 8-2

4. 摄像机的调节

1) 白平衡调节

白平衡,简单来说,就是根据不同的色温分别调整 3 个 CCD 输出的视频电平,使红、绿、蓝三路信号电平保持 1∶1∶1 以重现白色。其目的在于确保在照明条件发生变化时图像中的白色仍然保持白色不变,图像的色调依然保持自然。

调节白平衡的步骤如下。
(1) 设置开关。
MENU SET/OFF:OFF。
OUTPUT:CAM。
GAIN:设置可能的最小增益值。
光圈:A。
ATW:取消。
(2) 根据照明条件,转动滤色片按钮,选择相应的滤色片。
(3) 将 WHITE BAL 设定于 A 或 B。
(4) 在与拍摄物体相同的照明条件下,放置一个白色物体(纸、布等),使用摄像机的变焦功能,将白纸充满这个屏幕。
(5) 将 AUTO W/B BAL 开关推到 AWB 一侧,然后松开。
(6) 若寻像器上显示"AUTO WHITE OK",同时显示出一个色温值,表示白平衡调整成功。

① 白平衡值的存储。可以自动存储到 A 或 B 上,而且不会因为切断电源而消失。

② 使用预置白平衡设定值。在某些拍摄条件下,预置值的效果更佳。将白平衡开关设置在 PRESET 上,通过设定滤色片控制预置色温值。

③ 利用白平衡进行色调处理(特殊效果)。偏色效果:在白平衡调整时,使用彩色纸来代替白纸实现。白平衡调整时,最后的色温值是所使用彩色纸的补色。

举例:希望拍摄偏红的暖色调,可用青纸代替白纸调节白平衡;希望拍摄偏蓝的冷色调,可用偏黄纸来调节白平衡。

2) 黑平衡调节

(1) 如果采用手动方式,应盖上镜头盖,反复调节 R·B 和 B·B 直至图像全黑。先调黑平衡,再调白平衡。下列情况要调节黑平衡:

① 初次使用摄像机时。

② 长时间未使用时。

③ 遇上突然的温度变化时。

黑平衡的调节,如果采用自动,打开 A·B 时,光圈自动关闭。

(2) 调节黑色平衡的步骤。

① 设置开关。

MENU SET/OFF:OFF。

OUTPUT:CAM。

② 将 AUTO W/B BAL 开关推到 ABB 一侧。放松开关,开关回到中间,黑平衡自动调整好。

③ 调整中。提示信息将在寻像器上显示,在调整中镜头光圈自动到"CLOSE"位置。

④ 几秒后调整完成,调整值自动存储在存储器中。

3) 音频调整部分

(1) 自动调整音频电平。

(2) 手动调整音频电平。

(3) 通过耳机进行监听,保证声音录制的质量。

4) 增益功能

使用场合:照明不够时,光圈已开到最大,曝光还是不足,这时使用增益进行放大以此来提高图像的输出。

不足:使用增益会引起信噪比下降。因此,照度低时,应尽量提高被摄体的照度,没有其他办法时,再用增益。

负增益:在照明足够的情况下,负增益可以提高信噪比。

5) 电子快门的使用

作用:可提高动态清晰度,拍摄到高速运动物体的清晰画面。

应用:清晰扫描功能是可变电子快门的高科技应用。

举例:拍摄计算机屏幕、投影或电影银幕时,摄制的图像会出现水平带。使用电子快门可以拍摄到清晰的画面。

注意:设定的电子快门速度越快,CCD 所能接受的光量越少,所需的光圈越大。

5. 摄像机的安装

摄像机的使用很简单，通常只要正确安装镜头、连通信号电缆、接通电源即可工作。但在实际使用中，如果不能正确地安装镜头并调整彩色摄像机及镜头的状态，则可能达不到预期使用效果。应注意镜头与摄像机的接口，是 C 型接口还是 CS 型接口（这一点要切记，否则用 C 型镜头直接往 CS 接口彩色摄像机上旋入时极有可能损坏彩色摄像机的 CCD 芯片）。

安装镜头时，首先去掉彩色摄像机及镜头的保护盖，然后将镜头轻轻旋入彩色摄像机的镜头接口并使之到位。

对于自动光圈镜头，还应将镜头的控制线连接到彩色摄像机的自动光圈接口上，对于电动两可变镜头或三可变镜头，只要旋转镜头到位，则暂时不需校正其平衡状态（只有在后焦聚调整完毕后才需要最后校正其平衡状态）。

调整镜头光圈与对焦，关闭彩色摄像机上电子快门及逆光补偿等开关，将彩色摄像机对准欲监视的场景，调整镜头的光圈与对焦环，使监视器上的图像最佳。如果是在光照度变化比较大的场合使用彩色摄像机，最好配接自动光圈镜头并将摄像机的电子快门开关置于 OFF。如果选用了手动光圈，则应将摄像机的电子快门开关置于 ON，并在应用现场最为明亮（环境光照度最大）时，将镜头光圈尽可能开大并仍使图像为最佳（不能使图像过于发白而过载），镜头即调整完毕。装好防护罩并上好支架即可。

在以上调整过程中，若不注意在光线明亮时将彩色摄像机镜头的光圈尽可能开大，而是关得比较小，此时彩色摄像机的电子快门会自动调在低速上，这也能在监视器上形成较好的图像；但当光线变暗时，由于镜头的光圈比较小，而电子快门也已经处于最慢了（1/50s），此时的成像就可能是昏暗一片了。

6. 摄像机操作的基本要领

（1）执机的姿势。徒手执机和肩扛执机，如图 8-3 所示。

需要注意的是，可借助物体做支撑物，掌握好呼吸，多用广角镜头，少用长焦镜头。

还有一种是固定执机，如图 8-4 所示。

图 8-3

图 8-4

(2) 拍摄方法。

① 固定拍摄：主要用于拍摄固定镜头。

② 运动拍摄：推、拉、摇、移、跟。

拍摄运动镜头的注意要领：把握好三个阶段，即起幅、运动和落幅。起幅和落幅是画面的起始点和结束点。一般来说，画面的起幅是原因，画面的落幅是结果。通常开始运动的起幅画面不是主要的，运动的过程是观众的理解过程，而运动结果的落幅画面是主要的，它能使观众得到结论。

(3) 操作技巧。

① 呼吸技巧：控制呼吸最常用的方法就是屏息，先使头部放松，然后深呼吸，再呼出大约 4/5 时开始拍摄。镜头较长时，要采用腹式呼吸。

② 步法移动技巧：移动拍摄时，双膝应弯曲，脚与地面平行地移动，上身保持水平，尽量减少晃动。

7. 拍摄时的其他注意事项

(1) 拍摄时要保证画面的连续。先关闭摄像机的电源开关再更换电池；不要频繁地开、关电源；注意从上一个画面的结束点 1s 处，开始记录；当锂电池无电自动关机时，会出现断磁，因此要及时更换电池。

(2) 留出拍摄的余量。在起幅画面之前，落幅画面之后，应留有的静止画面，以便于编辑。

连续记录中的镜头，如果不停录像，可不必留静止画面。

对于运动镜头，起幅画面多留 5s 可以便于"动与动""静与静"的编辑，也可以选出静止镜头。

(3) 摄像机使用前务必调整白平衡。若在室外拍摄，每 1～2h 应进行一次白平衡调整，因为色温不断在变化。

(4) 选择合适的光线。尽量采用顺光或侧面顺光拍摄。

(5) 要为后期编辑考虑，多拍摄一些转场镜头、空镜头；拍摄一些有特征的全景镜头，使人们能够辨认出发生事件的地点；拍摄时做好场记；要注意不同景别的搭配，如全景、中景、近景各占 1/3 左右。

8. 摄像机的维护保养

(1) 镜头不要对着强光拍摄。

(2) 尽量在厂家保证的环境下使用摄像机。

(3) 避开强磁场。

(4) 从低温环境进入高温环境时，最好用密封的保护罩将摄像机包住，以防止摄像机结露，影响拍摄。

(5) 搬运时，放入摄影包内，轻拿轻放。

(6) 使用完毕后取出磁带，切断电源，盖上镜头盖，取下电池，准备充电。

(7) 要经常进行清洁与保养。

(8) 摄像机使用一段时间后，要定期维护，检查其各项指标，以保持其性能的稳定性。

8.1.2 非线性编辑系统

非线性编辑是相对于传统上以时间顺序进行的线性编辑而言,非线性编辑直接从计算机的硬盘中,以帧或文件的方式迅速、准确地存取素材进行编辑的方式。它是以计算机为平台的专用设备,可以实现多种传统电视制作设备的功能。几乎所有的工作都在计算机里完成,不再需要那么多的外部设备,对素材的调用也是瞬间实现,不用反反复复在磁带上寻找,突破单一的时间顺序编辑限制,可以按各种顺序排列,具有快捷简便、随机的特性。非线性编辑只要上传一次就可以多次编辑,信号质量始终不会变低,所以节省了设备、人力,提高了效率。编辑时,素材的长短和顺序可以不按照制作的长短和顺序的先后进行。对素材可以随意地改变顺序,随意地缩短或加长某一段。

非线性编辑的实现要靠软件与硬件的支持,这就构成了非线性编辑系统,它是计算机技术和电视数字化技术的结晶,使电视制作的设备由分散到简约,制作速度和画面效果均有很大提高。由于非编系统特别适合蒙太奇影视编辑的手法和意识流的思维方式,它赋予了电视编导和制作人员以极大的创作自由度。目前国内的非线性编辑系统已经基本国产化,中科大洋、索贝、索尼、苹果、极速、SDI 高清非线性编辑系统等厂家占据了国内 90% 以上的市场份额。

非线性编辑系统就是把输入的视音频信号进行 A/D(模数)转换,采用数字压缩技术存入计算机硬盘中,将传统电视节目后期制作系统(简称非线编)中的切换台、数字特技台、录像机、录音机、编辑机、调音台、字幕机及图形创作系统等设备的功能用一台计算机来操作。

1. 非线性编辑系统的硬件结构

非线性编辑系统实质上是一个扩展的计算机系统。更为直截了当地说,就是一台高性能计算机加一块或一套视音频输入/输出卡(俗称非线性卡)和一些辅助卡,再配上一个大容量 SCSI 硬盘阵列便构成了一个非线性编辑系统的基本硬件。这三者相互配合,缺一不可。

1) 计算机硬件平台

目前的非线性编辑系统,不论复杂程度和价格高低如何,一般都是以通用的工作站或个人计算机作为系统平台的,编辑过程中和编辑结果的视音频数据均存储在硬盘里。编辑的过程就是高速、高效地处理数字化的视音频信号。对于高质量的活动图像,图像存储载体与编辑装置间的传输码率应在 100Mb/s 以上,存储载体的容量应达几十 GB 或更高。

从这些年非线性编辑系统产品的发展来看,"高性能多媒体计算机+大容量高速硬盘+广播级视音频处理卡+专业非线性编辑软件"这样的产品组合架构已被广大业内人士所认可。在这种架构的非线性编辑系统产品中,计算机属于基础硬件平台,任何一台非线性编辑系统都必须建立在一台多媒体计算机上,它要完成数据存储管理、视音频处理卡工作控制、软件运行等任务,它的性能和稳定性决定了整个系统的运行状态。除了极少数厂商将它们的系统建立在自有平台上以外,作为一个标准化的发展趋势,越来越多的系统采用的是通用硬件平台。一般是以 PC、Macintosh 机为主,比较高档的非线性编辑系统采用的是像 SGI 的 Octane、O2 工作站这样的操作平台,或者更为昂贵的 ONYX 系统。如 AVID 公司的 Media Fusion 运行在 SGI 工作站上,Media Spectrum 是运行在 ONYX 平台上的高价位产品。早期的系统大多选择了Macintosh机，因为当时Macintosh机与PC相比在交互性和多媒体方面有着先天的优势。然而随着PC的迅速发展，CPU的性能越来越快，总线速度越来越快，使得当年需要在小型机或工作站上完成的工作，如今PC就可以胜任，PC在非线性编辑系统平台竞争中处于更加有力的竞争地位。

需要指出的是，非线性编辑系统的大部分特技功能并不是依赖计算机CPU的计算速度来实现的，在这里计算机所起的主要作用是管理人机界面，提供字幕，支持网络。而特技和合成主要是靠专门的特技加速卡来完成的。

随着PC的发展，基于PC上的系统软件平台Windows也不断发展，继Microsoft推出Windows XP和Windows 8这样功能强大的操作系统后，又推出了Windows 10。目前Windows 10将成为非线性编辑的主流系统软件平台。

2）视音频处理卡

视音频处理卡是非线性编辑系统的"引擎"，在非线性编辑系统中起着举足轻重的作用，它直接决定着整个系统的性能。它主要有以下功能。

(1) 完成视、音频信号的A/D、D/A转换。即进行视频、音频信号的采集、压缩/解压缩和最后的输出等功能，也称这类卡为视频采集卡。视音频处理卡是模拟信号与数字信号的分水岭，所有模拟视音频信号在此经过A/D变换后，每一段素材都成为了一个视频文件存放在硬盘阵列中，供计算机进行数字化的处理。需要输出的视音频数码流经过D/A变换成为可供记录或直播的视音频信号。视音频处理卡上包括模拟信号接口（如复合、分量、S-VIDEO），已涵盖现有模拟电视系统的所有接口形式，也包括像IEEE-1394和SDI这样的数字接口。

视频采集卡是非线性编辑系统产品的决定性部件。一套非线性编辑系统所能达到什么样的视频质量，与视频采集卡的性能密切相关。压缩与解压缩是视频采集卡的核心内容。在数字视频信号不能被有效而高质量地压缩时，非线性编辑都是在昂贵的工作站上实现的。因为庞大的数字视频数据量使Macintosh机和普通PC都不堪重负，不能正常处理数码率高达216Mb/s的无压缩数字分量视频信号或者142Mb/s的无压缩数字复合数字视频信号，从而无法胜任无压缩数字视频信号的非线性编辑工作。然而，随着数字图像压缩技术的发展，各种图像压缩算法日臻成熟，使得在Macintosh机和PC上进行视频非线性编辑成为了现实，这些图像压缩算法是实现相对廉价的视频非线性编辑的关键所在。而视频采集卡采用这样的压缩算法，是把压缩程序集成在硬件中。目前，国内外的非线性编辑系统大都采用Motion-JPEG算法，这种压缩算法对活动的视频图像通过实行实时帧内编码过程单独地压缩每一帧，可以进行精确到帧的后期编辑。Motion-JPEG的压缩和解压缩是对称的，可以由相同的硬件和软件来实现，这对压缩/解压电路实现高度集成化有帮助。

(2) 进行特技的加速。以前的非线性编辑系统多使用软件的方式制作特技，需要漫长的生成时间，效率很低，只能依靠计算机的计算能力，而且信号又被重新压缩，图像质量劣化。视频处理卡中的DVE特技板可以完成两路或多路的实时特技。用硬件方式来完成特技的制作，速度快，效率高，还可以实时回放。

(3) 叠加字幕的功能。早期的非线性编辑系统中这三类卡是独立的，分别安放在不同的插槽中。这样既烦琐，又增加了故障出现的概率，还影响处理速度。目前已经将视音频采集、压缩与解压缩、视音频回放、实时特技、字幕等全部集成在同一块卡或一套卡上，使得整个系统的硬件结构非常简洁。

3) 大容量数字存储载体

数字非线性编辑系统所要存储的是大量的视频音频素材,数据量极大,因此需要大容量的存储载体,非线性编辑的特点对硬盘的容量和读写速度提出了更高的要求。影响硬盘数据传输率的因素一是磁头的读写速度;二是接口类型和总线速度。磁头的读写速度既取决于采用何种磁头技术(如磁阻式磁头技术),又取决于硬盘的主轴转速。现在常见的硬盘转速有 4500r/min、5400r/min、7200r/min、10 000r/min。

用于非线性编辑系统的硬盘从 4.3GB、9GB、18GB 发展到更大容量,也难以满足系统的需要,硬盘阵列技术成为大容量数字存储载体的发展方向。

硬盘阵列(Redundant Array of Inexpensive Disk,RAID)是具有冗余度的多重化磁盘阵列,它有独立的机箱和供电系统,不占计算机 CPU 资源,与计算机操作系统无关。利用若干台小型硬盘加上控制器按一定的组合条件而组成一个大容量快速响应的存储系统,从用户看像一个大硬盘。这一硬盘技术不但大大提高了硬盘的容量和读写速度,更重要的是提高了系统的可靠性。当硬盘塔中某一个硬盘遭到物理损坏时,可将其拔出,并将备份磁盘插入,系统内的 RAID 控制器将利用冗余硬盘中的数据进行恢复。因此一个硬盘发生故障时不成问题,能继续保持播出工作,而且在不切断电源情况下也可以更换硬盘,所以维修中更换故障硬盘不必使系统停止工作。另外,数字化技术的迅速发展,网络编辑存储也应运而生,这将使非线性编辑系统走上了不断完善的历程。

4) 非线性编辑接口

非线性编辑系统在工作时,视音频素材是从录像机上载至计算机的硬盘上,经过编辑后再输出至录像机记录下来。信号的传送是通过视音频信号接口来实现的。另外,为了适合网络传送的需要,非线性编辑系统的接口也要考虑到广播电视数字技术及计算机网络发展的潮流。在非线性编辑系统中,数字接口由两部分组成:计算机内部存储体与系统总线的接口,以及非线性编辑系统与外部设备的接口。与外部设备的接口也包括两部分:与数字设备连接的接口及与网络连接的接口。

2. 非线性编辑系统的软件环境

从非线性编辑系统的硬件结构来看,它只是完成了视音频数据的输入/输出、压缩/解压缩、存储等工作,这还不够,要完成非线性编辑工作,还要有相应的应用软件,才能组成一套完善的非线性编辑系统。现在世界上非线性编辑软件种类繁多,但仍然可以依据这些软件的功能,按照从输入/输出到制作的次序来排定它们的层次。

1) 稳定可靠的操作系统

运行在硬件平台上的是计算机的软件操作系统,对应不同的机型存在着不同的操作系统平台。早期非线性编辑系统的主流操作平台是建立在 Macintosh 计算机基础之上的 Mac OS 系统。Mac OS 系统显示出它强大的处理能力,为广告制作商、后期制作室和演播室等用户方面提供了比较完善的功能,初期大约有 60% 的非线性编辑系统是基于 Mac 平台的,现在有代表性的产品如 Media-100 系列。目前比较高档的非线性操作系统都运行在 Windows 10 平台上,它支持 32 位线程级多任务、对称多处理器和多种类型的中央处理器,具备稳定性、安全性和容错能力。

2）方便、实用的非线性编辑软件

非线性编辑软件是指运行在计算机硬件平台和操作系统之上，在开发软件平台上发展的用于非线性编辑的应用软件系统，这是非线性编辑系统的核心。非线性编辑的大部分操作过程都要在非线性编辑软件中完成。

这类软件大致可分为专用型和通用型两种。专用型的软件大都是由非线性编辑系统开发商根据他们所选用的视频处理卡的特点而专门开发的，如国产的大洋、索贝、新奥特等公司开发的软件，国外的如 AVID 公司的软件。作为专门开发的非线性编辑软件，充分考虑了与视频处理卡的匹配，由此组成的整个系统性能较稳定。

除了专用型的软件外，目前还有许多通用型的软件，都是由第三方的公司（既不是视频处理卡制造商，也不是非线性编辑系统集成商）开发的，它们的特点是可以不依赖硬件运行，安装在任何计算机上就可以使用。这些软件种类繁多，功能十分强大，在很大程度上填补了非线性编辑系统在特技效果和多层画面合成能力上的不足。

8.2　电视画面拍摄基本功实训

【实训目的】

在掌握摄像机的操作方法和要领的基础上，掌握各种不同景别、不同角度、不同高度固定镜头的拍摄技巧，以及掌握摄像机在推、拉、摇、移等形式的运动中的拍摄技巧，能够拍摄出稳定性强、构图优美、富有纵深感和动感的画面。

8.2.1　摄像机的准备工作

1. 检查磁头

每次使用前，先放几十秒以前已录的带子，看图像是否正常，因为视频磁头是摄像机最易损坏的部件。在正常的条件下，磁头的寿命也只有 1000h。摄像机如果长期使用而又不注意保养和清洁，磁头就会出现结垢或结灰的现象，从而影响拍摄和播放质量。磁带重放时，电平和信噪比都会下降。使用清洁带可以有效地消除这种现象，将清洁带放入摄像机中，将 POWER 开关设定为 VCR 位置，按 PLAY 键，不要超过 10s，取出清洁带，观看效果，重复操作但不要超过 3 次。

2. 检查镜头

每次使用前后都要习惯性地检查一下镜头。先用气囊把镜头上大颗粒的灰尘或异物吹掉，然后再用干净的软布或镜头纸擦拭或蘸镜头清洁剂擦拭，但不要用水擦拭，更忌用粗硬的纸或布损伤镜头。最好是在镜头前加一个 UV 镜，这样既可以保护镜头，又方便清洗，每次只是清洗 UV 镜就会简单很多。

3. 检查寻像器

向上抬起电子取景器并进行清洁，随后利用取景器调整杆进行调整。

4．检查存储卡

摄像的内容虽然已储存记录下来,但如果片段太多,就很容易忘记它的位置,有时不小心还会把内容删除。为预防这样的情况发生,可以在拍摄后将存储卡装入标签袋中,并在袋上写清楚主题内容及拍摄的顺序,将其放在规定的位置。另外在拍摄完成后,应及时采集素材。

5．检查电池

电池是摄像机的动力源泉,这一步是必不可少的。如果是在室内摄像,可以用电源连接线和交流电源转变器连接交流电来使用,这时可以先将交流电源转接器接好,然后打开 DC IN 插孔盖,将连接线的一端插入即可;如果在户外摄像,就要用充电式电池来作为电源了,在拍摄的前一天晚上就要把电池充好,因为充足电需要几个小时时间,所以千万不能在拍摄前才检查电池里的电是否充足。

首先打开 DC IN 插孔盖,将交流电源转换器连接至 DC IN 插孔,将电源线连接至交流电源转换器,再将电源线连接至电源,将 POWER 开关设定于 OFF 位置,开始充电。

当剩余电量指示灯变为 ▰,表示普通充电。

当剩余电量指示灯变为 FULL,表示完全充电。

要经常注意检查电池的充电情况,以确保电池组有充足电力供摄像机使用。

6．检查、调校日期和时间

一般来说,对于第一次使用的数码摄像机,要先设置一下它的日期和时间,并把它调整到符合拍摄需要的状态。

具体方法是,首先要检查位于机身底座电池室内电池的电力状况,调整好日期/时钟指示上的时间码,时间码可显示年、月、日或显示年、月、日、时、分,设置时可以设置显示、不显示或自动。一般一次调整后,可长期使用,拍摄时只需按动选择按钮即可。

8.2.2 摄像机的操作要领

镜头拍摄过程中的操作要领是平、稳、匀、准、清。

1．平

平即所摄画面的地平线一定要平。画面边缘的横线要与地平线保持水平,不能倾斜,这是正常画面的基本要求。在多数情况下的摄像画面中,不是有水平线条就是有垂直线条,如果拍摄的画面中这些线条歪斜,会给观众造成主观错觉,这是摄像工作的大忌。在具体操作中,应注意以下几点。

(1) 摆好三脚架,固定摄像机的云台要放平。如果三脚架上有水平仪,应当使水平仪内的小水泡处于中心位置。

(2) 肩扛摄像机操作时,利用画面中景物的水平或垂直线条做参考,校正摄像机寻像器的边框与这些线条平行。

(3) 俯、仰角度大的镜头仍利用景物的垂直线条和水平线条来把握画面的水平。

2. 稳

稳即摄取所有镜头时都应当坚决消除任何不必要的晃动,使整个画面稳定而没有摇晃现象。在具体操作中应注意以下几点。

(1) 充分利用三脚架。三脚架是解决晃的弊病的最有效的工具。需要注意的是利用三脚架时要熟悉三脚架的性能,熟练地掌握三脚架各部件的功能。

(2) 肩扛摄像机拍摄时,肘部要抵在腰窝处,将手撑稳,将摄像机贴在头侧并注意均匀呼吸,呼吸动作不能太大。要注意脚跟站稳,行走时屈膝以利缓冲,腰部、背部要弓一些,以利减震。

(3) 手持摄像机拍摄时,要将两脚叉开,重心要低,呼吸平稳,拍摄时始终保持画面基本线条的横平竖直。

3. 匀

匀即拍摄过程中的加的速度要均匀,不能忽快忽慢,破坏节奏的连续性。处理起幅和落幅时,速度应放慢。在具体操作时,应注意以下几点。

(1) 推拉技巧要注意使用电动变焦装置做到匀速。

(2) 摇镜头要匀速进行,利用三脚架摇摄时要注意云台转动部分的松紧程度调节适当。肩扛摇摄时,要预先计划好身体转动的姿势,身体面向落幅处。

(3) 移动拍摄时要做到匀速,必须注意操纵、控制移动工具。

4. 准

准即画面的取景构图要准确。无论是固定拍摄还是运动拍摄,都要让摄像机准确地拍摄到想介绍给观众的内容。使用技巧性镜头时,成为落幅的画面一定要准确,切不可在技巧运动结束后再进行构图修正。在具体操作时,注意以下几点。

(1) 加强基本功训练,最大限度地借助三脚架、镜头等方面的优势,认真进行拍摄。

(2) 对选定的画面在实拍前通过寻像器进行观察,并做多次操作练习。

(3) 运动摄像时,对寻像器里看到的不断发生变化的画面一定要做到心中有数。

(4) 一旦操作出现失误,应当毫不犹豫地重新拍摄。

5. 清

清就是指画面曝光、聚焦要准确,画面要清晰,不能模糊。

8.2.3　固定镜头和推拉摇移的拍摄技巧

1. 固定镜头及其拍摄技巧

固定镜头是在拍摄一个镜头的过程中,摄像机机位、镜头光轴和焦距都固定不变,而被摄对象可以是静态的,也可以是动态的。它的核心点就是画面所依附的框架不动。

1）特点

（1）固定画面外部运动因素消失。通过摄像机的寻像器所能看到的画面范围和视域面积是始终如一的。

（2）固定画面视点稳定，符合人们日常生活注视详观的视觉体验。它不同于摇摄、移摄所经常表现出的"浏览"的感受，也不同于推摄、拉摄所表现出的视点前进或退后的感受。

2）功能

（1）用固定镜头拍摄类似于人的静观，既是一种比较深入的观察，又带有比较强的客观色彩。

（2）固定镜头拍摄的景物适合于在节目中担负介绍环境、转场交代等作用。固定镜头拍摄人物适合于在节目中担负采访、介绍人物展现冲突过程等作用。

3）固定镜头的拍摄技巧

固定镜头拍摄的基本特点就是"三不动"，即机位不动、镜头角度不动、镜头焦距不动。

2．推镜头

推是指摄像机正面拍摄时通过向前直线移动摄像机或提升镜头使拍摄的景别从大景别向小景别变化的拍摄手法。

推镜头主要利用摄像机前移或变焦来完成，逐渐靠近要表现的主题对象，使人感觉一步一步走近要观察的事物，使观众的视线逐渐接近被拍摄对象，逐渐把观众的观察从整体引向局部，它可以表现同一个对象从远到近变化，也可以表现一个对象到另一个对象的变化。在推的过程中，画面所包含的内容逐渐减少，也就是说，镜头的运动摒弃了画面中多余的东西，突出重点，把观众的注意力引向某一个部分。例如观察一个古董，从整体通过变焦看到细部特征，也是应用推镜头。其作用可以突出主体，描写细节，强调主体从环境中突现出来，以加强表现力。

推镜头的拍摄技巧如下。

推镜头在实际拍摄中不能用得过多，在一些业余的拍摄中，经常会看到推拉镜头一个接一个，大家俗称这种拍法叫"拉风箱"。

拍摄者在决定使用推镜头之前，至少要给出拍这个推镜头的理由，想一想为什么要拍这个推镜头，是要强调什么，还是要表现什么。另外，摄像机在使用变焦功能拍"推镜头"时，会把摄像机微小的抖动放大数倍，使拍摄出的画面晃动得很厉害，所以，一定要谨慎使用大倍数变焦的"推镜头"，如果使用大变焦拍摄的话，注意使用三脚架来稳定摄像机。

3．拉镜头

拉是指摄像机正面拍摄时通过向后直线移动摄像机或旋转镜头使拍摄的景别从小景别向大景别变化的拍摄手法。

拉镜头是摄像机不断地远离被拍摄对象，也可以用变焦距镜头来拍摄（从长焦距逐渐调至短焦距部分）。逐渐远离要表现的主体对象，使人感觉正一步一步远离要观察的事物。远距离观看某个事物的整体效果，它可以表现同一个对象从近到远的变化，也可以表现一个对象到另一个对象的变化。这种镜头的应用，主要突出要拍摄对象与整体的效果，把握全局，例如常见影视中的峡谷从内部拍摄到整个外部，应用的就是拉镜头。拉镜头能表现主体人物或者景物在环境中的位置,拍摄机器向后移动,逐渐扩大视野范围,可以在同一个镜头内反映局部与整体的关系。同时为了镜头之间的衔接也需要拉镜头,例如前一个是一个场景中的特写镜头,而后一个是另一个场景中的镜头,这样两个镜头通过这种方法衔接起来就显得自然多了。

拉镜头的拍摄技巧如下。

摄像和写文章有很多相似的地方,例如写文章描述一个孩子玩玩具,可以有两种写法。A:在幼儿园的教室里,小明在聚精会神地玩玩具。B:看小明聚精会神的样子,他在玩什么东西呢?原来是在摆弄他喜欢的玩具。两句话的意思一样,如果用摄像机来表达 A 句,可以用"推"镜头来拍,镜头从全景的教室开始拍摄,之后慢慢地"推"到小明的近景或特写;如果表达 B 句,就可以用"拉"来拍了,镜头要先在小明的一个特写或是近景的位置开拍,之后慢慢地拉到全景,这样在画面中先看到的是小明聚精会神的面部表情,之后随着镜头的逐渐拉出,画面中出现小明所处的环境。在这个过程中,观众开始会想:这小孩在做什么呢?这么认真?当镜头全部拉出来时,观众才明白原来是一个在玩玩具的小孩子。拉镜头的开始时会造成一种悬念,之后才交代出全部内容。

镜头的推拉和变焦距的推拉效果是不同的。例如,在推镜头技巧上,使用变焦距镜头的方法等于把原来的主体一部分放大了来看。在屏幕上的效果是景物的相对位置保持不变,场景无变化,只是原来的画面放大了。在拍摄场景无变化的主体,要求在连续不摇晃地以任意速度接近被拍摄物体的情况下,比较适合使用变焦距镜头来实现这一镜头效果。而移动镜头的推镜头等于接近被拍摄物体来观察。在画面里的效果是场景中的物体向后移动,场景大小有变化。这在拍摄狭窄的走廊或者室内景物的时候效果十分明显。移动摄像机和使用变焦距镜头来实现镜头的推拉效果是有着明显区别的,因此在拍摄构思中需要明确的意识,不能简单地将两者互相替换。

4. 摇镜头

摇是指摄像机拍摄时以摄像机为轴心从左向右或从右向左弧线型移动摄像机来拍摄景物的拍摄手法。

摇镜头也称为"摇拍",是法国摄影师狄克逊在 1896 年首创的拍摄技巧,也是根据人的视觉习惯加以发挥的。用摇镜头技巧时,摄像机的位置不动,只摇动镜头做左、右、上、下、移动或旋转等运动,使人感觉从对象的一个部位到另一个部位逐渐观看,这非常类似于人站着不动,而转动头来观看事物一样。

影视作品中经常使用到摇镜头,例如电影中出现一个洞穴,然后上、下、左、右或环周拍摄应用的就是摇镜头。摇镜头主要用来表现事物的逐渐呈现,一个又一个的画面从渐入镜头到渐出镜头来展现事物发展。

摇镜头的拍摄技巧如下。

摇镜头分为好几类,可以左右摇,也可以上下摇,也可以斜摇或者与移镜头混合在一起。摇镜头的作用是向观众对所要表现的场景进行逐一的展示,缓慢的摇镜头技巧,也能造成拉长时间、空间的效果。

摇镜头把内容表现得有头有尾,一气呵成,因而要求开头和结尾的镜头画面目的很明确。从一个被拍摄目标摇起,结束到另一个被拍摄目标上,并且两个镜头之间一系列的过程也应该是被表现的内容,用长焦距镜头远离被拍摄体遥拍,也可以造成横移或者升降的效果。摇镜头的运动速度一定要均匀,起幅先停滞片刻,然后逐渐加速、匀速、减速、再停滞,落幅要缓慢。

摇镜头的摇动可以与被拍摄物体(人物)同方向或是反方向,拍摄的画面呈现动态构图。摇镜头可以扩展景物产生"巡视"环境或"展示"规模的作用。例如在旅游时为了拍摄景点的全貌,可以用摇镜头来拍摄。

使用摇镜头拍摄时,要注意尽量用数码摄像机的广角端,尤其在不用三脚架时,不要使用推变焦后再摇拍;拍摄前要先看好镜头的起点与落点位置,并注意起拍时要保持几秒的固定镜头后再开始摇镜头,当摇到镜头的落点时,也要继续保持几秒的固定镜头拍摄后再停止。例如我们站在北京天安门广场摇镜头拍摄天安门全景,首先选好起拍点为面对天安门的左侧,落点为右侧,将摄像面对准起拍点按下拍摄键,固定拍摄约3s后开始摇镜头,并且注意摇镜头的速度要稳和匀,当镜头摇到落点位置停止摇的动作后,还要再继续拍摄约3s后再停止拍摄。

摇镜头拍摄时还应该注意拍摄不要中途停止,要有起有落,不能摇拍到一半突然停止拍摄,同时拍摄中要果断起幅、摇镜头、落幅,不要摇过去或摇到一半再退回来。摇的速度也要注意不能忽快、忽慢,要保持均匀。

5. 移镜头

移是指摄像机拍摄时镜头方向与摄像机移动方向成直角,而摄像机移动速度相对固定、景别相对不变的拍摄手法。

移镜头的拍摄技巧如下。

这种镜头的作用是为了表现场景中的人与物、人与人、物与物之间的空间关系,或者把一些事物连贯起来加以表现。移镜头和摇镜头有相似之处,都是为了表现场景中的主体与陪体之间的关系,但是在画面上给人的视觉效果是完全不同的。摇镜头是摄像机的位置不动,拍摄角度和被拍摄物体的角度在变化,适合于拍摄远距离的物体。而移镜头则不同,是拍摄角度不变,摄像机本身位置移动,与被拍摄物体的角度无变化,适合于拍摄距离较近的物体和主体。

移动拍摄多为动态构图。当被拍摄物体呈现静态效果时,摄像机移动,使景物从画面中依次划过,造成巡视或者展示的视觉效果;被拍摄物体呈现动态时,摄像机伴随移动,形成跟随的视觉效果。移动拍摄还可以创造特定的情绪和气氛。

移动镜头时除了借助于铺设在轨道上的移动车外,还可以用其他的移动工具,如高空摄影中的飞机,表现旷野中的火车、汽车等,其运动按照移动方向大致可以分为横向移动和纵深移动。在摄像机不动的条件下,改变焦距或者移动后景中的被拍摄体,也都能获得移镜头的效果。

就现在电影或电视剧里"移动镜头"来看,很多镜头中包括了多种拍摄方法,如移、跟、推、拉等,也就是说在一个镜头中使用综合的拍摄方法来拍摄,因此这类镜头已无法确定到底是"跟"还是"移",是"摇镜头"还是"推拉"镜头,因为整个镜头始终在运动中拍摄。这也说明摄像或是摄影没有什么固定拍摄模式,只要内容上需要,拍出来的画面符合要求,具体使用什么运动拍摄方式没有定式。

8.2.4 不同景别的拍摄技巧

常用的景别有远景、全景、中景、近景、特写。其中,中景特别适合于展示主体物的运动或动作态势,近景和特写适合展示主体物的细节或本质。不同景别具有不同的特点、作用和要求,实验时要根据具体情况去把握。

1. 远景的拍摄技巧

远景是拍摄远距离景物的镜头,也是通常情况下视距最远的镜头。远景视野广阔、景深悠远,主要用来表现自然环境、某种气氛,以及人物周围广阔的空间、地点、自然景观或大的群众活动场面。

进行远景拍摄时应注意以下几点。

(1) 从大处着眼。要抓大的线条,调整画面大的网络结构,切忌丢了西瓜拣芝麻,即拍摄远景的目的性一定要强。

(2) 强调光线的合理运用。一般来说早晚光线适宜表现深远的空间透视,逆光和侧光有助于构图层次,形成光调深浅的配置。

2. 全景的拍摄技巧

全景的取景范围要小于远景,全景可以是人物全景、物体全景和景物全景。全景具有较为广阔的空间,在全景画面中,无论人物还是物体的外部轮廓线条、相互间的关系,都能得到展现。它可以展现人物的整个动作、人与周围事物的相互关系,以及物体的全貌。与远景相比,全景有较明确、具体的内容中心。

进行全景拍摄时应注意以下几点。

(1) 要注意被摄物体外部轮廓线条的完整,如用全景拍摄人物时,必须把被摄对象的脚全部拍下来,不要在足面以上开始分截,否则会产生极不协调的构图。

(2) 注意前景的安排。

(3) 注意选择好全景拍摄的总角度。

3. 中景的拍摄技巧

中景用来表现人物膝盖以上或物体的大部分。和全景相比,中景画面中人物整体形象和环境空间降至次要位置,它更重视具体动作的情节。中景主要是用来表现人与人之间的谈话和感情交流,以及人与物或物与物之间的相互关系,反映人物的动作、姿态、手势和物体的形态、运动等。也就是说,中景最大特点是以其生动的动态来吸引观众的,它是最常见的一种景别。

进行中景拍摄时应注意以下几点。

(1) 要揭示被摄物富有典型意义的特征,要舍其全貌、抓其要害,展现事物的特殊性和典型性。

(2) 应用中景,常需交代背景或动作路线,如果把中景和展现全貌的全景镜头交替使用,会相得益彰。

(3) 在处理中景时要注意使人物和环境富于变化。
(4) 中景应以生动的动态吸引观众。

4．近景的拍摄技巧

近景是用来展现人物腰部以上或物体具有主要功能和作用的那部分。近景重在表现人物的神情态势和局部细节特征。就人物而言,近景画面中人物上半身活动和面部表情占显著地位,视觉效果比较鲜明、强烈,因此最适宜于对人物的容貌、神态、衣着、仪表做细致的刻画。

进行近景拍摄时应注意以下几点。
(1) 用近景表现人物时的重点在于处理好眼神光,要达到以眼传神的效果。
(2) 近景在于表现人物的神情。在窥视人的内心世界的同时,人物的脸部轮廓,上身动作姿态的曲直弯伸也应列入必须考虑的范围内,尽量保留手臂线条的完整,帮助画面表情达意。
(3) 拍摄人物近景时,一般多用平角度,镜头的视平线以眼睛为齐。仰角拍摄人物容易变形,俯角拍摄容易产生贬低、蔑视的效果。

5．特写的拍摄技巧

让被摄对象的某一部分充满画面,对其做更为细致的交代,给人以强烈、突出的印象。特写的取景范围一般是人的两肩以上或物体相当比例的那部分,它的最大特点是强调人或物的局部细节,通过一点窥视人物内心或事物本质。通过特写镜头还可以把不易看清或容易忽视的细小东西加以放大,形成强烈清晰的视觉形象。

进行特写拍摄时应注意以下几点。
(1) 运用上一定要注意得当,拍摄时要有明确的目的性。
(2) 表现人物内心感情,应以眼睛作为特写对象。通过对眼睛的表现,揭示人物内心的喜怒哀乐。
(3) 拍摄人物面部特写时要注意利用不同机位来表现其肤质。
(4) 特写镜头通常只是穿插在其他景别的镜头中使用,在关键时刻出现,才能发挥其独特的作用,形成特殊感染力。

8.2.5　不同角度的拍摄技巧

一般来说,拍摄角度的变化依据人们观察景物的视觉特点,最常见的有以下四种形式。

1．正面拍摄

正面拍摄即摄像机镜头在被摄主体的正前方进行拍摄。摄像机镜头光轴与被摄对象正视线(中视线)一致。正面拍摄,左右是平衡对称的,正面构图往往再加上主体居画面中央位置,对于人物来说,能表现人物的端庄、稳重、严肃,可以看到人物完整的脸部特征和表情动作。如用平角度和近景景别,有利于画面人物与观众面对面的交流,使观众容易产生参与感和亲切感。对于环境来说往往有庄重、肃穆的感觉。

进行正面拍摄应注意以下几点。

（1）正面拍摄有利于表现被摄对象的横向线条,但如果主体在画框内占的面积过大,容易封锁观众视线,无法向纵深方向透视,常会显得缺乏立体感和空间感。

（2）正面拍摄的画面构图缺少方向性,会另被摄主体稳重有余而动感不足,不利于表现运动。

（3）正面拍摄空间感和立体感较差,如画面布局不合理,被摄对象就会显得无主次之分,呆板而无生气。

2．侧面拍摄

侧面拍摄是从摄像机与被摄对象正视线成直角的方向拍摄,即通常所说的正左方或正右方。侧面拍摄画面有明显的方向性,被摄对象的轮廓特点十分鲜明。侧面拍摄主要作用在于：一是表现人或物体某种动势；二是展现运动的特点；三是在拍摄人物中景或多人物画面时,适合表现人物间的感情交流。侧面拍摄的缺点是只有被摄对象的侧面,立体感较差。

进行侧面拍摄时应注意以下几点。

（1）拍摄画面中的双方,一般是平等的并列关系,主体不大突出。因此侧面角度的对话的画面一般不宜长时间使用。

（2）侧面拍摄的立体感也较差,不利于展示立体空间感。

3．斜面拍摄

斜面拍摄即从介于正面和侧面之间的角度进行拍摄。斜面拍摄的作用主要有三点：一是能使被摄主体的横向线条变为斜线,产生明显的形体透视变化；二是能扩大容量,使画面生动活泼,有利于表现景物的立体感和空间感；三是有利于安排主体和陪体,突出主次关系。

进行斜面拍摄时应注意：在正面和侧面之间有着无数的拍摄角度,是电视摄像时最常用的一种角度,所摄画面既有被摄物的正面,又有被摄物的侧面,立体感和纵深感都较强。

4．反面拍摄

反面拍摄即从被摄对象的背后进行拍摄。反面拍摄一反常态,画面基本看不到主体的正面,给人一种崭新的视觉印象。反面拍摄的最大特点是无论一幅静止的画面,还是偶尔一个背景镜头,常常能够体现出编导的独特构思,能够给观众积极的联想和对画面的积极思考。

进行反面拍摄时应注意：反面拍摄毕竟是一种比较特殊的拍摄方向,在各类电视教材中不宜过多使用。使用时一定要注意背景的传情达意,着力刻画被摄对象的姿态、轮廓,并选择、提炼典型的线条结构。

8.2.6　不同高度的拍摄技巧

1．平摄

平摄即摄像机与被摄对象处于同一水平线上的一种拍摄方法。在一般情况下,平摄的地平线在画面中间,天地各半,人物和景物不变形,具有真实感,合乎或接近人们平常的视觉习惯和观察景物的特点。

2. 俯摄

俯摄即摄像机由高处向下拍摄被摄对象的一种拍摄角度,给人以低头俯视的感觉。俯摄能够强调被摄对象的地理位置、数量距离,使观众充分了解画面中物体间的相互关系、相互间的地位感,使地面上的景物在画面上充分展现。这种角度具有强烈的感情色彩,可以表现出阴郁、压抑的情绪,有时还能起到贬低的作用。

进行俯摄时应注意以下几点。

(1) 俯摄一般不适合表现人物,除了表现特殊情境下的人物主观镜头外,使用这种摄法容易造成心理上的压抑感,不利于感情上的交流和人物情绪的表达。

(2) 近摄人物,容易产生变形,改变人物正常比例结构;远摄人物,又会使人物同自然界相比显得渺小。所以运用俯摄,尤其是拍摄人物时一定要慎重。

3. 仰摄

仰摄即摄像机从低处向上拍摄被摄对象的一种拍摄角度,仰摄的角度近似于垂直的称为大仰。仰摄能将向上伸展的景物在画面中上下展开,有利于强调被摄对象的高度。可以给画面中的被摄对象造成某种优越感,表示颂扬、胜利、高大、敬慕、庄重等。仰摄也带有比较强烈的感情色彩,有时也代表主观视线。

进行仰摄时应注意以下几点。

(1) 运用仰角拍摄人物近景时,容易显示高昂、威严、向上的气势,但要注意分寸。

(2) 运用仰角拍摄景物时,有利于突出被摄对象的高大气势,但同时要注意,由于仰摄会使近处的事物高耸于地平线上,十分醒目突出,背景的物体会被前景遮挡,得不到表现。

(3) 仰摄可以表达正面、褒义、颂扬的主观感情色彩,但要注意在某些场合仰摄也可以表现反面的、贬义的感情色彩,如盛气凌人、气势汹汹等。

4. 顶摄

顶摄即摄像机拍摄方向与地面垂直的一种拍摄角度。顶摄可以改变人正常观察事物时看到的情景,画面各方面的配置比一般俯摄有较大变化,更能强调出画面内容的相互关系和造型,还可以造成观众心理上高低、大小、上下的悬殊对比。

顶摄具有独特的作用,并能收到很好的效果。例如医学专业的手术操作、昆虫等生物的活动情况都可用顶摄构图。在演播室,为了准确方便地拍摄字幕、图表、文字,常常将摄像机头向下垂直吊起来,把要拍的实物平放在桌面拍摄,这也是利用顶摄角度的拍摄。

8.3 分组制作一部 10~15 分钟的故事短片

【实训目的】

通过实训学习,能够独立进行创意设计,利用相关设备进行素材的采集,对采集的素材运用相应软件工具进行音频视频处理,掌握影视媒体合成制作技术及DVD光盘刻录。

【实训设施/环境】

硬件:数码相机、数字摄像机、计算机(安装DVD ROM或刻录机)、带话筒耳机。

软件:会声会影9中文版、Nero刻录软件、Flash制作环境、Photoshop CS、3ds Max等。

【实训知识】

1. 数字摄像

掌握DV拍摄的基本知识,能熟练地操作DV摄像机,能运用几种常用的DV拍摄技巧,具备DV拍摄的初步能力。

2. DV创意与策划、脚本编写

了解DV作品制作的基本步骤,能够根据DV作品的制作流程进行DV作品的策划和脚本编写。

3. 视音频编辑与合成

掌握视音频编辑与合成的基本知识,能够掌握会声会影、Premiere等软件的音视频编辑方法,具备操作通用DV视音频编辑软件的能力。

4. 视音频特效制作

能够根据需求添加音频效果、字幕、特效等;能够应用专业后期处理软件进行视频的后期处理。

5. 三维片头制作

掌握运用Cool 3D、3ds Max制作三维字幕、三维动画的能力。

6. 作品输出与发布

掌握影像输出的基本知识,能够认识不同的视音频格式,能够掌握常用刻录软件的基本操作,具备制作DVD的能力。

【实训内容】

以下各种题材任选其一制作10~15min的短片。

(1) 校园新闻(校园建设、校内突发事件、新闻人物)。

(2) 纪录片(真实的校园生活片断、人物专访等)。

(3) 生活短片(根据真实生活改编成的短剧,根据某个文学作品改编的短剧或自编故事)。

(4) MTV或电视散文(与校园生活密切相关的)。

(5) 微电影。

8.3.1 选题、策划、创意

选定某一类题材后,确定一个具体的内容,如纪实型的短片用自然、朴实的方法,真实地报道、反映人和事。

新闻短片是对新闻事件发生、发展用声画结合的方式深入地、全面地记录和表现出来。

电视散文、MTV的画面要与散文的意境、歌曲的旋律等相融合,借事借物抒情。

生活短片、电视广告应该具有较强的创新意识,给观众留下深刻的印象。

要求:选题紧扣时代脉搏,思想健康,内容充实,观点正确;设计巧妙,风格独特,情调高雅;不得违反宪法和法律行政法规,不侵犯他人知识产权、隐私权等。

8.3.2 稿本编写

稿本分为文字稿本和分镜头稿本。文字稿本撰写者应清楚地知道如何运用画面、运用什么样的画面来表达自己所要表述的东西。只有这样,才能最大限度地开拓画面所表现的内容。分镜头稿本是编导根据文字稿本进行的再创作,是摄制组进行拍摄、制作的施工蓝图,是拍摄、编辑、审查的重要依据。

8.3.3 素材采集与编辑

素材采集必须自行拍摄素材,不得截取电影、电视或他人拍摄的视频片断。

1. DV摄像

(1) 摄像机使用前必须充足电,初步熟悉基本操作。
(2) 注意考虑不同景别的搭配,如远景、全景、中景、近景、特写镜头。
(3) 拍摄过程中要注意做到平、准、稳、匀。要注意起始画面与终止画面的处理。
(4) 拍摄时每个镜头应提前录制 5~10s,拍摄一个动作结束时,应多录几秒,为下一镜头的编辑留有余地。
(5) 拍摄过程中应尽量做好场记,准确地记录每个镜头的起始,以利于后期编辑。
(6) 尽量避免画面杂乱,避免画面中出现高光点、画面反差大,过亮或过暗效果。

2. 视频编辑要求

(1) 符合观察规律和思维逻辑。镜头组接的顺序及其所表达的内容要符合人们对外部世界的观察规律和思维逻辑。
(2) 轴线统一。轴线是指拍摄对象的运动方向(运动轴)或两个被拍摄对象之间的连线所构成的直线(方向轴)。在拍摄时,如果摄像机的位置始终保持在主体的运动轴或方向轴的同一侧,那么不管拍摄多少镜头,不管摄像机的机位和角度如何变化,画面中主体的运动方向和位置间的关系总是一致的,否则就"跳轴",即跳过轴线到另一侧去拍摄。在"跳轴"的镜头里,主体物的运动方向与它们之间的位置不一致,画面一般不能直接组接。如果要组接的话,可用一中性镜头(即没有方向性的镜头)来过渡,然后再组接。

（3）画面组接：动接动,静接静。

动接动：两个镜头中的同一主体或不同主体的动作是连贯的,可以动作接动作,达到顺畅、简洁过渡的目的。

静接静：两个镜头中主体物的运动是不连贯的动作,那么,不论画面是否是同一主体,必须在前一个主体做完一个完整动作的静止点切断。组接另一个镜头时,这个镜头的动作必须选在这个动作的起始静止点开始。

这里强调"动接动""静接静"是强调在情节和内容上,做到镜头的流畅组接,并不排除在其他场合"动接静"和"静接动"。"动接静"时"动"的镜头应有落幅；"静接动"时"动"的镜头应有起幅。当然,后期编辑的特技处理日趋丰富,特别是非线性编辑的应用,动接动、静接静的理论在淡化,但在没有特技处理的情况下,基于动静结合理论的后期编辑仍能制作出高质量的镜头组接画面。

（4）景别的过渡要自然、合理。在两个以上景别不同的镜头组接上,一般按照远景—全景—中景— 近景—特写或特写—近景—中景—全景—远景的顺序组接,这样符合视觉由远到近、由近到远的循序渐进的规律。

（5）保持色调的统一。在镜头画面组接时,对于一个完整的段落,其中各个镜头的影调和色调应该和该段落的内容和情绪相一致；对于影调和色调对比强烈的镜头,为了保证它们能连贯地组接,可以选择在拍摄时有意安排一些具有中间影调和色调的镜头画面做过渡,起到视觉的缓冲作用。

3．解说、音乐

1）声画对位

影片中解说词必须同镜头画面相对应,虽然解说词不是对画面的重复,但解说词的出现必须要依画面而行。效果声是物体运动所发出的特定声响,必须与动作或场景相对应。音乐必须同节目段落相呼应。音乐的使用大多数都是成段使用,它是按节目段落起止来配合使用的。恰当、合适地选择所用音乐,根据镜头画面来决定音乐的内容和风格。

2）强弱得当

根据影片中画面内容的需要,解说词、效果声、音乐有时是单独存在,有时是同时存在的,因此,当有任何两项以上的成分同时出现在音响中时,就有主次之分,音量强的为主,音量弱的为辅。

一般情况下,解说词音量始终是最强的。解说词无论在何时出现,也不论伴随效果声或音乐出现,都要保持解说词的响亮和清晰表达。解说词与效果声或音乐同时出现时,应将效果或音乐的音量压低,以刚能听到为止,又不影响解说词的清晰表达,但不可关掉。在音乐与效果声同时出现时,往往是压低音乐而加强效果声。

4．片头、片尾、字幕制作

字幕是影片的内容表达和画面构成中一个不可缺少的元素。它的主要作用是：不失时机地打出片中值得强调、解释和说明的内容；参与画面的构图。字幕包括标题字幕和文本字幕：标题字幕主要用于字幕属性多变的地方，常用于制作单行、双行、三行或多行等格式不同的字幕；文本字幕主要用于制作唱词、滚屏等格式一致的字幕。

1) 字幕要求

（1）出字的方式与片中表达的内容、节奏相协调。在影片中，不仅要注重字幕的内容，更要注重字幕的出现方式。生硬的出字方式会给人带来"附加"感，好像字幕是硬挤进去、硬贴上去的。巧妙的出字方式给人一种"依附"感，与画面内容相辅相成，相得益彰。

（2）选择恰当的字体、字形。影片中的字体选择要非常小心，有些字幕看上去很好看，又易于辨认；而有些字幕则过于花哨（如古体和手写体），很难看懂。在字幕制作中，一定要保证字体既不太粗也不太细，过于粗犷的字幕会变模糊，而过于纤细的字幕则既不能很好地起提示作用，又很难辨认。不要在一个页面中用过多的文字信息，要使画面和其中的文字简洁明了。

（3）选择字幕的颜色和变化的方式。不同颜色的字幕能够表达不同的情感和气氛。白色可构成清晰易看的图形，显得客观、真实、准确；黑色或灰色是清晰的遮覆阴影；其他颜色可以在关键字、关键词或要点上形成很好的强调效果；要避免整个画面都使用像蓝、品红或红色之类的颜色，因为这些颜色倾向于"融合"在一起。如果各种颜色融合在一起，文字将变得难以辨认，也要注意避免在整个页面上杂乱无章地使用各种颜色。

（4）设计字幕的衬底，避免字幕融合到背景中去。

在字幕的制作中应使用层次分明的背景或拍摄的镜头。要确保字幕是"可辨认的"，没有融合到背景中去。利用景深变化并在背景镜头上进行"柔焦"，将有助于人们把注意力吸引到图形上，而不是背景上。字幕的着色可以与背景的颜色完全相反。这样就可以拥有多种选择，同时又不会有过多种类的颜色弄乱画面。在制作中对颜色要多进行试验。

2) 片尾要求

利用滚动字幕介绍演职员表、鸣谢、制作日期等。主要应有策划、导演、摄像、解说、剪辑、字幕、动画、演员等，注意对齐方式。背景可以是单一色块（一般为黑色），也可以是影片结尾；可以是全屏字幕，也可以是半屏字幕（另一半是视频）。

3) 片头制作

可使用由 Flash、3ds Max 等制作的电脑动画或三维字幕。3ds Max 是国内最常用的三维软件，它集三维造型、材质、灯光、动画和渲染于一身，经常用于创建三维造型和动画片段，被广泛地用在电视广告和片头制作、数字电影和小型电视台节目制作中。

5．作品输出与发布

刻录光盘等同于传统的电影胶片制作，是视频制作的最后一个环节。

将文件上传到 FTP 服务器，该服务器中具有足够的文件分享存储空间。该功能主要用于在互联网中传输大容量的文件。MPEG 导出选项，将 MPEG 视频和音频数据合并到单个数据流或分散到多个数据流中。

参 考 文 献

[1] 张玲,张志雄. 电视节目制作实训教程. 西安:陕西师范大学出版社,2011.
[2] 任金州,陈刚. 电视编辑艺术. 北京:中国传媒大学出版社,2000.
[3] 刘坚. 电视节目编导教程. 北京:中国传媒大学出版社,2004.
[4] 王润兰,张哲,王琳. 电视节目编导与制作. 北京:高等教育出版社,2010.
[5] 孟群,伍建阳,张歌东. 数字化影视制作技术. 北京:中国传媒大学出版社,2000.
[6] 李同兴. 电视节目制作. 上海:上海外语教育出版社,2007.
[7] 梁小山. 电视节目制作. 北京:中国广播影视出版社,2000.
[8] 王蕊. 电视节目摄制与编导. 北京:国防工业出版社,2008.
[9] 焦道利,张新贤,张胜利. 影视非线性编辑基础教程. 北京:国防工业出版社,2006.
[10] 曹飞,张俊,汤思民. 视频非线性编辑. 北京:中国传媒大学出版社,2010.
[11] 孟群. 电视节目制作技术. 北京:高等教育出版社,2007.
[12] 任金州. 电视摄像造型. 北京:中国广播影视出版社,2017.
[13] 何苏六. 电视编辑艺术. 北京:北京广播学院出版社,2000.
[14] 谢毅,张印平. 电视节目制作. 3版. 广东:暨南大学出版社,2012.
[15] 杨晓宏,马建军,马文娟. 电视摄像教程. 北京:中国人民大学出版社,2018.
[16] 陈建强. Photoshop后期强:零基础摄影后期实战宝典. 北京:人民邮电出版社,2017.
[17] 刘永泗. 影视光线创作. 北京:北京联合出版公司,2015.
[18] 卢晓云. 电视摄像技术与艺术. 北京:国防工业出版社,2015.
[19] 赵成德,赵巍. 数字电视摄像技术. 上海:复旦大学出版社,2012.